Die Wirtschaftlichkeit in der öffentlichen Verwaltung

Schriften der Forschungsstelle für Staats- und Kommunalwirtschaft e.V. in Wiesbaden

Neue Folge

Herausgeber Dr. Friedrich von Dungern

Die Wirtschaftlichkeit in der öffentlichen Verwaltung

Vorträge, gehalten auf der Tagung für
Rationalisierung, Sparsamkeit und Wirtschaftlichkeit
in Wiesbaden, 23. — 25. Januar 1953

DUNCKER & HUMBLOT / BERLIN

Verlag Duncker & Humblot Berlin-Lichterfelde
Gedruckt 1953 bei Alfa-Druck, Berlin W 35

Vorwort

Die Forschungsstelle für Staats- und Kommunalwirtschaft hat am 23., 24. und 25. Januar 1953 in Wiesbaden eine Tagung für Rationalisierung, Sparsamkeit und Wirtschaftlichkeit in der öffentlichen Verwaltung veranstaltet. Die Tagung wurde durch eine Ansprache des Staatssekretärs im Hessischen Finanzministerium Dr. Lauffer eröffnet. Sie erhielt besonderes Gewicht durch einen Vortrag des Staatssekretärs des Bundesministeriums der Finanzen Dr. Alfred Hartmann aus Bonn.

Die Vorträge behandelten im weiteren

A. Fragen des öffentlichen Haushalts,

B. Fragen der Kontrolle der Ausgaben,

C. den betriebswirtschaftlichen Aspekt der öffentlichen Verwaltung,

D. die soziologischen Zusammenhänge.

Von verschiedenen Seiten wurde am Schluß der Tagung und danach der Wunsch geäußert, die Vorträge im Wortlaut zu erhalten. Die Forschungsstelle für Staats- und Kommunalwirtschaft entspricht diesem Wunsche umso lieber, als es sich um die erste etwas umfassendere Tagung mit dem Thema der Sparsamkeit handelt und sie es als ihre Aufgabe betrachtet, weitere Kreise mit den Bemühungen um Sparsamkeit bekannt zu machen. Dieses Aufgabengebiet ist so groß, daß auch eine mehrtägige Tagung keineswegs alle, sondern zunächst nur die wichtigsten Teile berühren konnte. Dabei mußten die allgemeinen und grundsätzlichen Fragen in den Vordergrund gestellt werden. Die Forschungsstelle hofft, daß es gelungen ist, einen Einblick in das große Gebiet der Staatswirtschaft zu geben und Behörden, Beamtenschaft, Parlamenten und Instituten eine Anregung zu weiterer Arbeit zu geben.

Inhalt

Einleitung

Von Friedrich von Dungern

Die Überlegungen der Einzelnen wie die öffentlichen Diskussionen sind im starken Maß von dem Thema der Steuern und Abgaben an die öffentliche Hand erfüllt. Beim Einzelnen wird erörtert, mit welcher Steuerlast er zu rechnen hat, welche Abzüge beantragt werden können, welche Anlagen nach der Gesetzgebung steuerbegünstigt sind, welche Rechtsform die zweckmäßigste ist, welcher Standort steuerlich vorteilhaft erscheint usw. Umgekehrt müssen wir für den Staat und andere Gemeinwesen überlegen, welche Steuereinnahmen zu erwarten sind, welche neuen Steuerquellen sich erschließen lassen, wie das Absinken einer Steuereinnahme zu vermeiden ist und dgl. Die wirtschaftende Welt zerfällt in zwei große Gruppen: solche die Steuern zahlen und solche, die Steuern empfangen. Wer Steuern bezahlt, gehört zum privaten Sektor, wer Steuern empfängt, gehört zum öffentlichen Sektor.

Sprechen wir von dem öffentlichen Sektor, dann handelt es sich in der Regel um die Einnahmen. Das ist aber nicht der einzige Grund, weshalb uns die Wirtschaft des öffentlichen Sektors interessiert. Jedes Wirtschaften besteht in planvoller rationeller Arbeit, um Einnahmen und Ausgaben miteinander in Einklang zu bringen und um mit den verfügbaren Mitteln auszukommen und jedenfalls einen Fehlbetrag zu vermeiden. Wohlgemerkt, nicht die abstrakte, vom Menschen absehende Wirtschaft, (oeconomia), ist gemeint, die im Tausch auf dem Markt ihrem Gleichgewicht zustrebt und dem Gesetz von Angebot und Nachfrage unterliegt, bis zu ihren neueren mathematischen Konstruktionen, auch nicht die Wirtschaft, die mit Hilfe von Kapital, menschlicher Arbeit und den Reichtümern des Bodens neue Werte schafft, produziert oder herbeischafft, den Verkehr bewältigt, Handel treibt, interessiert uns hier, sondern das Wirtschaften, in der früheren Ausdrucksweise nicht die oeconomia publica, sondern die oeconomia cameralis, das Wirtschaften der öffentlichen Hand, das sich vor allem in den Ausgaben äußert.

Die Ausgaben der öffentlichen Hand bilden das Hauptthema der Arbeit unserer Forschungsstelle für Staats- und Kommunalwirtschaft. Sie bildeten auch das Thema der Tagung für Rationalisierung, Sparsamkeit und Wirtschaftlichkeit in der öffentlichen Verwaltung in Wiesbaden.

Sparsamkeit

Sparsam und wirtschaftlich sollen öffentliche Gelder verwaltet werden, das ist als Grundsatz in verschiedenen Gesetzen festgestellt. Es gehört zum Beamtenethos. Angesichts der dauernd im Gang bleibenden alljährlich wiederkehrenden Haushaltsverhandlungen ist es den Beamten in Fleisch und Blut übergegangen. Es kann nicht ohne Bedeutung sein, daß beide Worte, sparsam und wirtschaftlich, stets zusammen genannt werden. Synonym, d. h. gleichbedeutend sind sie nicht. Wohl aber soll das eine das andere noch bekräftigen. Man meint immer Wirtschaftlichkeit, möchte aber das wichtige Wort „sparsam" nicht weglassen. Versuchen wir eine Analyse, dann ergibt sich zunächst, daß unter Sparsamkeit im öffentlichen Sektor keineswegs dasselbe verstanden wird wie im privaten Sektor. Privat heißt sparen: zurücklegen, auf die hohe Kante legen, für Notfälle, für das Alter, für den Kauf eines Autos oder eines Hauses Geld ansammeln, also in der Gegenwart sich etwas versagen, ein Opfer bringen, um es in der Zukunft zu besitzen und verwenden zu können. Da mit dem Sparen ein Opfer verbunden ist, bezeichnet man es als eine Tugend.

Im Staat ist es anders. Er soll überhaupt nicht zurücklegen. Das wäre ja thesaurieren, nicht eine Tugend, sondern ein Fehler. Für den Beamten als Repräsentanten des Staates kann es ein Opfer sein, wenn er zu Fuß geht, statt ein amtliches Auto zu benutzen. In der Regel aber ist für ihn die Sparsamkeit durchaus kein Opfer, denn es handelt sich nicht um sein Geld, und wenn er einen Antrag aus Sparsamkeit ablehnt, dann muß der Antragsteller das Opfer bringen nicht der Beamte, für den sogar noch eine zusätzliche Arbeit fortfällt und der annehmen kann, er mache sich durch seine Zurückhaltung in seiner Behörde beliebt. Manchmal ist es auch reiner Bürokratismus, im besten Sinne natürlich: Das Amt steht ihm höher als der Mensch.

Das sind die Unterschiede des Sparens in den beiden Sektoren. Gleich oder doch ähnlich sind die Mittel des Sparens in beiden Fällen. Die Mittel bestehen:

a) im Ablehnen, Nichtbewilligen, Erledigen und Ausschalten einer Bewilligung, Unterstützung oder Zusage, schließlich sogar im Nichterfüllen einer vielleicht wichtigen Aufgabe. Im Grunde eine recht geistlose Angelegenheit.

Wirtschaftlichkeit

b) in der Wirtschaftlichkeit, d. h. sorgfältigem Planen, genauester Überlegung und geordnetem rationellem Verfahren. Öffentliche Mittel sind immer knapp, jedenfalls sollten sie immer knapp sein, damit das Gleichgewicht nicht gestört wird, also auch nicht ein Überschuß entsteht. Und knappe Mittel müssen auf das Sorgfältigste eingeteilt und nur mit Vorsicht und Überlegung ausgegeben werden. Das ist keine geistlose, sondern unter Umständen eine sehr geistvolle Angelegenheit, jedenfalls eine schwierige Arbeit. Sie ist doppelt schwierig, weil der Beamte mit ganz verschwindenden Ausnahmen nichts davon gehört hat, wie man es machen kann, welche Hilfsmittel bestehen. Es gibt dafür keinen Unterricht, keine Prüfung, es gibt auch kein Lehrbuch — so gut wie nichts.

Die alten deutschen Kameralisten wollten zeigen, in welcher Weise der Staat wie von einem guten Hausvater zu verwalten sei.[1] Sie wollten die Erkenntnis gewinnen von den Regeln, die dazu dienen, „die Staatsbedürfnisse mit dem geringsten und zweckmäßigsten Aufwand zu befriedigen". Davon „unterscheide sich die Finanzwissenschaft wie das Ganze von einem Teil".[2] In diesem Sinn zog als einer der letzten Pölitz[3] noch einmal grundrißartig die letzte Summa des Kameralismus (Tautscher). Danach herrschte auch in Deutschland die Auffassung von Adam Smith, D. Ricardo und Jean B. Say vor und übte auf die Beamten, wie sich zeigen läßt, eine gewaltige Wirkung aus. Es war die Lehre von der selbsttätig immer dem Gleichgewicht zustrebenden, abstrakten Wirtschaft, die in Deutschland wie überhaupt in der Welt aufgenommen wurde und von Engländern und Franzosen weitergebildet, als klassische Lehre bezeichnet wird, eine oeconomia publica, die das 19. Jahrhundert beherrscht und auch bei uns fortgebildet wurde. Sie hat die Entwicklung mächtig gefördert, nebenbei aber die gerade in Deutschland gepflegte oeconomia cameralis beiseitegeschoben. Auch Deutschland hatte im vergangenen Jahrhundert ausgezeichnete Nationalökonomen, aber keine eigene nationalökonomische Theorie wie vorher. Die Lehre von dem geringsten und zweckmäßigsten Aufwand trat zurück.

Wir können bei Schmalenbach in der dynamischen Bilanz nachlesen, wie die Lehre von der Wirtschaftlichkeit im öffentlichen Sektor zuerst entwickelt und gepflegt worden ist, bis sie zurücktrat und nur noch ein kleines Wort übrigblieb. Noch durch mehrere Generationen nannten sich die Studierenden stud. jur. et cam., wenn sie andeuten wollten, daß sie sich dem Beruf des Verwaltungsbeamten zu widmen gedachten. Erst im 20. Jahrhundert trat dann nun wieder unter Führung deutscher Universitäten die Lehre von der Wirtschaftlichkeit im privaten Sektor hervor. Es ist die Betriebswirtschaftslehre, der die private Wirtschaft soviel zu verdanken hat.

[1] Anton Tautscher, Die Staatswirtschaftslehre des Kameralismus, Bern, 1947, S. 27.

[2] Friedrich Ludwig Walther, Versuch eines Systems der Kameralwissenschaft, Gießen, 1789. S. 4 ff.

[3] K. W. L. Pölitz, Grundriß für enzyklopädische Vorträge über die gesamten Staatswissenschaften, 1825.

Wir können es als wichtiges Ergebnis der Wiesbadener Tagung für Rationalisierung, Sparsamkeit und Wirtschaftlichkeit in der öffentlichen Verwaltung bezeichnen, daß von in- und ausländischen Vertretern hervorgehoben wurde, wie die Lehre von der Wirtschaftlichkeit nun auch ihren Eingang finden muß, teilweise auch schon gefunden hat im öffentlichen Sektor.

Allerdings ist es nicht so, daß einfach die mit vieler Sorgfalt und Erfolg ausgebildeten Grundsätze und Mittel, um die Wirtschaftlichkeit zu sichern, sich von dem privaten Sektor unverändert auf den öffentlichen Sektor übertragen lassen. So geht es leider nicht. Dafür sind die schon für die Sparsamkeit hervorgehobenen Unterschiede zwischen dem Wirtschaften des Privatmannes und dem Wirtschaften der öffentlichen Hand zu groß und zu tiefgreifend. Ebenso unmöglich ist es natürlich, etwa auf alte Lehren des 18. Jahrhunderts zurückzugreifen. Rückwärts zu sehen, überlassen wir der Geschichte, wobei ein historischer Vergleich in Einzelfragen gewiß interessant ist, wir uns aber sagen müssen, daß Ranke immer noch Recht hat, der meinte, es sei aus der Geschichte jedenfalls das zu ersehen, daß die Regierenden nicht aus den Fehlern der Vergangenheit zu lernen vermögen.

Staatswirtschaft

Die letzte ausgezeichnete Darstellung der grundsätzlichen Unterschiede zwischen dem Wirtschaften im öffentlichen und im privaten Sektor verdanken wir dem Hamburger Professor Hans Ritschl, der sie in seiner auch im Druck erschienenen Universitätsrede[4] zusammengestellt hat. Früher hat es auch Adolph Wagner schon getan.

Wir sind für die Lehre von der Staatswirtschaft nicht auf Beamte wie etwa Vocke und die beiden preußischen Finanzminister Popitz und Saemisch allein angewiesen. Die Universitäten stehen durchaus nicht abseits. Man kann es als glücklich bezeichnen, daß mehrere Disziplinen sich, wenn auch mehr gelegentlich, damit beschäftigen. Dazu gehört die Rechtswissenschaft, indem der Haushalt und die Haushaltsordnung behandelt werden. Unter den Juristen ist an erster Stelle auf französische Professoren hinzuweisen. Jèze, Allix, Laufenburger u. a. Es handelt sich aber nicht nur um politische und juristische Fragen des öffentlichen Haushalts, sondern auch speziell um die Gestaltung der Ausgaben.

Als Vertreter der Betriebswirtschaftslehre, die sich mit dem Thema beschäftigt haben, sind Ernst Walb und Johns zu nennen.

Die Vertreter der Finanzwissenschaft verhalten sich nicht ganz einheitlich. Zwar hat schon vor 25 Jahren Popitz darauf hingewiesen,

---

[4] Hamburg, 1950.

daß die Ausgaben als Gegenstand der Finanzwissenschaft nunmehr anerkannt seien. Die alte Auffassung war die, als Gegenstand der Finanzwissenschaft im wesentlichen nur die Mittelbeschaffung und auch wohl noch ihre Verwaltung anzusehen, während die Ausgaben als eine Sache der Praxis und der Politik außerhalb einer wissenschaftlichen Betrachtung stehen sollten. In dem Handbuch der Finanzwissenschaft und zwar auch in der z. Zt. erscheinenden neuen Auflage sagt Gerloff[5] „Die Finanzwirtschaft ist nicht, wie irrigerweise häufig angenommen wird, die Wirtschaft des Staates . . . schlechthin, sondern sie ist nur eine Seite dieser öffentlichen Wirtschaft . . . Sie behandelt die Beschaffung und Bereitstellung von Mitteln für öffentliche Zwecke, . . . die gemäß dem Wesen der öffentlichen Wirtschaft in einer besonderen von der privaten wirtschaftlichen Beschäftigungsweise abweichenden Art erfolgen." Wir bedauern diesen Standpunkt umsomehr, als wir in Wilhelm Gerloff den Altmeister der Finanzwissenschaft sehen und wir ihm so vieles zu verdanken haben. Ich erinnere nur an seine grundlegende Arbeit über die Entstehung des Staates nicht etwa zu kriegerischen Zwecken, sondern aus dem Bedürfnis nach öffentlichen Abgaben also Steuern zu friedlichen Zwecken, um Feste zu feiern, fremde Gesandtschaften zu bewirten und dgl.[6] Durch ihn wissen wir, daß der Mensch nicht allein, wie Aristoteles sagt ζῶον πολιτικόν ist, sondern gleichzeitig ein ζῶον πόρον φέρον. Der Mensch ist das steuerzahlende Wesen.

Wir freuen uns, daß der andere Herausgeber des Handbuches der Finanzwissenschaft Fritz Neumark in Band I, S. 599 feststellt: „Von technisch-rechtlichen Fragen abgesehen, war die Lehre von den öffentlichen Ausgaben bekanntlich lange Zeit ein Stiefkind der Finanzwissenschaft, die dieses sogar bisweilen vollkommen verstieß. Das hat sich seit der Zeit der ‚Ökonomisierung der Finanzpolitik' gründlich geändert, und im Zuge dieser Entwicklung hat sich die Finanztheorie mehr und mehr bemüht, den besonderen wirtschaftlichen Charakter der verschiedenen Staatsausgabetheorien klar herauszuarbeiten." So beschäftigt sich denn auch das Handbuch der Finanzwissenschaft in mehreren Beiträgen mit diesem Gegenstand.

Was schließlich die Soziologie betrifft, so war auf der Tagung der Präsident der internationalen soziologischen Gesellschaft Professor Corrado Gini aus Rom anwesend, von dem bekannt ist, daß er die contabilità publica, also die formelle Staatswirtschaft an den italienischen Universitäten eingeführt hat. Dieses, nicht weniger aber seine Untersuchungen über die Sparsamkeit in Amerika, die so stark

[5] W. Gerloff, Grundlegung der Finanzwissenschaft, Handbuch der Finanzwissenschaft Bd. I, S. 11 f.

[6] W. Gerloff, Die Entstehung der öffentlichen Finanzwirtschaft, in dem Sammelband Die öffentliche Finanzwirtschaft, 1948, Bd. I, S. 7 ff.

von der Sparsamkeit in Europa abweicht, ließen seine Teilnahme an der Tagung, ebenso wie die Teilnahme der anderen namhaften Ausländer mit besonderem Dank begrüßen.

Ein internationales Problem

Denn es handelt sich ja um ein internationales Problem. Mit dem Anwachsen der staatlichen Tätigkeit in allen Ländern ist nicht nur in Deutschland die Frage der Sparsamkeit in den Vordergrund getreten. Es war ein glückliches Zusammentreffen, daß auf der Tagung die drei wichtigen Länder England, Frankreich und Holland zu Worte kamen. In diesen Ländern wurden nach dem Ende des zweiten Weltkrieges Versuche unternommen, eine Modernisierung und Rationalisierung des Haushaltswesens und der Verwaltung durchzuführen, über die von berufener Seite berichtet wurde.

So hat die Tagung nicht allein der Unterrichtung gedient, sondern auch den Ansporn gegeben, mit den Bemühungen nicht nachzulassen, und, wo wir erfolgreiche Ansätze finden auch gerade im Ausland, davon zu lernen. Besonders aber müssen wir von der Betriebswirtschaft im privaten Sektor lernen und uns festzustellen bemühen, in welcher Weise die im privaten Sektor erreichten Erfolge auch für den öffentlichen Sektor verwendbar und nutzbar gemacht werden können.

I.

Finanzielle Grundprobleme

Von Alfred Hartmann, Bonn

Die Tätigkeit der öffentlichen Verwaltung des Bundes spiegelt sich vielleicht in dem Bundeshaushalt am deutlichsten wider. Ihm wendet sich daher mit Recht das gesteigerte Interesse der Öffentlichkeit zu.

Zum Verständnis der finanziellen Gesamtsituation des Bundes sei zunächst ein allgemeiner Blick auf die Haushaltslage geworfen.

Das Rechnungsjahr 1951/52 hat mit einem Fehlbetrag von 1 300 Mio DM abgeschlossen. Die haushaltsrechtlich vorgeschriebene Abdeckung dieses Fehlbetrages scheitert nicht nur an der beengten Haushaltslage, sondern auch an dem Widerspruch der Länder. Der Fehlbetrag wird daher im Haushaltsjahr 1953 nicht abgedeckt werden können. Er wird weitergeschleppt werden müssen und bedeutet eine erhebliche Vorbelastung der Liquidität der Bundeskasse.

Die Entwicklung des laufenden Haushalts 1952/53 ist noch nicht zu übersehen. Insbesondere ist es unsicher, ob sich in diesem Jahr wiederum ein Fehlbetrag ergeben wird. Das hängt zu einem ganz wesentlichen Teil von der Entwicklung auf dem Gebiete der Besatzungskosten ab. Es ist ein monatlicher Durchschnittsbetrag von 600 Mio DM bei den Verhandlungen um den Deutschland- und EVG-Vertrag für Besatzungskosten vereinbart worden. Die Besatzungsmächte haben diesen monatlichen Durchschnittsbetrag bis jetzt jedoch bei weitem nicht ausgeschöpft. Es war den Besatzungsmächten ein Spielraum erwachsen, weil sie durch eine außerordentliche Forcierung der Besatzungskosten im vergangenen Frühjahr zu Lasten des alten Haushaltsjahres einen Teil der Ausgaben vorweg genommen haben, die sonst im laufenden Haushaltsjahr angefallen wären. Infolgedessen weist der Bundeshaushalt äußerlich zur Zeit keinen allzu ungünstigen Stand aus; Sie wissen, daß er uns die Kassensituation erleichtert hat. Mit dem Abruf der rückständigen Besatzungskosten muß aber jederzeit gerechnet werden. Ein solcher Abruf würde die bisherigen Überschüsse aufzehren und vielleicht sogar zu einem neuen Fehlbetrag führen müssen.

Inzwischen ist der Haushaltsentwurf für das Rechnungsjahr 1953/54 fertiggestellt worden. Über diesen Entwurf kann ich Ihnen das Neueste berichten. Es ist im Finanzministerium Übung geworden, die Zusammensetzung der Ausgaben und Einnahmen für die einzelnen Haushaltsjahre an Hand von Schaubildern übersichtlicher und verständlich zu machen. Die Schaubilder betreffen zwar noch nicht den letzten Stand, wie er zur Zeit dem Bundestag zur Beratung vorliegt. Sie geben aber trotzdem ein anschauliches Vergleichsbild, da sich die Größenordnungen der Einnahme- und Ausgabekosten nicht allzusehr geändert haben. Die Ausgabenseite wird beherrscht durch zwei große Blöcke, die einer Einflußnahme durch den Bundesfinanzminister weitgehend entzogen sind. Diese zwangsläufigen Ausgaben, die sich kaum verändern lassen, sind der Verteidigungsbeitrag und die Sozialleistungen. Beide Posten dienen der Aufrechterhaltung des Friedens und der Sicherheit: der Verteidigungsbeitrag nach außen, die Sozialleistungen nach innen. Beide dienen dem Schutz der Bevölkerung gegen die Bedrohung aus dem Osten. Gemessen an diesen beiden Blöcken, die zusammen 80% der Ausgaben des Bundeshaushalts ausmachen, fallen alle übrigen Positionen weniger ins Gewicht. Die Investitionsausgaben sind beim Bund bekanntlich sehr begrenzt; der Schwerpunkt liegt bei den Ländern und Gemeinden. Besonders fällt auf, wie gering der Anteil der Verwaltungskosten an den gesamten Ausgaben des Bundes ist.

Die Ausgaben des Bundes werden — im internationalen Vergleich gesehen — zu einem außerordentlich hohen Teil durch Steuereinnahmen unmittelbar gedeckt. Unter ihnen spielt die Umsatzsteuer die Hauptrolle, aber auch die Einnahmen aus den Zöllen und Verbrauchssteuern sind beachtlich. Von besonderem Interesse ist in diesem Zusammenhang der Anteil des Bundes an der Einkommen- und Körperschaftsteuer, der nahezu 18% der gesamten Bundeseinnahmen ausmacht. Die Bedeutung des Bundesanteils an der Einkommen- und Körperschaftsteuer für den Haushalt wird sich noch erhöhen, wenn der Anteilsatz, mit dem der Bund die Einkommen- und Körperschaftsteuer in Anspruch nimmt, für das kommende Haushaltsjahr auf 44% erhöht ist, wie es beabsichtigt ist, gegenüber bisher 37%. In diesem steigenden Anteilsatz, um dessen Bemessung ein jährliches hartes Ringen zwischen Bund und Ländern unvermeidlich zu sein scheint, kommt zum Ausdruck, daß die Entwicklung der Bundesfinanzen sehr viel dynamischer als die der Länder ist. Bei den Ländern ist eine gewisse Stabilität in Aufgaben und Ausgaben erreicht worden, zu deren Abdeckung das bisherige Steueraufkommen im wesentlichen ausreichen muß. Die Entwicklung der Bundesausgaben ist hingegen noch keineswegs zum Abschluß gekommen. Immer neue Probleme werden ihrer Lösung zugeführt, die erhebliche zusätzliche Mittel erfordern. Ich darf hier nur an die Auslandsschulden erinnern und an die noch zu treffenden entschädigungsrechtlichen Regelungen im Zusammenhang mit den Ansprüchen gegen das Reich aus dem Kriege und der Nachkriegszeit. Zwar erfahren auch die eigentlichen Bundeseinnahmen von Jahr zu Jahr eine Steigerung. Diese Steigerung reicht aber nicht aus, um mit der dynamischen Entwicklung auf der Ausgabenseite Schritt zu halten. Die Erhöhung des Bundesanteils ist daher unbedingt notwendig, wenn eine solide Haushaltsgebarung aufrechterhalten bleiben soll. Ich brauche hier nicht darauf hinzuweisen, welches die währungspolitischen Folgen sein müßten, wenn es nicht gelänge, dieses Prinzip der vollen Deckung der Ausgaben durch die Einnahmen weiterhin beizubehalten. Die Erhöhung des Bundesanteils ist daher unabweisbar. Sie ist aber auch zumutbar, denn den Ländern verbleiben trotzdem noch höhere Einnahmen als im jeweiligen Vorjahr. Es wird nur ein Teil der Zuwachsrate, die die Länder nicht benötigen, für den Bund auf diese Weise abgeschöpft.

In der Frage dieses Bundesanteils an der Einkommen- und Körperschaftsteuer sind die Länder in einer außerordentlich starken Lage. Es gilt in der Bundesrepublik nicht der normale Fall, daß die einzelnen Glieder des Staates mehr oder weniger von dem Gesamtstaat abhängig sind. Mindestens auf dem finanziellen Gebiet ist der Bund von den Ländern abhängig. Die föderalistische Struktur des Grundgesetzes hat in dieser Hinsicht eine einzigartige Lage geschaffen. Kein anderes europäisches Land dieser Größe befindet sich in einer ähnlichen Lage. Ich möchte nicht verfehlen, darauf hinzuweisen, welche Problematik in dieser Hinsicht unser Grundgesetz aufweist. Man wird mir vielleicht entgegenhalten können, daß ich hier Partei sei. Ich entstamme aber zugleich der bayerischen Schule des Föderalismus.

Die Verteilung der Ausgaben zwischen Bund und Ländern ist in Artikel 120 des Grundgesetzes klarer geregelt als die Verteilung der Aufgaben. Danach trägt der Bund die Aufwendungen für Besatzungskosten und Kriegsfolgelasten sowie die Zuschüsse zur Sozial- und Arbeitslosenversicherung. Welche ordentlichen Einnahmen dem Bund aus Steuerquellen zur Deckung seiner Ausgaben zur Verfügung stehen, ist durch den Artikel 106 GG geregelt. Dem Bund fließen danach die Zölle, der Ertrag der Monopole, die Verbrauchsteuern mit Ausnahme der Biersteuer, die Beförderungsteuer, die Umsatzsteuer und die einmaligen Zwecken dienenden Vermögensabgaben zu. Im Absatz 3 des Artikels 106 ist aber darüber hinaus bestimmt, daß der Bund einen Teil der Einkommen- und Körperschaftsteuer zur Deckung seiner durch andere Einkünfte nicht gedeckten Ausgaben in Anspruch nehmen kann. Dort ist auch bestimmt, daß der Bund den Ländern Zuschüsse zur

Deckung von Ausgaben auf dem Gebiete des Schulwesens, des Gesundheitswesens und des Wohlfahrtswesens gewähren kann. Der Absatz 4 des Artikels 106 bestimmt noch weitergehend, daß der Bund den Ländern Zuschüsse geben kann, um die Leistungsfähigkeit auch der steuerschwachen Länder zu sichern und eine unterschiedliche Belastung der Länder mit Ausgaben auszugleichen. Die zur Gewährung dieser Zuschüsse erforderlichen Mittel kann der Bund bestimmten, den Ländern zufließenden Steuern entnehmen. Die entsprechenden Gesetze bedürfen aber in jedem Falle der Zustimmung des Bundesrats, so daß die steuerstarken Länder im Bundesrat immer ein entscheidendes Wort mitzureden haben.

Diese Aufteilung der Steuern hat aber nur provisorischen Charakter. Nach Artikel 107 GG sollte die endgültige Verteilung der der konkurrierenden Gesetzgebung unterliegenden Steuern auf Bund und Länder spätestens bis zum 31. Dezember 1952 erfolgen. Hierbei ist jedem Teil ein gesetzlicher Anspruch auf bestimmte Steuern oder Anteile, entsprechend seinen Aufgaben, einzuräumen. Wie Sie wissen, konnte die Frist nicht eingehalten werden.

Die Gesetzgebungskompetenz auf dem Steuergebiet ist im Artikel 105 GG geregelt. Dem Bund steht die ausschließliche Gesetzgebung über die Zölle und Finanzmonopole zu. Er hat die konkurrierende Gesetzgebung über die Verbrauch- und Verkehrsteuern mit Ausnahme der Steuern mit örtlich bedingtem Wirkungskreis, die Steuern vom Einkommen, Vermögen, von Erbschaften und Schenkungen sowie die Realsteuern mit Ausnahme der Festsetzung der Hebesätze. Diese der konkurrierenden Gesetzgebung unterliegenden Steuerarten bedürfen bei gesetzlichen Normierungen jedoch nur dann der Zustimmung des Bundesrats, wenn das Aufkommen den Ländern oder Gemeinden ganz oder teilweise zufließt.

Die Verwaltungskompetenzen sind in einer Reihe von Artikeln abgegrenzt. Die wichtigsten auf dem Gebiet des Finanzwesens enthält der Artikel 108 GG. Zölle, Finanzmonopole, Verbrauchsteuern, Beförderungsteuer, Umsatzsteuer und einmalige Vermögensabgaben werden danach durch die Bundesfinanzbehörden verwaltet. Der Bund kann jedoch die Verwaltung der einmaligen Vermögensabgaben den Landesfinanzbehörden als Auftragsverwaltung übertragen. Nimmt der Bund einen Teil der Einkommen- und Körperschaftsteuer für sich in Anspruch, so steht ihm insoweit die Verwaltung zu. Er kann sie aber den Landesfinanzbehörden als Auftragsverwaltung übertragen. Die übrigen Steuern werden durch Landesfinanzbehörden verwaltet. Soweit die Steuern dem Bund zufließen, werden die Landesfinanzbehörden im Auftrag des Bundes tätig. Die Verwaltungskompetenz auf den übrigen Gebieten ist in den Artikeln 83—87 geregelt.

Zwar bestimmt der Artikel 109 GG, daß Bund und Länder in ihrer Haushaltswirtschaft selbständig und voneinander unabhängig sind. Diese Vorschrift steht aber weitgehend auf dem Papier, nicht nur wegen der engen Verzahnung der Verwaltungskompetenzen, sondern insbesondere auch wegen der Möglichkeit der Inanspruchnahme der Einkommen- und Körperschaftsteuer durch den Bund. Der Bund kann die Einkommen- und Körperschaftsteuer nur dann für seine Zwecke heranziehen, wenn eine anderweitige Deckung für den Bundeshaushalt nicht zu finden ist; andererseits ist es selbstverständlich, daß der Bund die Haushaltslage der Länder bei seinem Zugriff auf die Einkommen- und Körperschaftsteuer hinreichend berücksichtigen muß. Den Ländern müssen genügend Steuereinnahmen verbleiben, die zur Durchführung der wesentlichen Länderaufgaben unbedingt notwendig sind. Auf diese Weise sind trotz der Bestimmung des Grundgesetzes die Haushalte von Bund und Ländern eng miteinander verflochten. Der Bund seinerseits kann unter diesen Voraussetzungen auf die Inanspruchnahme der Einkommen- und Körperschaftsteuer nicht verzichten, da ihm nach Artikel 110 GG der Ausgleich des Haushalts zwingend vorgeschrieben ist. Die Einhaltung dieser Vorschrift stößt nicht nur deshalb auf Schwierigkeiten, weil die Länder der Inanspruchnahme der Einkommen- und Körperschaftsteuer stärksten Widerstand entgegensetzen; der Haushaltsausgleich ist noch mehr durch Beschlüsse des Bundestags während des Rechnungsjahres gefährdet. Das Grundgesetz versucht daher, der Bundesregierung eine Handhabe zu geben, um solche Haushaltsverschlechterungen abwehren zu können. Nach Artikel 113 bedürfen Beschlüsse des Bundestags und des Bundesrats, welche die von der Bundesregierung vorgeschlagenen Ausgaben des Haushaltsplanes erhöhen oder neue Ausgaben in sich schließen oder für die Zukunft mit sich bringen, der Zustimmung der Bundesregierung. Diese Bestimmung ist aber lückenhaft. Sie nennt ausdrücklich nur die Ausgaben. Haushaltsverschlechterungen können sich aber ebenso aus Einnahmeminderungen ergeben. Es ist daher zweifelhaft, ob der Artikel 113 GG der Bundesregierung auch ein Recht gibt, gegen Steuersenkungen Einspruch zu erheben. Von dieser Unvollständigkeit abgesehen, kommen aber oft auch politische Hemmnisse dazu, die es der Bundesregierung unmöglich machen, den Artikel 113 GG zur Anwendung zu bringen. Gerade wenn ins Gewicht fallende Ausgabensteigerungen vorliegen, steht die öffentliche Meinung oder eine starke Interessengruppe gewichtig hinter den Beschlüssen des Bundestages. Die Bestimmung des Artikels 113 GG hat daher noch in keinem Fall dazu geführt, daß die Bundesregierung solchen Beschlüssen ihre Zustimmung verweigert hat.

Wie haben sich diese Bestimmungen des Grundgesetzes nun praktisch ausgewirkt! Der Bund hat die großen überregionalen Aufgaben von den Ländern übernommen. Gegenüber diesen Aufgaben betragen die sonstigen Ausgaben für die eigene Verwaltung einschließlich Wohnungsbau nur 10 v. H. der gesamten Haushaltsausgaben. Der Bund erfüllt damit eine Ausgleichsfunktion zwischen den Ländern. Die Steuern, die besonders starke regionale Unterschiede aufweisen, wie z. B. manche Verbrauchsteuern, sind auf den Bund übergegangen, ebenso die Besatzungs- und Verteidigungsausgaben und die Kriegsfolge- und Sozialausgaben, die ebenfalls eine ungleichmäßige regionale Verteilung aufweisen. In den vergangenen Jahren hat der Bund den Ländern an finanziellen Mitteln mehr gegeben als genommen. Wenn die Länder die Kriegsfolgelasten hätten übernehmen müssen, wären sie zweifellos in eine schwierige Situation gekommen. Das Vorhandensein des Bundes kann daher keinen Gegensatz Föderalismus — Zentralismus heraufbeschwören. Die Ausgleichsfunktion des Bundes macht im Gegenteil die Länder in der Gesamtheit erst lebensfähig; allzu starke Unterschiede in der Finanzkraft der Länder würden dem Föderalismus nur abträglich sein. Wie stark die Ausgleichsfunktion des Bundes ist, wird an den Beispielen Niedersachsen und Bayern deutlich. Die Ausgaben des Bundes für und in diesen Ländern sind um 600 bis 850 Mio DM höher als die Einnahmen des Bundes in diesen Ländern.

Das Hauptproblem für den Föderalismus und damit für eine gesunde Entwicklung des Gesamtstaates ist die Ungleichheit der Länder. Berechnungen im Bundesfinanzministerium haben ergeben, daß auch der Zugriff des Bundes auf die Einkommen- und Körperschaftsteuer die verschiedenen wirtschaftlichen Gewichte der Länder einebnen helfen kann. Es ist der Erwägung wert, ob dem Bund nicht noch stärkere Rechte eingeräumt werden können, die ihn in die Lage versetzen, dem Steuergefälle, das zwischen den einzelnen Ländern vorhanden ist, durch eine Mitwirkung des Bundes entgegenzutreten. Dies ist umso wichtiger, als sich der horizontale Finanzausgleich zwischen den Ländern als äußerst schwierig und im Ergebnis als unbefriedigend erwiesen hat.

Die endgültige Verteilung der Steuerquellen nach Artikel 107 GG konnte, wie gesagt, noch nicht erfolgen. Das zu erstellende Gesetz mußte verschoben werden. Die Frist des Artikels 107 soll daher verlängert werden. Nachdem der Bundesrat in dieser Frage den Vermittlungsausschuß angerufen hat, ist nunmehr damit zu rechnen, daß der Endtermin voraussichtlich der 31. Dezember 1954 sein wird. Die endgültige Verteilung der Steuerquellen konnte noch nicht vorgenommen werden, weil zuerst die Aufgaben von Bund und Ländern festgesetzt werden müssen. Voraussetzung ist ferner Klarheit über die Entwicklung der wichtigsten Ausgabeposten wie Verteidigungsbeitrag, Auslandsschulden, Wiedergutmachung und Entschädigungen. Der Bund hat keinerlei Einfluß auf die Haushaltsgebarung der Länder. Die Länder haben aber umgekehrt eine Kontrolle über den Bundeshaushalt, da sie im Bundesrat bei der Gestaltung des Bundeshaushalts mitwirken. Der Bundeshaushalt wird daher praktisch von dem Bundestag und den Ländern durchleuchtet und überwacht. Die Länderhaushalte selbst unterliegen dagegen lediglich der Kontrolle des jeweiligen Landtags. Darüber hinaus hat der Bund aber auf Grund des Gesetzes zu Artikel 108 GG nur einen sehr schwachen Einfluß auf die Steuerverwaltung der Länder, obwohl ein großer Teil des Steueraufkommens des Bundes durch die Länder verwaltet wird. Dies führt zu einer uneinheitlichen Handhabung der wichtigsten Steuergesetze. Die Notwendigkeit einer gleichmäßigen und gerechten Erhebung der Steuern in allen Ländern kann aber wohl kaum bestritten werden. Darüber hinaus muß die Frage aufgeworfen werden, ob der Bund nicht auch stärkeren Einfluß auf die Durchführung der Bundesgesetze durch die Länder nehmen müßte, als dies nach dem Grundgesetz zugelassen ist. Milliardenbeträge aus dem Bundeshaushalt, die von der Bundesregierung und dem Bundestag verantwortet werden müssen, werden von den Ländern verwaltet, ohne daß eine ausreichende Einwirkungsmöglichkeit auf die Verwaltung sichergestellt wäre. Eine solche Verstärkung des Einflusses muß selbstverständlich auf die Durchführung der Bundesgesetze beschränkt bleiben. Unangetastet müssen in jedem Fall bleiben: die innere Verwaltung, Polizei, Justiz, Schulwesen, Universitätswesen, Kultus und Kultur und das Gebiet der Länderinvestitionen.

Die Haushaltslage der Länder hat sich insgesamt seit dem Bestehen des Bundes nicht verschlechtert. Im Gegenteil, bisher ist den Ländern jedes Jahr ein Mehr an Steuern zugeflossen. Obwohl der Bund die wichtigsten und größten Aufgaben und Ausgabenblöcke übernommen hat, konnten die Länder jedes Jahr die Ausgaben für die ihnen verbleibenden Aufgaben steigern.

Die Haushaltswirtschaften von Ländern und Gemeinden sind auf ähnliche Weise eng miteinander verflochten wie die Haushaltswirtschaften von Bund und Ländern. Dagegen gibt es auf dem finanziellen Gebiet keine unmittelbaren Beziehungen des Bundes zu den Gemeinden. Der Bund ist aber bemüht, die gemeindliche Finanzwirtschaft gebührend zu berücksichtigen. So besteht der Plan, bei der endgültigen Verteilung der Steuerquellen das Notopfer Berlin aufzuheben und durch eine Personalsteuer der Gemeinden zu ersetzen. Dadurch würde den Gemeinden ein größerer Spielraum gegeben und eine Stärkung der Eigenverantwortlichkeit der gemeindlichen Finanzwirtschaft erreicht. Es bietet sich alles in allem dem unbefangenen Beobachter ein höchst verwirrendes Bild. Immer wieder führt unsere komplizierte Finanzverfassung zu Schwierigkeiten auf den verschiedensten Gebieten. Es ist z. B. kaum möglich, in einen internationalen Steuerbelastungsvergleich die Bundesrepublik einzubeziehen.

Aus alledem ergibt sich die zwingende Pflicht und Notwendigkeit, der deutschen Öffentlichkeit die großen Zusammenhänge der Finanzwirtschaft des Bundes immer wieder vorzuführen, damit das Verständnis wächst und der Boden für grundlegende Reformen vorbereitet wird.

II. Öffentlicher Haushalt

Wirtschaftliche Kostenrechnung und vermögensrechtliche Staatsbuchhaltung

Von Abram Mey, Amsterdam*

1. Einführung in die Problematik

Den heutigen Ansprüchen entspricht die traditionelle Technik der öffentlichen Wirtschaftsführung keineswegs. Wir haben es in Holland seit 1945 bei dem Wiederaufbau nach dem letzten Weltkrieg empfunden. Ich selbst wurde ernannt zum Direktor des Staatsbudgets und beauftragt mit der Reorganisation des Administrationsapparates unter Einführung des Prinzips der Wirtschaftlichkeit.

Im Juni 1945 haben wir diese Neuorientierung angefangen; eine provisorische Staatsbilanz als Ausgangspunkt der Wiederaufbaupolitik, dann schrittweise die Einführung der vermögensrechtlichen Staatsbuchhaltung und zu gleicher Zeit damit in systematischer Verbundenheit die Einführung neuer betriebswirtschaftlicher Methoden. Das System verbindet oder soll verbinden die betriebswirtschaftliche Rechnungsführung und Bilanzaufstellung nach Wiederbeschaffungswert-Kalkulation und normativer Kostenrechnung mit statistischer Analyse, periodischer Berichterstattung, funktioneller Organisation, Funktions-Analyse, Arbeitsklassifikation, Personal-Besetzung, Planung und Fortschrittskontrolle. Dazu ist die Haushaltsplanung des Staates gerichtet auf die wahrscheinliche Entwicklung der Nationalwirtschaft, wie die Betriebsführung der Unternehmung auf die Marktanalyse. Man könnte kurzweg sagen, es sei die Anwendung der Prinzipien betriebswirtschaftlicher Methoden auf dem Gebiete der öffentlichen Wirtschaft. Zudem ist es nicht eine sinnreiche Kombination mehrerer Kunstlehren, sondern eine Verarbeitung der Betriebswirtschaftswissenschaft nach der Schule Theodor Limpergs, wie sie sich seit dem ersten Weltkrieg entwickelt hat. Publikation des Systems hat stattgefunden seit 1947 an einigen internationalen Kongressen (Bern und Haag 1947, Lissabon 1949, Brüssel 1951) in einigen Vorträgen in Paris 1948 und 1949 — faculté de droit —.[1]

---

* Der Vortrag wurde von Professor Mey in deutscher Sprache gehalten.

[1] Revue de l'Institut international de l'administration publique No 3/1951 unter dem Titel "Les transformations de la comptabilité publique". Es wurde

Es wurde auch studiert vom britischen Committee for Budgetreform (Dalton) und American Bureau of the Budget. Sogar hat der Interessenkreis sich nach Israel und Neu-Seeland ausgebreitet. Es freut mich auch, jetzt hier in Wiesbaden darüber sprechen zu können.

Eigentlich hätte ich anfangen müssen zu bemerken, daß das System der Tradition, die wir, wie überall — bis vor dem Kriege — hatten, mehr der fürstenstaatlichen Verwaltung der Renaissance entspricht als den Bedürfnissen der Verwaltung im modernen demokratischen Staat. Nur dem Konservatismus ist es zu verdanken, daß die althergebrachten Methoden sich bis in die jüngste Zeit behauptet haben. Ich möchte einen Schritt weiter gehen und sagen, daß der Grundfehler der traditionellen Methode — die Verwirrung von Kosten und Ausgaben — schon früher vorhanden war, weniger störend wirkend, doch vielfach Ursache des Untergangs alter Reichtümer. Davon will ich hier absehen.

Ich befinde mich bei dieser Kritik in guter Gesellschaft; auch international. So schreibt die englische Spezialistin des öffentlichen Finanzwesens, Frau Dr. Ursula Hicks, in ihrem "Public Finance" 1947 davon, daß die öffentliche Rechnungsführung ein Überrest vergangener Zeiten ist, daß die traditionelle Methode der öffentlichen Buchhaltung eine Zeit widerspiegelt, in der die ökonomischen und politischen Entwicklungen weniger entwickelt waren und das Rechnungswesen nur geeignet war zur Verantwortung persönlicher und Familienausgaben. "The British Method is an extension of the idea of the Kings private and personal Accounts".

Gleichfalls der Controleur-général de l'armée et directeur de l'Institut de Droit Comparé de l'Université de Paris, Monsieur R. Jacomet auf dem Pariser Kongreß der Wirtschaftsprüfer 1948. Er deutet darauf hin, daß der Fortschritt und die Entwicklung der sozialen und ökonomischen Tätigkeit des Staates die traditionellen Data der öffentlichen Verwaltungsbuchhaltung gestürzt haben. Dem Begriff der Regularität hat man den des Rendements hinzuzufügen. Auch bemerkt er, daß der Staat, der einen zunehmenden Teil des Volkseinkommens verzehren muß, auch dem Volke die Sicherheit gewähren muß, daß die Organisation rationell ist und daß bei Ausführung aller Ausgaben

---

von Ir. Cohen und mir zuerst auf dem internationalen Forum introduziert am Kongreß de l'Institut de l'administration publique in Bern 1947 und im Kongreßbericht abgedruckt. Im Haag 1947 wurde es von uns introduziert am Kongreß de l'Institut des finances publiques, in Paris im Jahre 1948 am internationalen Kongreß, organisiert von der "Ordre National des Experts-comptables", auch in Lissabon im Jahre 1949 in der "Round Table Conference" vom "Institut International de l'administration publique". Weiter wurde es von mir besprochen in einem Vortrag in der Pariser Rechtsfakultät 1948, publiziert in Annales de Finance Publique No X. In deutscher Sprache ist neulich ein Buch von Dr. Kurt Glaser über Wirschaftlichkeit in der öffentlichen Verwaltung erschienen, das ich in der Revue de l'Union des Villes beurteilt habe.

mindestens die Kosten gesichert sind. Mit dieser Forderung greift der Herr Controleur-général zurück auf meinen Ausgangspunkt, zugleich Ausgangspunkt der Wirtschaftslehre überhaupt: das ökonomische Motiv.

In Holland hat schon 1912 ein damaliger Exfinanzminister Prof. Dr. Ant. van Gijn die Notwendigkeit des Übergangs zum vermögensrechtlichen Rechnungswesen hervorgehoben. Er war kein Organisator oder Wirtschaftsprüfer sondern Staatsjurist und er brachte juristische Gründe vor. Die Stadt Amsterdam hat von 1664 bis 1811 eine — zwar primitive — vermögensrechtliche Buchhaltung mit Bilanzaufstellung geführt, also von einigen Jahren nach der Befreiung aus der spanischen Okkupation bis zur Einverleibung in das Napoleonische Reich.

Ich will jetzt versuchen, das heutige niederländische System nach seinen hauptsächlichen Prinzipien zu skizzieren.

2. Die Verwirrung der Funktionen des Finanzierens und des Exploitierens oder Produzierens (Verwirrung, Ausgaben und Kosten).

Produzieren ist Wertverbrauch — d. h. Verbrauch wertvoller Sachen oder Dienstleistungen — in der Absicht, andere Sachen oder Dienstleistungen hervorzubringen. Es handelt sich beim Produzieren also darum, was die Sache, die zu brauchen oder zu verbrauchen ist, *wert* ist, im Verbrauchsmoment; nicht um den Wert der Sache im Moment, wo eine Geldsumme zum Erwerb verausgabt wurde. Das kann Jahre her sein! Und da die Bedürfnisse ständig sind, und es also eine Kontinuität des produzierten Güterstroms gibt, kann kein Gut, keine Dienstleistung einen anderen Wert haben als den Wiederbeschaffungswert. Ausgenommen die Güter, die durch die Dynamik der technischen Entwicklung oder die Änderungen der Gebrauchsgewohnheiten nicht mehr reproduziert werden oder deren Reproduktion nur prolongiert wird, weil bestimmte Betriebe in schlechter Konjunktur mit *Verlust* weiter arbeiten. In diesen Fällen löst der Ertragswert den Wiederbeschaffungswert ab als Wertbestimmungsfaktor und wird maßgebend für die wirtschaftliche Bedeutung der Güter für den Besitzer.

Als Schüler des Professors Limperg befürworte ich die Theorie der beiden alternativen Wertbegriffe, Wiederbeschaffungs- und Ertragswert. Die Theorie ist ungefähr in den Jahren 1916/1922 entstanden und hat viele Berührungspunkte mit der Frankfurter Theorie von Professor Schmidt — weist aber auch einige Unterschiede auf.

Nun handelt es sich bei jeder Verwaltung des privaten Betriebes und der öffentlichen Hand in beiden Fällen um *produzieren*; finanzieren ist nur ein Hilfsdienst des Produzierens; finanzieren ist erwerben der konkreten Produktionsmittel; der dauerhaften (Maschinen,

Gebäude) viele Jahre im voraus, der übrigen (Rohstoffe, ausführender Arbeit) einige Monate vor dem Bedarf. In der weiteren Betriebsführung ist es wiederbeschaffende Erwerbung; aber auch dann ist der Bedarf zum Produzieren das Maßstabgebende. Die erworbenen Sachen werden aufbewahrt bis zum Moment des Benützens. In unserer dynamischen Gesellschaft sind diese Güter in der Zwischenzeit zwischen Erwerben und Benützen oder Verkaufen Wertänderungsmöglichkeiten ausgesetzt. Deshalb soll die Buchhaltung alle Wertänderungen registrieren. Das sieht man am deutlichsten bei materiellen Gütern wie Rohstoffen. Bei menschlicher Arbeit erwirbt man nicht den Arbeiter sondern die Arbeitseinheiten, die er in dem Kontraktstermin zu liefern vermag. Bei dauerhaften Produktionsmitteln erwirbt man — ökonomisch betrachtet — auch „Arbeitseinheiten", einen Vorrat Arbeitseinheiten bestimmter Kapazität mit einer wahrscheinlichen Gebrauchsfrist. Die sogenannte Abschreibung ist also Eintragung in die Buchhaltung; teilweise der notwendigen Arbeitseinheiten als Kosten; teilweise der verlorengegangenen als Verlust; wobei Saisonruhe und dergleichen Kostenfaktor sind, weil sie — obgleich technisch nicht notwendig — ökonomisch unvermeidbar sind. Den Wertänderungen dieser Produktionsmittel soll die Buchführung regelmäßig und systematisch Rechnung tragen.

Die Tradition der Buchhaltung industrieller Betriebe macht teilweise die gleichen Fehler in dieser Beziehung wie die Kameralistik; nur wirkt bei jener die gleiche Verwirrung viel stärker, durch die Vermischung von Finanzierung des Kapitalgütererwerbs mit den Kosten, weil die Bilanzrechnung fehlt.

Eine Systematik dieser Gedanken habe ich in der holländischen Literatur verarbeitet; ich zitiere dabei derartige Andeutungen in Heydebracks Industriebetriebslehre, in Mellereowicz' Kosten und Kostenrechnung.[2] Zusammenfassend könnte man sagen: es handelt sich beim Erwerben um das Geld als Kaufkraft. In der Verwaltung der Produktion tritt das Geld hervor als Wertmesser. Die beiden Funktionen — Finanzieren und Produzieren — werden durcheinander geworfen, wenn man wie in der Tradition, nach Ausgaben rechnet statt nach Werten.

Nach diesen Regeln läßt sich für jedes Produkt und jede Dienstleistung feststellen, was die Kosten sind, welche technisch erforderlich und ökonomisch unvermeidbar sind für eine bestimmte Produktion im bestimmten Moment mit bestimmtem Per-

---

[2] Mehrere Autoren Deutschlands gehen in dieser Richtung. Meine Ausarbeitung ist zu finden in einem Aufsatz in „Bedrijfseconomische Opstellen 1939"; in meinem Buche „Conjunctuurpolitiek en Budgetering 1942 en in Bedrijfsbegroting en Bedrijfsbeleid 1952".

fektionsgrad. Standardkosten also errechnet nach Wiederbeschaffungswert im Moment der Produktion geben die normativen oder ökonomischen Selbstkosten her, die so zusammengestellt sind, daß die quantitativen Standarde für jede Kostenstelle zum Ausdruck gelangen. Der Aufbau dieses Selbstkostentableaus gibt also die funktionelle Organisation der Produktion wieder. Für jedes Organ der Produktionsausführung und Betriebsführung werden die Normen in der Standardkostenrechnung gefunden. Standardkostenrechnung nach Wiederbeschaffungswert gibt den Maßstab, mit dem man in jedem Zentrum der delegierten Verantwortlichkeit die Zweckmäßigkeit der gebrachten Opfer an den Normenkosten kontrollieren und so Verschwendung feststellen kann. Systematische Ausarbeitung führt zu dem System der sog. „Variabilitierung“,[3] das bei mir nur in Wertstandarden auf dem Prinzip des Wiederbeschaffungswertes basiert. Auch im Staatsbudget wird er angestrebt.

Eine solche Verwaltungskontrolle braucht man überall, wo man verwaltet; ebenfalls soll man in jeder Verwaltung nach diesen Prinzipien die Vorkalkulation der Planung machen. Das Prinzip der Wertkalkulation ist das gleiche, wie es auch die Aufgaben oder die Ziele der Produktion sind. Überall antizipiert man beim Erwerb, überall findet man Wertänderungen beim Besitz, also Differenzen zwischen den Wertgrößen beim Erwerb und beim Produzieren. Überall muß man mit den quantitativen Umstellungen auch den Wertänderungen fortwährend folgen, so daß man weiß, wie groß die Opfer sind, wenn man ein Produkt zum Verkauf anbietet oder eine Dienstleistung — zum Verbrauch bei Bedarf — zur Verfügung stellt. Ob man Kondensmilch oder Maschinen produziert, ob man Dienstleistungen am Markt präsentiert — wie etwa die Post und die Eisenbahn — oder sie nur zur Benutzung bei Gefahr disponibel stellt, ist dabei uninteressant. Es handelt sich nur darum, ob verwaltet wird. Delegation der Initiativen nach mehreren Niveaus hierarchischer Abstufung ist dabei unvermeidbar notwendig. Doch verringert keine funktionelle Dezentralisation die obere Verantwortlichkeit. Ein Instrument zur Überwachung der zweckmäßigen Ausführung muß da sein, und das Instrument muß gleichzeitig auf den Kostenvergleich, wie auf die Planung mit Kostenvorkalkulation, die Wertbemessung in Wiederbeschaffungswert und die Nachkalkulation des wirklichen Verbrauchs in demselben Wert eingestellt sein.

Das ist eben der Zweck der Betriebsbuchhaltung; doch vergessen wir nicht: die Schullehrer haben uns getäuscht in der Meinung, daß es sich

---

[3] Rapport im Brüsseler Kongreß der Internationalen Management Entwicklung, 1951.

bei der doppelten Buchhaltung um Gewinnerrechnung handelt. Es handelt sich um den Vergleich der Kosten und gleichzeitigen Erträge, um die Wirtschaftsüberwachung und um das Instandhalten des Stammvermögens unter den Wechsellagen der Konjunktur. Den bestehenden Reichtum in Stand zu halten, ist auch einer der Zwecke jeder Wirtschaftsführung. Es ist auch Aufgabe der Wirtschaftsführung der öffentlichen Hand.

Ich möchte jetzt fragen, was verlangt das demokratische Prinzip von seiner Regierung? Es ist, wie Herr Jacomet bemerkt hat. Das Volk verlangt zu wissen — jedenfalls sich durch das Parlament sichern zu lassen — welche Dienste die Regierung als Behörde sich vorgenommen hat, in welchem Perfektionsgrade das geschehen soll und welche Kosten (Normkosten also) bei zweckmäßiger Betriebsführung aus dem Regierungsprogramm folgen. Dazu verlangt es, nicht mehr Steuern zu zahlen, als für die Kosten eines bestimmten Jahres notwendig sind; aber auch nicht weniger, da es die heutigen Kosten nicht den Kindeskindern oder anderweitig folgenden Generationen auf die Schultern laden will. Ich glaube, die Prinzipien der Reorganisation unserer Staatsbuchhaltung hiermit erläutert zu haben.

3. Die Aufgabenverschiedenheit der privaten Wirtschaft und der öffentlichen Verwaltung

Der Staat produziert, die Kommunalbehörde produziert; auch wenn es keine marktgängigen Dienstleistungen sind, welche erzeugt werden. Es ist meines Erachtens irrtümlich zu sagen, daß die behördlichen Instanzen nur konsumieren und dies im Gegensatz zur Arbeit privatwirtschaftlicher Betriebe, welche produzieren, weil sie marktgängige Güter zum Markt bringen. Konsum und Produktion sind keine getrennten Gebiete, nur die verschiedenen Aspekte derselben Aktivität. Die industrielle Fabrikation konsumiert. Arthur Spiethoff spricht in dieser Beziehung vom reproduktiven Konsum. So ist auch der Konsum zur Befriedigung unserer menschlichen Bedürfnisse im biologischen Prozeß eine Reproduktion der der Gottesmacht entsprungenen Schaffenskraft. Bloßer Verbrauch ist Verschwendung; soll also vermieden werden bei jeder Produktion.

Es kommt jetzt darauf an, zu bestimmen, was im Falle nicht marktgängiger Produktion erzeugt wird oder den Charakter der Produktion hat. Ich möchte vorschlagen, das — nach Limpergs Terminologie — Nützlichkeiten der Anwesenheit oder der Verfügbarkeit zu nennen; kurz Anwesenheitsnutzen (Fr. Disponibilités, Eng. utilities of availability). Dann ergibt sich folgendes Bild der Produktion:

Das private Unternehmen erzeugt im Marktverkehr verkäufliche Güter oder Dienste zu dem Zweck, daraus ein möglichst großes, dauerhaftes Einkommen zu haben. Entweder im einfachen Industriebetrieb mit einheitlichem Produktionsgang oder im zusammengesetzten Betrieb mit mehreren Produktionsgängen; entweder produziert man ein einzelnes Produkt, das Gewinn oder Verlust bringen kann, oder eine Kollektivität der Produkte, die — zwar pro Stück verkauft — teilweise gewinnbringend sind, teilweise nicht, ohne daß die Letzteren in der Kollektivität fehlen können. Der Gewinn ist übrigens nur in sehr globaler Weise ein Gradmesser der Wirtschaftlichkeit. Große Gewinne sind oft begleitet von einer geringen Kontrolle der Wirtschaftlichkeit in der Produktion: speziell in der Hochkonjunktur. Das Ertragsstreben wehrt nur die groben Unwirtschaftlichkeiten und die übermäßige Perfektion der Erzeugung ab. Man braucht zur Zweckmäßigkeitskontrolle bestimmte Maßnahmen der Betriebswirtschaftslehre. Wirtschaftlichkeitsstreben verlangt spezielle Maßnahmen.

Staats- und Kommunalbetriebe (Post, Telephon, Eisenbahn, Straßenbahn, Wasserleitung) produzieren für den Markt, aber suchen zugleich — durch Lieferung gegen Selbstkosten — dem möglichst großen Kreis der Gemeinschaftsmitglieder den Dienst genießen zu lassen. Zu diesem Zweck braucht man ebenfalls die obenerwähnten Maßnahmen der Betriebskontrolle. Übermäßige Perfektion ist auch zu vermeiden, denn auch hier schafft der Tarif eine Grenze. In beiden Fällen Privatbetrieb und Staatsbetrieb brauchen wir Marktanalyse, um den Ertrag zu erforschen; die Perfektion zu beschränken.

Staats- und Kommunaldienste (auswärtige Vertretung, innerstaatliche Verwaltung, Polizei, Feuerwehr) produzieren Anwesenheitsnutzen. Hier kann man nicht für jeden Dienst an sich zahlen lassen; noch weniger für jeden Gebrauch. Die Bevölkerung zahlt für die Kollektivität und für die Perfektionsgrade so, wie sie aus dem Regierungsprogramm hervorgehen. Die Steuer ist die Form der Zahlung. Hier zieht also nur die Kontrolle des Regierungsprogramms die Grenze, worin die Erzeugung für rationell gehalten wird. Das Parlament — als Vertreter des Volkes — soll also die Kosten — den Wertverbrauch — für jeden Dienst und für die dazugehörenden Perfektionsgrade der Erzeugung kennen und gutheißen. Das Letztere ist hier sehr wichtig.[4]

---

[4] Man muß sich davor hüten, das wirtschaftliche Problem aus dem staatsjuristischen Standpunkt zu analysieren. Nach juristisch- oder politisch-wirtschaftlicher Analyse kann man nur sagen, daß eine Regierung die Polizeimacht, Verteidigung des Landes usw. ausführt infolge der Hoheit der Autorität der Regierung.

Das, was sie in dieser hohen Funktion betreibt, ist aber Dienst am Volk, Schaffung von Verhältnissen, unter denen es zu leben dem Volke

Dem Vergeuden zuvorzukommen, ist hier also noch wichtiger, weil hier kein Ertrag die Grenze zieht; nur fürs Ganze ist eine Grenze anzugeben in dem Steuerdruck, der nicht zu hoch werden darf. Die Steuer ist der Preis für die Kollektivität der Anwesenheitsnutzen. Die Wirkung der genannten Begrenzung durch Steuerdruck wird hier verschleiert durch die Regierungsmacht. Ich möchte nur hervorheben, daß der besondere Charakter dieser Produktion der Grund dafür ist, daß Zweckmäßigkeitskontrolle und normative Kostenbestimmung hier noch mehr notwendig sind als dort, wo je Dienstleistung ein Ertrag erworben wird oder ein Gewinn erzeugt werden kann. Die Budgetaufstellung muß auf den Normkosten beruhen, die die funktionelle Organisation verursacht. Die Buchhaltung muß — auch in dem öffentlichen Haushalt — den vollen Wertverbrauch registrieren und nach Zentra der Verantwortlichkeit nicht nur die Ausgabe. Erwerb und Verbrauch, Finanzierungs- und Erzeugungsverantwortung sollen streng geschieden werden. Kurz, es wird eine vermögensrechtliche Buchhaltung mit funktioneller Detaillierung gefordert und desgleichen Bilanzaufstellung; somit eine entsprechende Budgetrechnung. Die moderne Technik ermöglicht dies. Eins und das andere erfordert eine strenge Unterscheidung des exploitativen Verbrauches und der Kapitalrechnung — im Budget. Wir kennen in Holland:

a) das gewöhnliche oder exploitative Budget;

b) das Budget der besonderen Kosten (Wiederaufbau usw.), die beide den gewöhnlichen Erträgen gegenüberstehen;

c) das Kapitalbudget. Erwerbsausgaben und Anleihefinanzierung oder Finanzierung aus den Erneuerungsfonds (Abschreibung).

4. Die wirtschaftliche Bedeutung der Autorisation des Staatsbudgets[5] und die Bedeutung der öffentlichen Berichterstattung

Die öffentliche Behörde produziert, das Gemeinschaftsorgan produziert für die Gemeinschaft, aber da es keine andere Begrenzung des Perfektionsgrades der Produktion geben kann als die Genehmigung

möglich ist. Dieses Schaffen ist von der wirtschaftlichen Seite gesehen Produktion, und es werden die Kosten aufgewendet, die die Regierung zu dieser Produktion zu verbrauchen hat. So ist sie hierin jedem Produzenten gleich und hat mit der Wirtschaftswissenschaft zu tun wie jeder andere, der sich an der sozialen Produktion beteiligt.

[5] Ich benutze das Wort „Budget" lieber als „Etat", weil ich damit in dem Vortrag das öffentliche Budget besser gegenüberstellen kann. Das „Tasksettingbudgets" für Kontrollzwecke wurde von mir eingeführt.

des Programms, erfordert die Erzeugung des Anwesenheitsnutzens Autorisation des Planes dieser Produktion. Man braucht ein Kapitalerwerbs- und Finanzierungsbudget, neben dem Exploitationsbudget für jeden Dienst. Die Tradition unterscheidet hier nicht systematisch und nicht prinzipiell. Erwerbung eines Vorrats gehört in die Kapitalrechnung; in das gewöhnliche oder exploitative Budget gehört der Verbrauch. Im Kapitalbudget ist ein System eingeführt, bei dem nicht nur die Jahresposition der Ausführungskosten, sondern auch der Totalkostenbetrag mit Nennung der Ausführungsperiode gegeben wird. Bei der Erzeugung der marktgängigen öffentlichen Dienstleistung ist das anders, da interessiert es uns nicht, ob bei erhöhter Produktion mehr Kosten auftreten oder der Ertrag verhältnismäßig zunimmt. Bei dieser Erzeugung sind eigentlich nur die normativen Kosten der Produktionseinheit als Gradmesser des Perfektionsgrades interessant. Aus dem Erwähnten geht nun hervor, daß die Autorisation sich auf den Haushaltsplan, also die Programmplanung bezieht. Die Autorisation ist bestimmt nicht eine Ausgabenverordnung; eine Genehmigung der Ausgaben ist sie nur, insoweit die Planausführung die Ausgaben erfordert. Es handelt sich um Kosten: d. h. Wertverbrauch für jeden Dienst. Also ist die Verzehrung bestehender Reichtümer (Vorratsverbrauch und Verbrauch der Arbeitseinheiten dauerhafter Produktionsmittel) hineinzuziehen. Der Verbrauch der Arbeitseinheiten der dauerhaften Produktionsmittel sind auch Kosten. Das Geld tritt im Produktionsplan nur hervor als Wertmesser; es bringt den ganzen Verbrauch auf den gleichen Nenner des Wertes oder der erwarteten Werthöhe. Sobald bei der Ausführung der Wert sich geändert hat, muß man auch darauf achten, daß die Autorisation sich dementsprechend automatisch ändert (wenigstens falls der Wert gefallen ist, denn sonst wäre zu überlegen, die Ausführung zu unterlassen oder in geringerer Perfektion auszuführen). Preisfall darf niemals zur automatischen Erhöhung des Perfektionsgrades führen. Nur soweit es den Finanzierungsplan betrifft, ist das Geld Kaufkraftsausdruck. Wird dies aus den Augen gelassen, dann ist die Gefahr da, daß ein Wertverbrauch nicht in die Kosten hineingezogen wird. Alsdann wird die Steuerpolitik unrichtig werden.

Bei Staatsbetrieben liegt das wesentlich anders. Dort variiert der Ertrag mit dem Beschäftigungsgrad; also wenn bei zunehmender Telephonbenutzung die Kosten steigen, dann steigen gleichzeitig die Erträge und bisweilen der Überschuß. Bei marktgängigen Diensten muß man sich klar machen, daß die Autorisation — streng genommen — nicht das Ausgaben-total und Erträge-total betrifft, sondern die

Einheitsstandardkosten und den Tarif. Diese Anschauung führt bei der Produktion marktgängiger Dienste zum Nettobudget. Hier tritt also das vollständige Bild der variablen Budgetierung hervor.[6]

Es bleibt also der Fall zu beachten, daß teilweise die Kosten aus Steuern, teilweise aus Erträgen gedeckt werden. Man löst dieses Problem, indem man für den Fall der Dienste, die aus Erträgen gedeckt werden, beim Steigen der Kosten auf Grund der größeren Beschäftigung eine dementsprechende Überschreitung der Kosten im voraus als zulässig bestimmt.

Bei den Anwesenheitsnutzen, die aus Steuern gedeckt werden, gibt es nicht die Möglichkeit, ein Nettobudget einzuführen. Ein Versuch — etwa in fiktiver Weise — die Steuern über die Dienste zu verteilen, ist abzulehnen. Es gibt den Schein einer Rentabilität, Gründe für Verteilung gibt es nicht, und man kann in dieser Weise sogar „window-dressing" einführen und das Parlament täuschen. Auch ist nicht ausgeschlossen, daß die Notwendigkeit der automatischen Anpassung am niedrigeren Preise und die Zweckmäßigkeitsüberwachung gefährdet werden.

Die Notwendigkeit automatischer Anpassung an niedrigere Preise trifft zusammen mit der einer billigen zweckmäßigen Ausführung, wenn das möglich wird. Um diese Anpassung bei funktioneller Dezentralisation zu sichern, bedarf es eines Organes. Gesetzmäßig ist in Holland der Finanzminister damit beauftragt. Er ist verantwortlich für die Zweckmäßigkeit der Ausgaben des Kapital- und Exploitationsdienstes. Der Minister hat diese Verantwortlichkeit dem Dienste des Budgets delegiert, welcher Dienst also nicht nur zu sorgen hat für die Uniformität in der Budgetaufstellung der verschiedenen Dienste, sondern auch für die Buchhaltung, für die Zweckmäßigkeitskontrolle, die selbstverständlich der Ausführung vorangehen muß, weiter für die Prüfung (Accountantsdienst) und da Zweckmäßigkeit von der Organisation abhängig ist, auch für die einheitliche Konzeption der Organisationsmaßnahmen. Der Direktor des Budgets — besser Direktor der öffentlichen Betriebswirtschaft — wird in jeder der erwähnten Funktionen von einem Oberbeamten unterstützt; in dieser Weise sind die einander gewissermaßen kontrollierenden Dienste in einer einheitlichen Spitze zusammengefaßt.

Das Autorisationsbudget für sich — laßt uns das nicht vergessen — kann nicht zur Zweckmäßigkeitskontrolle benutzt werden. Im Moment, wo man es aufstellt, kennt man die benutzten Werte, die notwendigen Quantitäten nur mutmaßlich. Es ist ja $^3/_4$ bis $^1/_2$ Jahr vor dem Anfang

---

[6] Ich möchte hier verweisen auf mein Referat am Cios-Kongreß Brüssel 1951.

des Budgetjahres; außerdem kann man nicht bei jeder Preisänderung oder, wenn eine Schätzung sich anderweitig zu niedrig erweist, das Parlament um eine suppletoire Autorisation fragen. Das Autorisationsbudget hat bisweilen eine Art Reserve. Um die Zweckmäßigkeit der Kosten zu überwachen, braucht man also eine normative Kalkulation, gleich dem Moment des Auftrages an einen Lieferanten oder Bauunternehmer vorangehend oder gleich vorangehend dem Monat, worauf sich die periodischen Kosten beziehen. Diese inzidenziellen Fälle gehören meistens zum Kapitaldienst. Bei periodischen Kosten benutzt man ein spezielles streng bindendes Budget mit monatlichem Termin. Dieses Budget habe ich mit einem amerikanischen Ausdruck als „task-setting Budget" bezeichnet; auf deutsch möchte ich vorschlagen: Zweckmäßigkeitsüberwachungsbudget oder kurz Kontrollbudget. In Frankreich hat man den Ausdruck „budget tasksetting" akzeptiert.

Nun spricht die deutsche Literatur der industriellen Budgetkontrolle vom Betriebsbudget (z. B. Lohmann, Heinz Ludwig), aber diese Autoren benutzen dies Instrument nur im Privatbetrieb. Hingegen muß diese Sache dem Charakter und dem Zweck und nicht einer bestimmten Erfahrung nach benannt werden. Diese zwischenzeitlichen-periodischen oder inzidenziellen Kontroll-Budgets dienen nur zur Überwachung der Zweckmäßigkeit. Die Abteilung des Budgetdienstes, welche die Zweckmäßigkeit des vorgenommenen Wertverbrauches inspizieren muß (Finanzinspektion) kontrolliert diese Budgets vor dem Anfang jedes Monats resp. vor dem Auftrag zur Ausführung. Das ist Vorschrift für alle Ministerien. Hiermit ist zugleich für die automatische Anpassung an niedrigere Preise gesorgt; für die periodischen Kosten ist dies zugleich eine Kontrolle der Effizienz der Personalformation. Hier ist auch m. E. die Standardkostenrechnung einzuführen, für systematisch wiederkehrende Arbeit.

5. Buchhaltungs-, Bilanz- und Kontrollwesen, wie geplant für die Niederländische öffentliche Verwaltung

Verwaltung beruht auf einer limitierten funktionellen Delegation der Initiativen und der Verantwortlichkeit. Daher muß ein jeder, dem etwa Initiativen und Verantwortlichkeit delegiert sind, einen Nachweis des Wertverbrauches — d. h. der gemachten Kosten — führen. Also hat jeder Dienst seine eigene semi-selbständige Buchführung. Der Chef-Buchhalter (mit dem napeolonischen Titel noch immer Comptabel genannt) ist hierarchisch dem Dienstchef, funktionell dem Finanzminister (der Budgetdirektion) untergeordnet. Er ist in erster Linie verantwort-

3 Dungern, Die Wirtschaftlichkeit in der öffentlichen Verwaltung.

lich für die Effizienz der Pläne seines Dienstes, die dem Finanzinspektor unterbreitet werden. Die Buchhaltungen der Dienste sind funktionell der Buchhaltung des bez. Fachministeriums untergeordnet und damit durch ein Adjustierungskonto verbunden (Kontokorrent) wie im sogenannten englischen System. Die Buchhaltungen der Fachministerien sind gleichfalls der Zentralbuchhaltung untergeordnet und auch wieder durch Kontokorrent oder Adjustierungsrechnungen damit verbunden. Jeder Dienst hat also, was er braucht, keine Zentralstelle hat zuviel zu überwachen. Die ziffernmäßige und materielle Genauigkeit muß von dem zentralen Prüfungsdienst überwacht werden. Jeden Monat werden innerhalb 10 Tagen die Rohbilanzen der Dienste dem Fachministerium zugeschickt; innerhalb von weiteren 10 Tagen schicken die Fachministerien ihre Rohbilanzen der Zentralbuchhaltung zu. Die Rohbilanzen des vorherigen Monats sind kombiniert mit den Kontrollbudgets des folgenden Monats. Also kann kein Buchhalter rückständig bleiben, weil er sonst kein Geld vom Finanzministerium erlangen kann. Die Finanzierung ist nämlich zentralisiert, auch wenn die Dienste selber zahlen. Das Geld zum Zahlen wird nach der Genehmigung des Kontrollbudgets angewiesen. Nur insoweit sie eigene Beträge haben, zahlen sie ganz selbständig. Die Kontrolle verhütet aber, daß vergeudet wird.

Von besonderer Bedeutung ist die dezentralisierte Gehälteradministration, welche von einem Stand am Jahresanfang fortlaufend geführt wird und auf starker interner Kontrolle von der Personaladministration beruht. Jede comptabele Stelle erhält von der Generalkasse den auszuzahlenden Betrag zugeschickt. Die Gehälteradministration ist zu gleicher Zeit eine Vorarbeit der Personalstatistik.

Der Kontenrahmen muß natürlich in einem solchen System normalisiert sein und, da die organische Einteilung schon in der Verantwortlichkeitsteilung gegeben ist, braucht man hier nur nach Kostenarten zu klassifizieren. Wir haben eine Klassifikation nach einem Dezimalcode für unsere Zwecke entworfen.[7]

1. Kosten exploitativer Art.

10 Personalkosten

100 Gehälter des festen und des zeitweilig angestellten Personals.

101 Gehälter des zivilen Personals mit Arbeitsvertrag.

102 Löhne des zivilen Personals im losen Dienst.

103 Gehälter und Löhne des Personals, das nur für einen Teil der Arbeitszeit im Staatsdienst ist.

---

[7] Den Code der Kosten möchte ich als Beispiel geben (in freier Übersetzung).

104 Amtszulagen (des zivilen Personals):
1040 Gewöhnliche Amtszulagen
1041 Dienstkleidungszulagen usw.
11 Belohnung in Natura für das Militär
12 Soziale Lasten
120 Ziviles Personal
1200 Entschädigung bei der Beendigung des Dienstverbandes usw.
121 Krankenkassen, Invalidität usw.
1210 Krankheitsgesetz
1211 Invaliditätsgesetz usw.
14 Allgemeine Kosten
140 Dienstraumkosten des Büros
1400 Mieten
1401 (Abschreibung der Gebäude)
(Unterhaltung der Gebäude) usw.
180 Abschreibungen (nicht der Gebäude) usw.

In letzter Zeit hat sich daran noch etwas geändert im Anschluß an die Anschauung des zentralen Planbüros; speziell was die funktionelle Einteilung betrifft. Ich möchte, die organische funktionelle Koordinierung betreffend, noch bemerken, daß z. B. bei jedem Ministerium unterschieden werden: die Allgemeine Führung (der Minister, der Generalsekretär, das Kabinett), die Administrative- und Hilfsabteilung (das Sekretariat, die Komptabilität, die Personalabteilung) und dann die Arbeitsabteilungen des inneren Dienstes und des ausführenden Dienstes im Lande (des Außen-Dienstes). Interdepartementaler Vergleich der Kosten der Funktion ist also möglich.

Die Buchhaltung wird teilweise mit Lochkartensystem, teilweise mit Durchschreibeverfahren derart gemacht, daß tägliche interne Kontrolle entsteht. Verpflichtungen werden systematisch aufgenommen, so auch die Forderungen. Sobald die Beschwerde, der Abschluß älterer Jahre — aus Kriegszeit — ganz überwunden ist, wird die Rechnungslegung innerhalb einiger Monate stattfinden können.

Aus dem Erwähnten — und aus dem Grundprinzip der vermögensrechtlichen Buchhaltung — folgt die strenge Scheidung der Rechnungen in zwei Rubriken: einerseits die Rechnungen der Kapitalgüter inkl. der Vorräte und Debitoren und des Vermögens: (inkl. des Fonds für Wertänderungen infolge des Rechnens im Wiederbeschaffungswert), andererseits die Rechnungen der Exploitationskosten (inkl. des Verbrauchs oder des Verlustes an Arbeitseinheiten der dauerhaften Produktionsmittel). Ein Bilanzentwurf am Ende der Periode des Autorisationsbudgets muß m. E. das Budget abschließen; die Bilanzautstellung aus den Kosten der Buchführung muß dem Entwurf folgen. Hier finde ich Anklang bei dem belgischen Prof. Masoin und bei dem belgischen Direktor des Budgets M. A. Magain.

Schon seit 1947 wird jedes Jahr im September die Bilanz des abgeschlossenen Jahres bei der Budgetpräsentierung des folgenden Jahres dem Parlament vorgelegt. Wenn auch die erste Bilanz — die Eröffnungsbilanz (Juni 1945) — teilweise durch Schätzung aufgestellt worden war, beruht die Bilanz des Jahres 1947 auf der Verarbeitung der quantitativen Angaben, die an verschiedenen Stellen vorhanden waren, mit Wertbestimmung nach Wiederbeschaffungswert.

Die Abschreibungen treten im Exploitationsbudget als Kosten auf; die abgeschriebenen Totalbeträge erscheinen als Einnahmen im Kapital-Vermögensbudget; also verschaffen die Abschreibungen nach Reproduktionswert aller Aktiven die Mittel zur Finanzierung der Neubeschaffungen. So wird das Staatsvermögen in der Substanz erhalten.

Die Staatsbilanz zeigt, wie kurzfristige Schulden sich zu kurzfristigen Forderungen verhalten, zeigt das Verhältnis zwischen dem Wert der dauerhaften Kapitalgüter und der konsolidierten Schuld und informiert, inwieweit ungedeckte Schuld da ist (deadweightdebt). Auch ist sie ein Hilfsmittel, um den Kreditoren (Internationale Bank) die Kreditfähigkeit zu zeigen.

Die Kontrollbudgets eröffnen die Möglichkeit, jeden Monat zwischen dem 20. und dem 25. ein Monatsfinanzierungsbudget und einen genauen Finanzierungsplan für den folgenden Monat zusammenzusetzen. Diese beiden werden jedesmal nachher verglichen. Dem Budgetsystem im Gulden ist für Finanzierungszwecke ein Budget in den bedeutendsten fremden Währungen hinzugefügt.

6. Das Staatsbudget gegen den Hintergrund der wahrscheinlichen Entwicklung der Nation

Gouverner, c'est prévoir! Das heißt also kein Regieren ohne eine vorhergehende Rechenschaft über die Wahrscheinlichkeit der Entwicklung, in welche man mit Regierungsgewalt eingreift. Ohne Eingreifen läßt man die Sachen gehen, wie sie gegangen sind. Greift man mit Maßnahmen ein, dann muß man den Effekt auch errechnet haben. Wer regiert, ohne zu kalkulieren, spekuliert am meisten, weil er glaubt, daß seine Intuition der Vorsehung gleich sei.

Diese Vorkalkulation wird vom zentralen Planbüro unter Tinbergens Führung gemacht; es wird das Nationale Budget genannt.

In Holland hat Minister Liftinck schon 1946 vorgeschrieben, daß das Budget der Erwartung der wahrscheinlichen Entwicklung des Nationaleinkommens gegenüber gestellt werden soll. Sonst wäre der Steuerdruck, den der Wiederaufbau erforderte, nicht zu verantworten gewesen.

Diese Vorkalkulation bedingt, wie jede andere — eine Nachkalkulation, da sie eine Schätzung ist und da es sich auch darum handelt, die Fehlermöglichkeiten zu erforschen und die Änderungen in den Verhältnissen zu analysieren. Selbstverständlich kann man die Errechnung der Wahrscheinlichkeiten auch zur Planung benutzen. Die Nachkalkulation heißt nationale Buchhaltung.

Budget und Buchhaltung werden geführt in einem vollständigen System des Gleichgewichtes. Beide sind verteilt in 5 Rechnungsgruppen:

a) für das Einkommen und die Konsumausgaben der Familienhaushaltungen in Debet und Kredit;
b) für Empfänger von kollektiven Einkommen (Pensionsinstitute usw.);
c) für Betriebe (private und öffentliche) gibt es Rechnungsgruppen für Kosten (inkl. Abschreibungen) und Erträge;
d) viertens werden Rechnungsgruppen geführt für die Regierungseinkommen und -kosten (d. h. die Produktion der Anwesenheitsnutzen). Kosten der Erzeugung (inkl. Abschreibung) werden den diversen Arten von Steuereinkommen gegenübergestellt.
e) Die Veränderung des Volksreichtums; eine Veränderungsbilanz ist die Schlußaufstellung.

Für weitere Detaillierung möchte ich verweisen auf die Publikationen des zentralen Planbüros. Das Problem des Wertverbrauchs soll hier auch betrachtet werden; das ganze System muß auf den Wiederbeschaffungswert eingestellt werden. Selbstverständlich muß man im Plan auch den Import und den Export errechnen, um das Gleichgewicht in der Zahlungsbilanz anstreben zu können. Der Genauigkeitsgrad dieser makro-ökonomischen Kalkulationen erlaubt natürlich gewisse Vereinfachungen.

7. Außerbuchhalterische Organisationsmaßnahmen

Um die Zweckmäßigkeit der Kosten im Apparat zu errechnen, ist eine Normstellung — wie wir sahen — erforderlich; Normstellung ist für das Budget notwendig. Normstellung der Kosten verlangt aber auch eine Analyse der Funktionen der Büros (Instanzen), Rationalität der Methoden, Analyse der Funktionen auf Kapazitäts- und auf Charakter-Ansprüche, die an die Persönlichkeiten zu stellen sind, welche die Arbeit ausführen. Die Höchstleistung der Menschen erfordert gute

Arbeitskonditionen; daher ist die moderne Personalverwaltung einzuführen. Ich möchte mit dieser Bemerkung in wenigen Worten sagen, daß ein zutreffendes System der Budget- und Buchführung als Werkzeug der Verwaltung, alle modernen Organisationsmaßregeln voraussetzt. Andererseits aber werden die Rationalisierungsmaßregeln ohne in der Automatik der Buchhaltung festgenietet zu sein, wie loser Sand in der Organisation hängen. Auf diese Weise gibt es keine Sicherheit, daß die Kontinuität der Maßregeln überall gewährleistet bleibt. Das ist der Grund, warum ich in unserem Lande versucht habe, das Ganze in ein System des Budgets und der Buchhaltungsrechnung hineinzuzwängen.

Außerdem — es ist auch eine Kostenfrage — muß man verhindern, daß alle Probleme über den höchsten Berg geführt werden. Die Minister sollen unter sich nur die höchstwichtigen Probleme verhandeln, die Oberbeamten der verschiedenen Ministerien können die anderen hochwichtigen behandeln und mittelschwere Probleme den mittleren Beamten überlassen. Wir brauchen also die „Passerelle" — den Kontakt der Beamten unter sich, deren Arbeit Kontakt hat innerhalb des eigenen Ministeriums, aber auch mit anderen Ministerien. Für regelmäßig wiederkehrende Sachen und zur Behauptung prinzipieller Fragen errichtet man Querverbindungsorgane: ständige Kommissionen. Die höchste Querverbindung — der Ministerrat — behandelt nur die wichtigsten der Verwaltungsaffären. Die Querverbindungen zwischen den Fachministerien und dem Budgetdienst garantieren eine gute Budgetaufstellung und Analyse der Probleme, die in gemeinsamen Besprechungen der beiden Minister mit den Stabsmitgliedern behandelt werden. Eine Querverbindung für Personalverwaltung ist der Rat für die Personalangelegenheiten mit Abteilungen für die verschiedenen Gebiete. Dergleichen gibt es noch mehr. Erreichen muß man durch Organisationsmaßnahmen, daß die höchsten Personen sich nicht um Probleme kümmern, die sie delegieren können. Eben delegieren müssen, weil die untere Stufe die Details besser kennt. Es ist ein Problem der Spannungsmöglichkeit der Autorität, das uns hier entgegentritt. Aber auch ein Problem der Arbeitsfreude und der Kostenzweckmäßigkeit. Schiebt man nämlich zuviel nach unten, so wird die niedrige Funktion zu schwer belastet, die Aufgabe wird nicht gut erfüllt oder zu teuer bezahlt. Umgekehrt aber wird teure Zeit für nicht mit ihr übereinstimmende Arbeit verwendet. Hier wird Arbeitsfreude getötet und die Verantwortlichkeitsflucht erzeugt.

Wir haben uns bemüht, dies alles in die Reorganisation hineinzubringen; teilweise ist es noch in der Ausführung, obwohl schon in königlichen Verfügungen gefestigt.

Eingeführt wird auch die Funktionsanalyse mit Arbeitsklassifikation. Erstens die Analyse der Funktionen der Instanzen und die Abgrenzung der Ausgaben. Zweitens die Funktionsanalyse und Klassifikation der Arbeiten der Personen. Das Erste verhindert den Instanzen- und Kompetenzenkrieg. Hier wird die Aufgabenbegrenzung kombiniert mit Planungsmaßnahmen für Behandlung der Dokumente. Eingegangene Dokumente, Arbeitsaufträge usw. passieren einen Planungsmitarbeiter des Generalsekretärs. Der läßt die Retro-acta zufügen. Dadurch weiß man, wie in vorhergehenden übereinstimmenden Angelegenheiten gehandelt worden ist. Einheit der Konzeption wird also erreicht. Er gibt auch an, welche Instanz den Auftrag behandeln soll und ob im eigenen Ministerium oder in anderen Ministerien um Rat gefragt werden soll.

Er macht einen Behandlungszettel mit Zeitvorausgabe. Er hat eine Planungskartothek und sieht in den Retourkupons des Planungszettels, wo die Sache steckt und wann sie der folgenden Instanz weitergegeben worden ist. So gibts die Fortschrittskontrolle.

Funktionsanalyse soll auch — das ist die Anwendung auf die Funktionen der Personen — den richtigen Mann auf den rechten Fleck bringen. Welche Charaktereigenschaften, welche Kapazitäten erfordern eine gewisse Aufgabe und in welchem Maße. Sie kennen die „Jobevaluation" und „Jobanalyse" aus der amerikanischen Literatur. Wir haben in Holland ein System entworfen, das von Dr. Ernst Hymans mit gutem Erfolg versucht worden ist. Es ist in der Revue de l'Institut international d'administration publique in englischer Sprache beschrieben. Es ist bei der Vorlegung des Budgets im Parlament schon von unserer Regierung 1949 erwähnt. Man kann damit das *Funktionsprofil errechnen* und kontrollieren, ob nicht Funktionen von auseinandergehendem Wert kombiniert sind, was Kostenverlust bedeutet. Schließlich kann man das System in graphischer Darstellung festlegen also in die Kontrolle der Formation hineinziehen. Damit schließt sich die Funktionsanalyse wieder an das Budgetwesen und die Buchhaltung an.

Am Ende meines Vortrages möchte ich bemerken, daß ich nicht nur einen Plan besprochen habe. Was ich besprochen habe, ist, was Budget und Buchhaltung anbelangt, zu 90% ausgeführt; das weitere ist versucht und an vielen Stellen schon in der Ausführung. Eine solche Reorganisation kostet natürlich Jahre. Rom ist nicht an einem Tage gebaut. Aber das moderne Städteprojekt soll aus einem Guß entworfen sein. Da man aber bei der Ausführung Initiativen delegieren muß, zumal wenn man in eine andere Stellung umgezogen ist, sieht das Ausgeführte teilweise nicht mehr aus wie einst die Maquette. Hauptsache ist, daß man in der Stadt wohnen kann. Der Architekt zeigt sich aber immer in seinem Entwurf.

Anlage 1

Schema einer vergleichenden Staatsbilanz,

wie sie seit 1947 in den Niederlanden jedes Jahr in Vergleich mit dem vorigen Jahr publiziert wird.

Debet	in Millionen Gulden	Kredit

Debet

1. Kassen, Banken, Girorechnungen
2. Dispositionssumme auf Kredit im Ausland
3. Forderungen (kurzfristige) und Zahlungen im voraus empfangen
   a) Steuerforderungen
   b) noch empfangen fürs vor. Jahr
   c) übrige Forderungen und empfangene Vorauszahlungen
4. Forderungen (langfristige)
5. Beteiligung an internationalen monetären Fonds und Bank für Rekonstruktion
6. Mobilien und Immobilien
   a) dauerhafte Gebrauchs- u. Verbrauchsgüter (besser wäre: Produktionsmittel und Vorräte)
   b) Handelsgüter
7. Staatsbetriebe (i. jed. Form) und Teilnahme an Betrieben und Staatsbeteiligung
8. Diverse Aktiva
   a) Besitz Soz. Versicherungen
   b) Besitz Pensionsfonds
   c) Forderungen infolge laufender Kontrakte (gegenüb. 8 a, b, c stehen 15 a, b, c.)
   d) übrige Aktiva

Saldo Schuldüberschuß

C. u. ab Laufendes

Garantien

Kredit

10. Schulden (kurzfristige)
    a) Staatskassenscheine usw.
    b) Staatskassenpermissen bei der Niederländ. Bank
    c) Niederl. Bank, Spezialkonto
    d) Institutionelle Anlagen
    e) Nicht angelegte Gelder Girodienst
    f) Ausländische Schuld
    g) Münzbillette in Zirkulation
    h) Laufende Schuld infolge Lieferungen, ausgeführte Aufträge usw.
    i) übrige Schulden
11. Verpflichtungen Kriegsschadenersatz
    ab davon ausgezahlt
    bleibt
    Zinsen
12. Einzahlungen auf Staatsschuld
13. Verpflichtungen, Abkommen Bretton woods
14. Schulden (langfristige)
    a) Konsolidierte Schuld
    b) Schuld ans Ausland
    c) übrige langfristige Schulden
15. Diverse Passiva
    a) Verpflichtungen Soz. Versicherungen
    b) Verpflichtungen Pensionsfonds
    c) Verpflichtungen infolge laufender Kontrakte
    d) Münzfonds
    e) Reservierte Wertänderungen der Aktiven

ab Laufendes

Garantien

Anlage 2

Schematische Vorstellung der Weise, in welcher ich mir in der Staatsverwaltung die zusammenfassenden Jahres-Exploitationsübersichten in der Vermögensrechtlichen Buchhaltung denke.

(Dieses ist noch nicht so ausgeführt)

Bei den Unternehmern ist diese Übersicht Gewinn- und Verlustrechnung genannt.

a) Bei einem D i e n s t e „A“, der nur Anwesenheitsnutzen produziert, findet man Debet K o s t e n — nach Arten —, wenn es keine organisatorische Unterverteilung gibt. Sonst erst nach Dienstteilen und dann nach Kostenarten. Abschreibung auf dauerhafte Produktionsmittel (nach Art zu detaillieren).

Gehälter, Löhne usw. detailliert wenigstens nach soz. Versicherung usw. Gehälterverbrauch materieller Art — spezifiziert — (Verwaltung, Ausführung [so nötig, weiter detailliert])

Da der Dienst keine eigenen Erträge hat, findet man im Kredit nur die Übertragung nach den Gesamtverwaltungskosten

Übersicht des bez. Ministeriums

In der Buchhaltung der Dienste soll man die S t a n d a r d k o s t e n der Dienstausführung beim gegebenen Perfektionsgrade und die w i r k l i c h e n K o s t e n einander gegenüberstellen; also tritt die Wirtschaftlichkeitsbemessung hervor. Dieser Vergleich wird vom Dienstchef seinem Minister vorgelegt als U n t e r l a g e seiner Jahresübersicht.

Man könnte natürlich auch den Vergleich wirklicher Kosten und Standardkosten in der J a h r e s ü b e r s i c h t s e l b e r zum Ausdruck kommen lassen.

Die Debetseite bleibt wie oben; es zeigt die wirklichen Kosten bei gegebener Betriebsbelastung.

In Kredit kommen die S t a n d a r d k o s t e n in gleicher Detaillierung. Daraus geht hervor, was der bez. Dienstchef als Kosten zugelassen hat bei gegebenen Verhältnissen.

Der Saldo zeigt dann, inwieweit die wirklichen Kosten die Standardkosten übersteigen — oder (ausnahmsweise) darunter bleiben.

Diese zweite Methode werde ich nur vorziehen, wenn das Parlament sich bewußt ist, daß die Standardkosten-Zulassung nicht eine Verteilung des autorisierten Budgets ist.

b) Bei einem D i e n s t e „B“ würden zum Teil Arbeiten ausgeführt, welche von anderen (bez. Handel und Industrie) gezahlt werden, zum Teil für allgemeinen Nutzen gearbeitet, dementsprechend wird die Übersicht:

1. K o s t e n: erst nach Organisationsunterteilen, dann nach Arten detailliert (Abschreibungen, Gehälter usw. Verbrauch) der Arbeiten für andere B. Unternehmungsaufträge bei dem Statistischen Amt Ausgabe einer statistischen Monatsrevue rd.	1 000 000,—	E r t r ä g e: Unternehmungsaufträge	670 000,—
		Reserven d. Monatsrevue Abonnenten, Annoncen usw.	440 000,—
Überschuß	100 000,—		
2. Kosten der Ausführung der Anwesenheitsnutzen		Totale Erträge rd.	1 110 000,—
(Allgemeine Statistische Unternehmungen)	500 000,—	Übertrag nach d. Gesamtverwaltungskosten Übersicht des bz. Ministers	390 000,—
Totalkosten	1 500 000,—		
rd.	1 500 000,—	rd.	1 500 000,—

Die zweite obengenannte Methode ist bei „B 2“ gleich wie bei „A“.

Bei „B“ muß man die wirklichen Kosten den Standardkosten und den Standardkosten (Debet) die Erträge (Kredit) gegenüberstellen,

Gesamtverwaltungskostenübersicht eines Ministeriums

Allgemeine Verwaltungskosten des Ministeriums			
Abt.: Allgemeine Leitung Kosten nach Arten	rd._____	(Hier stehen selbstverständlich keine besonderen Erträge)	
Abt. der Administration Kosten nach Arten	rd._____		
Hilfsabteilungen Kosten nach Arten	rd._____		
Arbeitsabteilungen (Kontaktstellen) der inneren Dienste mit den Ausführenden Außendiensten.			
Abtl. für Dienst A Kosten nach Arten	rd._____	(Hier stehen auch keine Erträge gegenüber)	
Abt. für Dienst B Kosten nach Arten	rd._____		
usw.			
Außendienste (Ausführen)	rd._____		
Dienst „A" Totalkosten (Verweisung nach) Übersicht „A"		Erträge des Dienstes B	rd._____
Dienst „B" Totalkosten (in der) Übersicht „B"		Übertrag nach der Konfrontation der Wirtschaftlichkeit des gesamten Apparates	rd._____
Dienst „C" usw.		Zentrale Jahres-Exploitationsübersicht	
	rd._____		rd._____

Konfrontation der Wirtschaftlichkeit des ganzen Verwaltungsapparates.

Außenstellen als zentrale Jahresexploitationsübersicht über den Budgetdienst.

Fiktive Zahlen			Abtl. Zentrale Buchhaltung	
Kosten des Ministerums X			Besondere Erträge des Ministeriums X	in 1000 Mark
Dienst A Dienst B Dienst C usw.	in 1000 Mark Verweisung nach Übersicht der Dienste	M 600 000,—	M.	670,—
			Besondere Erträge	530,—
Kosten des Ministeriums				
Dienst M Dienst N Dienst O	Verweisen des Z	450 000,—	Besondere Erträge	800,—
Kosten des Ministeriums				
Dienst P Dienst Q Dienst R	Verweisung	375 000,—		
			Steuererträge	
usw.			Einkommensteuer	700 000,—
Totale Verwaltungskosten aller Ministerien u. Dienste			Dividendensteuer	500 000,—
			Umsatzsteuer	450 000,—
			Ein- u. Ausfuhrrechn.	520 000,—
		3 000 000,—		2 170 000,—

Steuereinnahmekosten					
Einkommensteuer	100 000,—				
Dividendensteuer	26 000,—				
Umsatzsteuer	23 000,—				
Ein- u. Ausfuhr	23 000,—				
		172 000,—			
		Resultate der Staatsbetriebe			
Kosten d. Staatsbetriebe X			Erträge der Post-, Telegraphen-, Telephonverwaltung		1 200 000,—
Erträge idem	650 000,—		Kosten idem		800 000,—
Verlust	500 000,—				
		150 000,—			400 000,—
			(Vide P.T.T. Berichte)		
			Erträge der Eisenbahnverwaltung		
			Kosten idem	1 800 000,—	
			(Vide Eisenbahnverwaltungsberichte)	1 100 000,—	
					700 000,—
			Defizit		50 000,—
		3 322 000,—			3 322 000,—

Die Übersicht der Verwaltungen der Staatsbetriebe ist eine gewöhnliche Gewinn- und Verlustrechnung, obwohl Gewinn nicht erzielt wird und der Verlust im Umsatz liegt.

Die Ziffern werden überall den Ziffern des vorigen Jahres und denen des diesjährigen Staatsbudgets gegenübergestellt.

Im Bericht (Textteil) werden die „Betriebsvergleiche" über ein künftiges Funktionieren in den unterschiedlichen Ministerien oder Diensten (auch mit evtl. Benützung statistischer Vergleichsmethoden) gemacht.

Haushaltsgestaltung im europäischen supranationalen Bereich

Von Friedrich Karl Vialon, Paris

Der Sprung in den europäischen Haushaltshimmel könnte für manchen mit der Vorstellung verknüpft sein, daß er sich hierbei sozusagen vom biederen nationalen Haushaltsasphalt in eine behagliche erste Haushaltsetage begebe, bei der man fernab von dem täglichen Haushaltskampf modern aufgeschlossene Ansichten sowie leicht übersehbare und bequem zu ordnende Verhältnisse antreffe. Nichts wäre falscher als dieser Eindruck. Im neuen supranationalen Bereich, der einen beträchtlichen Teil unserer weiteren Zukunft in sich birgt, begegnen wir haushaltsmäßig nicht nur den vielen Kinderkrankheiten, die die Nationalstaaten mit mehr oder weniger Geschick überwunden haben oder sich dazu anschicken, sondern auch einer Fülle von Schwierigkeiten, die durch zahllose Kompromisse zu Lasten einer strukturell einfachen Zuständigkeitsabgrenzung entstanden sind und vor denen jeder Versuch einer Einordnung nach der bewährten Gewaltenteilung kapitulieren muß. Drei Beispiele demonstrieren den Zustand besser als jede abstrakte Schilderung. Der Versuch einer Einführung einer Vermögensrechnung im Bereich der künftigen Europäischen Verteidigungsgemeinschaft stieß bei den ersten Verhandlungen auf stärksten Widerstand, weil vor dreißig Jahren einmal ein bedeutender General den Versuch einer Bewertung von Kanonen als Unsinn gebrandmarkt hatte. Als ob die Gemeinschaft nur aus Kanonen bestehen würde! Man könnte sich ferner denken, daß Geldgeber in der Mitte des 20. Jahrhunderts für eine vermögensmäßige Bewertung von Kanonen eine andere Auffassung aufzubringen vermögen, als dies noch vor wenigen Jahrzehnten denkbar war. Das zweite Beispiel führt in die bekannte Problematik der Kontrolle der Ordnungmäßigkeit und Zweckmäßigkeit der Wirtschaftsführung durch ein unabhängiges Rechnungsprüfungsorgan. Nur mit großer Mühe war zu erreichen, daß der Prüfungsbeamte nicht nur die Legalität, sondern auch die Wirtschaftlichkeit der Ausgaben prüfen und ihren Mangel beanstanden kann. Das dritte Beispiel ist schließlich eine der supranationalen Gemeinschaften selbst: die Montan-Union, deren Haushaltswesen, unter demokratischen Gesichtspunkten gesehen, an vergangene absolute Zeiten erinnert. Man wird es kaum glauben wollen, daß die Exekutive ihren Haushaltsplan selbst aufstellt, bewilligt und durchführt. Aber es ist wirklich so.

Für die haushaltsmäßige Funktion im supranationalen Bereich ist naturgemäß in erster Linie die staatliche Qualität der Körperschaft entscheidend, um die es sich gerade handelt. Je stärker die Elemente eines echten Staatswesens bei ihr durchschlagen, um so fortschrittlicher kann die Haushaltsfunktion ausgebildet sein. Aber es muß wohl zunächst einmal nach der begrifflichen Abgrenzung des übernationalen Bereichs vom nationalen und vom internationalen gefragt werden. Diese Abgrenzung ist methodisch schwierig, weil der Übergang, insbesondere vom internationalen zum übernationalen Bereich schwimmt und fast nur gefühlsmäßig erfaßt werden kann. Als bestes Kriterium stellt sich die Souveränität heraus, die naturgemäß nur aus dem nationalen Bereich kommen kann und deren Verleihung den übernationalen Charakter einer Einrichtung schafft. Wie sich daraus ergibt, ist auf die Rechtsform hinsichtlich des übernationalen Charakters einer Institution kein Verlaß. Vom bloßen Verein bis zu einem echten Überstaat sind alle Spielarten souveränitätsloser Gestaltung bis zur Ausübung souveräner Rechte denkbar. Diesem Vielerlei an Möglichkeiten steht die Haushaltsfunktion mit mindestens der gleichen Anzahl von Offerten gegenüber. Von der einfachen Bewirtschaftung eines Fonds, der aus Beiträgen der Beteiligten gespeist wird, bis zur Aufstellung und dem Vollzug eines kompletten und modernen Haushaltssystems kann den mehr oder weniger gesteigerten Bedürfnissen nach der wirtschaftlichen Versorgung der jeweiligen Einrichtung Rechnung getragen werden. Aber es kann nach den bisherigen Erfahrungen schon als eine feststehende These gelten, daß das Haushaltswesen einer übernationalen Körperschaft im allgemeinen der Struktur folgt, die sie zur Wahrnehmung hoheitlicher Funktionen hat. Doch wäre es ein Irrtum anzunehmen, daß dies so sein müsse und daß etwa einer festen Struktur der jeweiligen Körperschaft auch immer ein ausgeprägtes Haushaltssystem gegenüberstehen müsse. Politische Einflüsse, Machtkämpfe, Abgrenzungsstreitigkeiten, Kompetenzkonflikte und die Versuche, die Befugnisse der Organe der Körperschaft gegeneinander und gegenüber den nationalen Staatswesen auszugleichen, stören die an sich selbstverständliche Ausrichtung des Haushaltsmäßigen nach der staatlichen und verwaltungsmäßigen Intensität der supranationalen Einrichtung. Übernationalen Körperschaften mit geringer Souveränität, aber hervorragender Ausstattung der Haushaltsfunktion, stehen wir im weiten Bereich ebenso gegenüber wie voll souveränen Einrichtungen mit rückständigem Haushaltswesen; ähnliche Gegensätze und Schattierungen sind auch bei der Verwaltungsfunktion dieser Körperschaften festzustellen.

Der alte Völkerbund, der allerdings nur geringe Züge einer echten überstaatlichen Körperschaft aufweist, hatte ein verhältnismäßig einfaches Haushaltssystem und konnte wenig zu der haushaltsmäßigen Gestaltung der supranationalen Gemeinschaften der späteren Zeit beitragen. Er finanzierte sich aus Beiträgen, die nach einem geheimnisvollen politischen Rezept festgesetzt und von den Mitgliedstaaten aufgebracht wurden; Deutschland und Frankreich zahlten beispielsweise gleichhohe Beiträge. Die ebensowenig dem hier zu behandelnden europäischen Bereich zugehörige U N O ist trotz stärkerer „staatlicher Züge" auch keine supranationale Gemeinschaft, sondern eine Koalition, die aber für die technische Ausgabewirtschaft der Zentrale und der vielen angeschlossenen Organisationen wertvolle Hinweise geben konnte. Ebenso wie der Völkerbund hat sie, nur noch in größerem Maße, die Befugnisse der Exekutive bei der Aufstellung des Voranschlags, dem Vollzug und der Kontrolle der Ausgaben schärfer abgegrenzt und der Verwaltung gewisse unabhängige Gremien gegenübergestellt. In unserer europäischen Region sind viele internationale Einrichtungen mit gewissen Souveränitätsrechten festzustellen, die nach einem ähnlichen Prinzip ihre Haushaltswirtschaft regeln. Als erste vollsupranationale Einrichtung tritt uns aber erst die Montan-Gemeinschaft gegenüber, der als legitimem Kind von sechs Staaten wesentliche Souveränitäten in die Wiege gelegt sind. Die Europäische Verteidigungsgemeinschaft, die die erste Integration eines ganzen Verwaltungszweiges darstellt, soll nachfolgen; sie enthält die am deutlichsten entwickelten typischen Merkmale eines eigenen Staatswesens, eine ausgewogene, wenn auch beim ersten Gesicht nicht sofort verständliche Gewaltenteilung und alle Organe einer echten staatlichen Funktion. Der Grüne und der Weiße Pool, in der Entstehung begriffen, sind demgegenüber nur die Integration gewisser Führungsbefugnisse auf Teilgebieten, während die Europäische Politische Gemeinschaft, nach den Straßburger Beschlüssen in ihren Umrissen erkennbar, eine föderative Gemeinschaft europäischer Staaten darstellen soll. Die bei diesen Regelungen und Planungen zustande gebrachten haushaltsmäßigen Lösungen sind ein Kunterbunt, mißt man sie an den Errungenschaften moderner Haushaltspraxis. Aber sie zeigen doch, daß die Probleme überall erkannt sind, auch wenn die im Vordergrund stehenden Fragen des Integrationsvolumens und der Zuständigkeitsverteilung die Wege zu einem gleich fortschrittlichen Haushaltssystem ein wenig verschüttet haben. Ein Gesamturteil würde dahin lauten müssen, daß die technischen Haushaltslösungen im supranationalen europäischen Bereich nicht unbefriedigend sind, die demokratischen Gesichtspunkte leider vielfach zu kurz kommen, die Frage, ob der in Aussicht genommene Ablauf auch funktioniert, mit großer Vorsicht behandelt werden muß und das Bedürfnis nach einer schnellen Weiterentwicklung überall groß sein wird.

Die Plattform, von der aus der nationale Haushalt den supranationalen Haushaltsbereich betrachtet, ist verhältnismäßig einfach. Der Nationalstaat wünscht, daß die Haushaltsfunktion des übernationalen Gebildes seinen eigenen Bereich nicht allzusehr stört, die Garantie für eine zweckentsprechende Verwendung der überlassenen Mittel bietet, die eigene Deckung nicht beeinträchtigt und fortschrittliche Anregungen vermittelt. Da für Föderativstaaten wie die Bundesrepublik der übergeordnete Haushalt den nachgeordneten Budgets die gleiche Freiheit lassen muß, wie sich der eigene Haushalt gegenüber dem supranationalen Bereich noch etwa bewegen muß, sind die Voraussetzungen für das Verständnis des Funktionierens nach oben und unten für die Bundesrepublik besonders günstig; in den Verhandlungen hat sich dies dauernd gezeigt. Die Staaten mit einem solchen Übergewicht des Einheitlichen und Zentralen wie z. B. Frankreich vermögen diese Bewegungsbedürfnisse des national verbleibenden und des übernationalen Haushalts nicht so deutlich zu spüren. Wie überhaupt die Verschmelzung haushaltsmäßiger Gedanken von Einheitsstaaten und Föderativstaaten sehr schwierig ist. Über gewisse Erfordernisse ist man sich aber im supranationalen europäischen Bereich schnell einig geworden.

Der Haushalt der Einrichtung muß so beschaffen sein, daß das Zustandekommen einer zweckentsprechenden und billigen Maßnahme sicher ist. Hinter dieser schlichten Feststellung steckt ein wenig mehr, als zunächst zu vermuten ist. Es stellt sich heraus, daß im übernationalen Bereich alsbald eine Konkurrenz der Praktiken beginnt und daß an die Stelle des Maßstabs gut und billig der Maßstab der Vergleichbarkeit mit den anderen Länderpraktiken tritt. Der Drang zur oberen, leider nicht zur unteren Grenze setzt ein und wird selbstverständlich von einer Verwaltung genährt, die mit der Geburt der supranationalen Einrichtung höherfliegende Pläne verbunden hat. Auch die Zwecke werden schnell andere. Führt ihre Konkurrenz zur rationellen Verbilligung, ist es gut; die Erfahrung spricht aber bisher eindeutig gegen eine solche Entwicklung. Auch das zweite Erfordernis, daß nämlich der nationale Haushalt durch den übergeordneten nicht gestört werden soll, nötigt zu Lösungen, die im nationalen Haushaltsbereich unbekannt sind. Die Dynamik einer supranationalen Verwaltung muß beachtet, der großen Gefahr von Doppelarbeit vorgebeugt werden. Wer soll die Störung des einen Haushalts durch den anderen feststellen, beanstanden, abstellen? Welche Verwaltung hat ein Interesse, den unvermeidlichen Kampf um die Zuständigkeiten im nationalen und übernationalen Bereich zu einem rationell befriedigenden Ergebnis zu bringen? Welche Kontrollstellen sind einzurichten? Genügt der Appell an die europäische Gesinnung der Hauptbeteiligten, um das

Gewicht des großen Haushalts auf den kleinen, die Anziehungskraft des ersteren abzuwenden?

Die Konkurrenz auf der Deckungsseite ist wohl noch die am leichtesten zu lösende Frage des Nebeneinanders von nationalem und supranationalem Haushalt. Die Tatsache, daß der Kuchen der nationalen Wirtschaftsergebnisse durch einen weiteren supranationalen Mitesser nicht größer wird, ist schnell zu verstehen. Der Versuch, sich von der wechselnden Größe dieses Kuchens unabhängig zu machen und eigenen Kuchen zu backen, liegt aber zugunsten der supranationalen Haushalte nahe, und mancher Finanzminister wird ihn in der Hoffnung begünstigen, daß der neue Zugriff von oben den eigenen erleichtert; oder er wird den unmittelbaren supranationalen Griff in die nationale Kasse infolge der damit verbundenen Einengung fürchten; und dies wird wohl die Regel sein. So ist es zu verstehen, daß bei allen Haushaltsgestaltungen im supranationalen Bereich der Versuch fester Abgrenzungen auf der Deckungsseite unternommen ist und daß die Tendenzen einer Beteiligung des supranationalen Bereichs an der Kuchengröße bis zur davon unabhängigen Bewilligung fester Summen vertreten sind.

Wenn der nationale Haushalt wünscht, daß sich der supranationale geschmeidig in das eigene System einfügt, ist dies wegen der Vermählung vieler Systeme in einem mehr oder weniger „gemeinschaftlichen Budget“ schwer zu verwirklichen. Die größten Hürden sind naturgemäß im Formellen zu überwinden; das jeweils andere haushaltsmäßige Denken folgt erst später. Die Verhandlungsergebnisse lassen erkennen, daß von allen Seiten Opfer gebracht werden mußten, um ein System zu finden, das die nationalen Verwaltungen ohne eine völlige Preisgabe ihres herkömmlichen Wissens und Handelns anwenden können. Besondere Überraschungen bringt hier das Gebiet der Haushaltskontrolle hervor, bei dem die psychologische und moralische Verfassung der Völker deutlicher wird, als es ihnen oft lieb ist. Das System des Schutzmanns neben dem zur Ausgabe Berechtigten oder das der finanziellen Vorschaltung einer unabhängigen oder abhängigen Stelle vor den Anweiser wechselt mit Methoden ab, die demokratische Kontrolle zu intensivieren oder sie als ein notwendiges Übel zu bagatellisieren. In diesem Zusammenhang sei auch noch eine Feststellung gestattet. Es kann sich ereignen, daß Völker, die das Demokratische in sich haben, oft die damit verbundenen Spielregeln gering schätzen, während andere als theoretische und ideologische Lehrmeister ungeachtet einer rabenschwarzen Vergangenheit auftreten. Bei dieser Sachlage Anwendungsregeln für den haushaltsmäßigen Aufbau, die Vor- und Nachkontrolle eines Budgets und das Spezialitätsprinzip zu finden, ist nicht leicht; die veröffentlichten Bestimmungen lassen nichts von den Auseinandersetzungen ahnen, die hier am Verhandlungstisch und in der Brust der Beteiligten stattgefunden haben.

Die Frage, ob eine haushaltsmäßige Lösung „gut funktioniert“ stellt sich im nationalen Bereich nur noch gelegentlich und ist vielfach ein Personalproblem. Im übernationalen Bereich, das kann nicht deutlich genug gesagt werden, ist sie die entscheidende Frage. Die ganze Kalkulation des Funktionierens besteht im Supranationalen nämlich aus Unbekannten, beginnend mit den Zuständigkeiten für die Bedarfsermittlung und Bedarfskritik, der Unsicherheit des Haushaltsvolumens, neuen, in ihrem Schwergewicht unwägbaren Verwaltungs- und Entscheidungsorganen, dem wichtigen Zeitfaktor, der Sprachenfrage, Begriffsabgrenzungen und schließlich dem schwierigen Haushaltsrecht, das neu geschaffen und einer neuen Verwaltung eingeimpft werden muß. Von ihnen sei vorläufig nur der Zeitfaktor herausgegriffen, das Problem nämlich, ob nach der Aufgabenverteilung und der Arbeitsweise der in die Aufstellung des Haushaltsplanentwurfs eingeschalteten Verwaltungsstellen die Sicherheit für ein rechtzeitiges Zustandekommen des Budgets überhaupt gegeben ist. Wie wird sich beispielsweise die in einzelnen supranationalen Gemeinschaften vorgeschriebene Beteiligung der nationalen Regierungen abwickeln (Einvernehmen, Benehmen, Beratung?), welche Zeit wird sie in Anspruch nehmen, welche sachlichen Beziehungen zwischen den Regierungen und den Trägern des Bewilligungsrechts (erste oder zweite Kammer) werden entstehen, welche Bewegungsfreiheit werden die nationalen Minister in dem übernationalen Ministerrat erhalten? Welche Koppelung mit den nationalen Parlamenten, die ihrerseits wieder das letzte Wort für die Bewilligung der Beiträge haben, wird entstehen? Lauter Fragen, die für die rein zeitliche Verabschiedung des Entwurfs von wesentlicher Bedeutung sind. Schließlich die Behandlung des Planentwurfs in den supranationalen Kammern selbst. Welche Zeit letzten Endes wird benötigt, wenn die nationalen Parlamente (schlimmer noch, wenn nur eines von ihnen) auf Änderungen der Entwürfe bestehen und von der Beitragsseite der Haushaltsausgleich torpediert wird? Die Beilegung etwaiger Meinungsverschiedenheiten kann die rechtzeitige Verabschiedung des Budgets nicht nur gefährden, sondern sogar automatisch unmöglich machen; es sei denn, daß man sich zwischen nationalen Regierungen, nationalen Parlamenten, der übernationalen Verwaltung, deren parlamentarischen Kontrollstellen und den sonstigen Beteiligten durch permanente Vertretungen zu neuartigen Formen der Zusammenarbeit entschließt, wie sie heute noch nicht sichtbar sind. Der Zeitfaktor ist aber nur eine der Bedingungen für das Funktionieren des gewählten Haushaltssystems;

gleichhohe Verantwortung fällt auch vielen anderen haushaltsmäßigen Vorschriften zu, obenan den berühmten Fragen über die Höhe der Beiträge und die Feststellung der Leistungsfähigkeit. Zu allem tritt die politische Bedeutung eines guten Funktionierens. Hat das Mißtrauen einzelner Regierungen oder Parlamente zu komplizierten Zuständigkeitsabgrenzungen, zur Einschaltung vieler Majoritätsgremien statt verantwortlicher Einspännigkeit geführt, kann der damit entstehende Sand im Haushaltsgetriebe zu einer Lahmlegung der ganzen neuen Einrichtung und schließlich zu einer schweren Erschütterung der europäischen Integrationsbewegung führen. Das vorläufig einzige Gegenargument gegen solche Besorgnisse ist die Tatsache, daß in den meist langfristigen Verhandlungen sich zwischen den hauptbeteiligten Funktionären eine echte Frontkameradschaft entwickelt hat, die Hoffnung gibt, daß sich die Kinderkrankheiten der supranationalen Einrichtungen nicht zu haushaltsmäßigen Katastrophen auswachsen.

Was das weite Gebiet der Bewirtschaftungsnormen angeht, kann es dem nationalen Haushalt schon unter dem Gesichtspunkt der Wirtschaftlichkeit und Einfachheit nicht gleichgültig sein, zu welchen Vorschriften sich die supranationale Körperschaft entschließt. Die Beharrungstendenz der Unterhändler mag in der Überzeugung von der Güte des eigenen nationalen Bewirtschaftungsrechts begründet sein, verfolgt aber daneben den menschlich verständlichen Zweck, die eigene Verwaltung vor einem allzu gründlichen Umlernen und das eigene Recht vor Erschütterungen zu bewahren. Wie oft klingt in den Verhandlungen die Sorge an, daß der Verzicht auf eine liebgewordene Einrichtung die Gefahr mit sich bringt, daß auch das nationale Recht dann größere Bewegungsfreiheit einräumen muß. Oder umgekehrt wird von den an einem freieren Bewirtschaftungsrecht interessierten Verwaltungen eine solche Rückwirkung auf das nationale Recht geradezu erhofft. Auch hier taucht das Problem des „Funktionierens" als schwerer Schatten auf. Von einer Seite besonders droht diese Gefahr, vom Sprachlichen her. Greifen wir nur das Problem der Übersetzung des vereinbarten Textes in die jeweilige Landessprache heraus. Verhandlungsführer, Dolmetscher und Übersetzer haben sich überall einen eigenen „Dictionnaire" schaffen müssen, um die verschiedenartige Bedeutung des gleichen Begriffs in den verschiedenen Sprachen stets zur Hand zu haben. Anders gesagt, nur in freier Umformung des vereinbarten Textes durch den sprachlich und sachlich qualifizierten Experten in die Landessprache unter Verwendung der feststehenden Haushaltsbegriffe dieser Staaten kann überhaupt eine befriedigende Befolgung der Bewirtschaftungslinien erwartet werden. Wie überall, werden aus den sprachlichen Ungenauigkeiten nicht die „zuverlässigen" Verwaltungen, sondern die den Gelddingen (insbesondere der Aufbringungsseite) etwas ferner stehenden Ressorts den Nutzen ziehen wollen. Wie verschiedenartig stehen doch in den Ländern die einzelnen Verwaltungen der Tatsache einer Mittelbewilligung gegenüber. Während die einen etwa nach der Äußerung jenes Mannes verfahren, dem eine Gabe geschenkt wurde und der auf den anschließend gegebenen Rat, das Geld nicht zu verjubeln, mit der Bemerkung antwortet: „Was ich mit meinem Geld mache, ist meine Sache", halten andere Verwaltungen die Bewilligungen wirklich nur für Ermächtigungen, deren Ausnutzung immer wieder einen neuen Entschluß bedeutet. Für jeden Kenner ist klar, daß damit auch ein schweres personelles Problem angesprochen ist; jeder wird seine nationale Praxis in sein supranationales Amt mitbringen.

Die Selbstverständlichkeit, daß das Haushaltssystem die Organisation nicht zu präjudizieren, sondern ihr nachzufolgen hat, läßt sich bei internationalen Verhandlungen nicht durchführen. So ist es zu erklären, daß für die supranationalen Körperschaften vielfach schon die Haushaltsvorschriften vorliegen, ehe die organisatorischen Grundfragen geklärt sind. Die Haushaltsleute aller Länder schmeicheln sich, daß dies noch keiner Institution zum Nachteil gereicht hat. Zu den organisationsrechtlichen Fragen der supranationalen Körperschaften, die hier nicht zu behandeln sind, treten aber, von der obigen nationalen Plattform aus gesehen, Organisationsprobleme nichtherkömmlicher Art hinzu. Das Haushaltssystem wird ein grundlegend anderes sein, je nachdem es sich bei der supranationalen Körperschaft um ein föderativ oder unitarisch organisiertes Gemeinwesen handelt. Nicht nur für das Haushaltsvolumen ist interessant, welche Aufgaben integriert werden sollen, wem der Vollzug zusteht und welche Inanspruchnahme nationaler Dienststellen, sei es im Wege einer Auftragsverwaltung, des Einzelauftrags oder der Amtshilfe stattfindet. Originellerweise werden diese Fragen, die jedermann als grundlegend erkennen kann, erst so spät entschieden, daß Haushaltsrecht, Haushaltssystem, Haushaltsschema längst fertig sein müssen, ehe diesen, aus politischen Gründen lange in Schwebe gehaltenen Problemen zu Leibe gerückt ist. Vielfach muß das supranationale Haushaltssystem die Bildung von Verwaltungsschwerpunkten auf allen Ebenen zulassen, obwohl es seinem Wesen entsprechen würde, die oberen Organe immer nur als Planungsinstrumente, die mittleren und unteren als Vollzugsstellen anzusehen. Es würde zu weit führen, die hier auftauchenden Fragen auch nur anzudeuten. Die supranationalen Gemeinschaften sind oft auch für mehrere Menschenalter vereinbart; die Dynamik ihrer inneren Fortentwicklung muß haushaltsmäßig vorbedacht und eingeplant werden. Das haushaltsmäßige Ordnungsrecht darf nicht zu starr sein, es muß leicht (aber auch nicht zu leicht) geändert werden können. Die Majoritäts- und Minoritätszuständigkeiten beim Aufbau und Ablauf eines

Haushaltsplans müssen sorgsam verteilt werden, damit keiner rechtlos ist, andererseits aber keine widerstrebende nationale Regierung in den Besitz von Vetorechten kommt, die den schwierigen supranationalen Apparat praktisch schnell lahmlegen würden. Es ist sorgfältig zu prüfen, welche Änderungen des Haushaltsrechts den Organen der übernationalen Körperschaften und ob grundlegende Veränderungen den nationalen Parlamenten zu überlassen sind. Zu dieser Betrachtung gehören auch die Erwägungen, welche haushaltsrechtlichen Folgerungen sich aus der Vollintegration einer ganzen Verwaltung bis hinunter in die lokale Ebene, andererseits für nur eine Teilintegration ergeben.

Greifen wir einmal querschnittartig drei der bisherigen Lösungen oder Entwürfe heraus.

Da ist zunächst die Montan-Union. Ihr Haushaltswesen muß, wie gesagt, unser großes Erstaunen hervorrufen. Insbesondere der Gesichtspunkt umfassender parlamentarischer Vorkontrolle ist offensichtlich nicht zum Zuge gekommen; das Parlament der Gemeinschaft hat nicht einmal das kleinste Budgetbewilligungsrecht. Die Präsidenten der Organe, also die Exekutive selbst und der Gerichtspräsident, stellen die Voranschläge für ihre Bereiche auf. Der aus diesen Voranschlägen aufgebaute Entwurf des Gesamthaushaltsplans geht an das Kollegium dieser Präsidenten und wird dort ohne parlamentarische Behandlung abschließend gebilligt. Der so verabschiedete Haushaltsplan bildet die Grundlage für die Deckung des Finanzbedarfs im Wege von Umlagen und Anleihen. Die Umlage ist von den Unternehmen der Kohle- und Stahlindustrie aufzubringen und soll 1% des Jahresumsatzes dieser Unternehmen nicht überschreiten. Über den Aufbau des Haushaltsplans und die sonstigen haushaltsmäßigen Erfordernisse enthält der Vertrag nichts. Hier wird sich eine Ordnung entwickeln müssen, die von dem Ministerrat und der Hohen Behörde zu steuern ist. Dem Parlament der Gemeinschaft wird der Haushaltsplan nur zur Kenntnis zugeleitet; es kann ihn selbstverständlich erörtern, ohne aber bindende Beschlüsse dazu zu fassen. Als einzige Bewirtschaftungsregel ist im Vertrag niedergelegt, daß der Ausschuß der Präsidenten Übertragungen innerhalb der Kapitel oder von Kapitel zu Kapitel genehmigen kann. Ein Rechnungsprüfer ist für drei Jahre bestellt, der seine Tätigkeit unabhängig ausüben soll und jährlich einen Bericht erstattet, der der Versammlung (wiederum nur zur Kenntnis) übermittelt wird. Eine förmliche Entlastung der Verwaltung ist nicht vorgesehen; das Parlament kann lediglich mit Hilfe eines Mißtrauensantrags, der aber einer qualifizierten Mehrheit bedarf, ihre Unzufriedenheit mit der Finanzgebarung der Hohen Behörde zum Ausdruck bringen.

Die Montan-Union wird in der künftigen Europäischen Politischen Gemeinschaft aufgehen. Bei diesem Anlaß wird, falls es nicht schon vorher geschehen ist, das Haushaltswesen moderneren Erfordernissen angepaßt werden müssen. Für die zweite große supranationale Gemeinschaft, die allerdings noch als Planung vor uns steht, nämlich die Europäische Verteidgungsgemeinschaft, wird ein Gleiches nicht gelten. Ihr Haushaltswesen ist besser als das mancher Teilnehmerländer geordnet. Außer dem Vertrag, der eine Reihe wichtiger Haushaltsvorschriften enthält, ist ein Finanzprotokoll vereinbart, das die wesentlichsten Prinzipien der Bewirtschaftung der Mittel enthält und in der „Finanzordnung" der EVG aufgehen wird. Die EVG hat ein sogenanntes Gemeinschaftsbudget, dessen Wesen darin besteht, daß der Bedarf nach einheitlichen Gesichtspunkten ermittelt und nach dem Maße der Dringlichkeit gedeckt wird. Die Deckung besorgen Beiträge, die zwar noch nicht nach einer automatischen Leistungsklausel, aber nach bestimmten Kriterien der wirtschaftlichen Leistungsfähigkeit festgesetzt (vereinbart) werden. Damit baut sich der Haushalt der EVG, wie dies für eine große staatliche Körperschaft lehrbuchmäßig ungewöhnlich ist, von der Einnahmeseite her auf. Für diese Seite gilt auch das Erfordernis der Einstimmigkeit im Ministerrat, der als ein Mittelding zwischen einer zweiten Kammer und einer besonderen Aufsichtsinstanz für die eigentliche Exekutive konstruiert ist. Auf der Ausgabeseite gilt ein Majoritätsprinzip. Das eigentliche Budget-Bewilligungsrecht liegt beim Ministerrat und ist damit stark in die Hand der nationalen Regierungen gelegt; das Parlament der EVG (etwa identisch mit dem der Montan-Union) kann aber Beschlüsse zum Haushaltsplan fassen, die rechtskräftig werden, wenn nicht der Ministerrat sie überstimmt. Ein System von Fristen und Beteiligungen soll bewirken, daß der Haushaltsplan der Gemeinschaft, die auf Grund ihr übertragener Souveränität die Integration eines ganzen Verwaltungszweigs bis zur Ortsinstanz herunter darstellt, rechtzeitig und sachgemäß verabschiedet wird. Das Institut eines Finanzkontrolleurs wirkt bei der Aufstellung des Voranschlags und bei der Bewirtschaftung der Haushaltsmittel in Form einer Visakontrolle mit.

Nach den bisher vorliegenden Dokumenten soll die dritte supranationale Körperschaft dieses Querschnitts, die Europäische Politische Gemeinschaft, ebenfalls zunächst wiederum von den sechs Mitgliedstaaten der Montan-Union und der EVG gebildet werden, aber auch allen übrigen westeuropäischen Staaten offen stehen. Die Gemeinschaft soll die Zuständigkeiten besitzen, die den beiden anderen Gemeinschaften zugedacht sind, und mit der Montan-Union und der EVG zusammen eine Rechtseinheit bilden. Innerhalb dieser Einheit sollen allerdings die Montan- und die Verteidigungssparte gemäß den für die beiden Spezialgemeinschaften geltenden Bestimmungen getrennt verwaltet werden.

Für die haushaltsmäßige Seite ist zunächst bedeutungsvoll, daß der europäische Zusammenschluß sich in einer maßvollen Form vollziehen soll. Das beste Beispiel dafür ist, daß die *Verwaltung der Gemeinschaft grundsätzlich* (mit Ausnahme der Verteidigung) *den nationalen Verwaltungen* übertragen ist. Die Gemeinschaft soll allerdings das Recht haben, eine eigene Verwaltung zu errichten, sofern das Parlament sie dazu ermächtigt. Ein weiteres Beispiel ist, daß die Änderungen des Statuts der Gemeinschaft grundsätzlich ratifizierungsbedürftig sind, das Parlament also die nationalen gesetzgebenden Körperschaften nicht auszuschalten vermag. Im Laufe einer Anpassungszeit soll die fortschreitende Verschmelzung der Montan-Union und der EVG in der neuen Gemeinschaft stattfinden.

Mit den Befugnissen der Gemeinschaft auf finanziellem Gebiet befaßt sich der bisherige Entwurf in einer recht umfassenden Weise. Mittelbar gehört zu diesen Befugnissen im Bereich der allgemeinen Zielsetzung der Gemeinschaft auch die fortschreitende Verwirklichung eines gemeinsamen Markts und die Koordinierung aller nationalen Maßnahmen zur wirtschaftlichen Ausweitung, zur Aufwärtsentwicklung des Beschäftigungsstandes und zur Hebung der Lebenshaltung in den Mitgliedstaaten.

Die Gemeinschaft soll, wie es wörtlich heißt, einen *einheitlichen und allumfassenden Jahreshaushalt* haben. Es ist vorgesehen, daß das Budget-Bewilligungsrecht ausschließlich bei dem Parlament der Gemeinschaft liegt; eine Einschränkung dieses Rechts besteht nur insoweit, als das Parlament den Gesamtumfang der Ausgaben nicht erhöhen kann. Im Rahmen eines Notbewilligungsrechts wird jeweils für ¼ Jahr nach dem Haushaltsplan des Vorjahres verfahren, bis der Plan für das neue Rechnungsjahr angenommen ist. Während einer Übergangszeit, also wohl bis zur vorläufigen Verschmelzung der drei Gemeinschaften, gliedert sich der einheitliche Haushaltsplan der Gemeinschaft in drei verschiedene Kapitel (Gemeinschaft, Montan-Union, EVG), die nach den verschiedenen Rechten bewirschaftet werden. Von besonderer Bedeutung ist, daß während dieser Übergangszeit das Parlament für den EVG-Haushaltsteil nur die im EVG-Vertrag genannten eingeschränkten Bewilligungen bzw. Antragsrechte hat.

Die *Deckungsmittel* bestehen in den eigenen Einnahmen der Gemeinschaft, insbesondere eigenen Steuern, und den Beiträgen der Mitgliedstaaten, die im Einvernehmen zwischen der Gemeinschaft und den Mitgliedstaaten festgesetzt werden sollen. Ein Organisationsgesetz, das nur bei einstimmiger Billigung durch den Rat der nationalen Minister zustande kommt, soll die Einzelheiten der Steuerveranlagung, des Steuersatzes und die Bedingungen für die Erhebung der Steuern festlegen. Steuervorrechte soll es nicht geben. Die Gemeinschaft soll befugt sein, Anleihen aufzunehmen. Die Höhe und die Art der Festsetzung der Mitgliedsbeiträge werden im Einvernehmen zwischen der Gemeinschaft und den Mitgliedstaaten festgesetzt. Bis zur Erzielung dieses Einvernehmens sollen die Aufwendungen nach dem Verhältnis im EVG-Vertrag anteilmäßig umgelegt werden.

Die für die Zeit nach dem Ablauf der Übergangszeit zu treffende definitive Regelung soll sich auf die vorstehend niedergelegten Grundsätze stützen.

Die eben gegebenen Hinweise zeigen, daß es sich bei den bisherigen Entschließungen des Verfassungsausschusses lediglich um die Aufstellung eines gewissen programmatischen Rahmens handelt. Der Entwurf vermeidet alle heiklen Fragen, die bei einer näheren Erörterung der Einzelheiten in denkbar großer Fülle hervortreten werden. Andererseits würde es zu weit gehen, den Entwurf, der von einem großartigen europäischen Idealismus getragen und überaus ernst zu nehmen ist, wegen mangelnder Konkretheit als stark ergänzungsbedürftig anzusehen.

Von besonderer Bedeutung für unser Thema sind die Gedanken über den „allumfassenden" einheitlichen Haushaltsplan und hier insbesondere die Vorschläge zur Deckungsseite (Beiträge, Steuern, Anleihen). Sie müssen unter dem Gesichtspunkt geprüft werden, welche finanziellen Verantwortungen bei den nationalen Staaten verbleiben und welche Einengung der finanziellen und wirtschaftlichen Bewegungsfreiheit dieser Staaten sie bedeuten. Auf der Ausgabeseite ist im wesentlichen nur das Kapitel der Montan-Union und der EVG plastisch; die sonstigen Ausgaben der Gemeinschaft sind verhältnismäßig unklar, da die Aufgaben der Gemeinschaft zwar vielfältig sind, aber auch in einfacher Weise ohne umfangreiche Integrationen gelöst werden können. Die Abschirmung gegen das Entstehen kostspieliger europäischer Führungsinstrumente wird ein besonderer Gegenstand der Prüfung sein müssen.

Wenn nun der Versuch unternommen wird, aus der bisherigen Planung und Wirklichkeit des supranationalen Bereichs das budgetmäßig Interessanteste darzustellen, muß dies von dem hier gewählten Standpunkt des nationalen Haushaltsbetrachters aus selbstverständlich mit der Form des „Zugriffs" beginnen. Die Forderungen, die die supranationale Körperschaft finanziell stellen kann, und die Art, wie sie sie zu verwirklichen vermag, sind für die Haushaltsgebarung der Teilnehmerstaaten von der wesentlichsten Bedeutung. In allen Verhandlungen, Entwürfen und Vorschriften spielt deshalb das Problem der Aufrechterhaltung der finanziellen, wirtschaftlichen und sozialen Stabilität der Staaten als der Grundlage für die „Abführungen nach oben" eine beherrschende Rolle, fast mehr aber noch, was zu geschehen hat und wer entscheidungsberechtigt ist, wenn diese Stabilität gefährdet wird. Da die Vielzahl der Möglichkeit solcher Störungen in Bestimmungen nicht einzufangen ist, haben sich die Beteiligten meist auf eine konsultative Tätigkeit der Gemeinschaftsorgane, der Staatenkammer und der Teilnehmerregierungen, geeinigt, derart jedoch, daß als Ziel die Wiederherstellung der Stabilität bindend vorgeschrieben ist. Bei diesem Beispiel wird schon erkennbar, daß das Öl der supranationalen Maschinerie eine europäische Gemeinschaftsgesinnung sein muß, wenn nicht Interessenkämpfe und klaffende Standardgegensätze das Ganze in Frage stellen sollen.

Die Abführung ist im allgemeinen der Staatenbeitrag, der in der Währung des Schuldnerstaates zur Verfügung gestellt wird und dessen Transferierung in andere Währungsräume nur mit bezifferten Limiten und unter sachlichen Einschränkungen möglich ist. Die EVG bedarf als voll integrierter Verwaltungszweig der umfassendsten Vorschriften über die Zahlbarmachung und den Umsatz dieser Beiträge; ihr wird es auch wegen ihres riesigen Geldbedarfes obliegen, am schnellsten eine Leistungsklausel zu entwickeln, die die individuellen Verhältnisse der Schuldner berücksichtigt und eine progressive Leistung je nach dem Kopfsatz des Sozialprodukts unter Berücksichtigung der höheren Verfügbarkeit des über dem Existenzminimum liegenden Einkommensbetrages vorsieht. Das jetzige System der NATO-Richtlinien stellt an die Nerven der Beteiligten und an die Wahrheitsliebe mancher Statistiker auf die Dauer zu hohe Ansprüche. Auf das Recht der Gemeinschaft, statt der unmittelbaren Beiträge Steuern (z. B. eine Verteidigungssteuer) von den beteiligten Volkswirtschaften auf Grund bestimmter Tatbestände zu verlangen, ist von mehreren Seiten, wenn auch erfolglos, gedrängt worden; man ist sich aber darüber einig, daß die Europäische Politische Gemeinschaft das Recht haben wird, diese Frage grundlegend und bald zu diskutieren. Eine kleine Eigensteuer ist bereits eingeschlüpft. Funktionäre der EVG, die aus bestimmten Gründen von ihrem heimatlichen Einkommensteuerrecht losgelöst werden, zahlen an die EVG eine Ausgleichssteuer, die diese als Eigeneinnahme behandelt. Welche Problematik sich einem europäischen Gemeinschaftssteuerrecht entgegenstellt, braucht hier nicht erwähnt zu werden; jedermann weiß, wie groß das steuerrechtliche Gefälle in den Staaten trotz der starken steuerlichen Anspannung ist. Die Umlagen, mit denen die Montan-Union ihre haushaltsmäßigen Erfordernisse befriedigt, sind allerdings schon eine Art supranationaler Umsatzsteuer und als Betriebsausgabe selbstverständlich abzugsfähig; in diesem Sinne erscheinen sie als beinahe unmittelbare Leistungen der Länder und des Bundes. Ein ähnlicher Sachverhalt liegt auch bei dem reinen Geldbeitrag vor, da seine Aufbringung im Bereich der Bundesrepublik eine Sache deren Haushalts und der Heranziehung hoher Anteile der Ländersteuern ist; der Unterschied ist nur, daß diese Beiträge der Länder zur Finanzierung z. B. des Verteidigungsbeitrags ein allgemeines Deckungsmittel des Bundes sind.

Bei der Frage nach der Wirtschaftlichkeit der Haushalts- und Geldwirtschaft der supranationalen Körperschaften wird man zwischen der Tendenz der hierzu erlassenen Bestimmungen und der Praxis unterscheiden müssen. Der Drang, auf der neuen übernationalen Ebene zu einer grundsätzlich großzügeren Handhabung zu kommen, als sie die Nationalwirtschaften traditionell zulassen, ist unverkennbar; auf dem Gebiet der Personalausgaben hat dies schon zu unerfreulichen Erscheinungen geführt. Es ist klar, daß Auswüchse dieser Art die Struktur der nationalen Personalausgaben und den Frieden im nationalen Arbeitsbereich stören müssen. Die Frage ist, welche Widerstandskraft hier von den übernationalen Parlamenten erwartet werden darf; die Fragestellung deutet schon auf gewisse Zweifel hin. Leider gehen solche Streitigkeiten erfahrungsgemäß zugunsten dessen aus, der die geringere Leistung erhalten hat, anders gesagt, die nationalen Parlamente werden, wenn sie den übernationalen Rahmen nicht zu ändern vermögen, für den nationalen Bereich zu Lasten des Steuerzahlers eine ähnlich großzügige Linie zulassen. Die nationalen Parlamente haben beispielsweise keine Möglichkeit zu verhindern, daß die Montan-Union bei ihrer Umlage über den Normalsatz von 1% hinausgeht; es genügt nach dem Vertrag, daß der Ministerrat mit einer Zweidrittel-Mehrheit die höhere Inanspruchnahme bewilligt. Auch eine Abberufung der nationalen Regierung, die dieser höheren Umlage zustimmen will, könnte den Beschluß nicht unterbinden. An diesem Beispiel wird die ganze Problematik des Zugriffs klar; die obere Körperschaft kann aufnehmen, ohne für die Aufbringung im Gesamtrahmen aller Quellen verantwortlich zu sein. In diesem Sinne scheint die EVG-Lösung besser, die die Beiträge auf die wirtschaftliche Leistungsfähigkeit beschränkt, in dem Maße dessen, was man unter Leistungsfähigkeit zu verstehen hat, aber ebenfalls einen gewissen Spielraum läßt.

Eine intensive demokratische Kontrolle der Haushaltsgebarung übernationaler Körperschaften kann selbstverständlich nur durch die eigenen Organe der neuen Gemeinschaft stattfinden und nur erfolgreich sein, wenn die Bürger der Teilnehmerstaaten diesen Körperschaften den Auftrag unmittelbar selbst erteilen.

Die festen Geldbeiträge haben allerdings den Nachteil, daß die Anpassung an die Ausgaben unterbleibt, freie Mittel also ohne weiteres zu einer unwirtschaftlichen Ausgabegebarung führen. Die Gefahr ist für die Übergangsjahre aber gering. Die EVG, die die festen Beiträge hat, wird in den ersten Jahren ihres Bestehens keinen Mangel an Ausgaben haben; man kann sich im Gegenteil sogar von dem Überdruck auf der Bedarfsseite einen Zwang zur Wirtschaftlichkeit erhoffen. Für die Zukunft sollte aber dann eine automatische Leistungsklausel das Dilemma lösen. Zu diesem Thema gehört schließlich auch ein nochmaliger trauervoller Blick auf die Budgetbewilligung, die in der Hand höchstens mittelbar kontrollierter Gremien liegt und eine tatkräftige Vorkontrolle des Haushaltsplans im Stadium des Voranschlags ausschließt. Man darf hoffen, daß diese Mängel der Verträge dynamisch behoben werden; der Verfassungsentwurf der Europäischen Politischen Gemeinschaft nährt diese Hoffnung.

Die Fragen der Gliederung und Präsentation ihres Haushaltsplans sind für die supranationalen Körperschaften nicht leichter als für die nationalen Finanzwirtschaften. Für beide müssen Formen gefunden werden, die an die nationalen Lösungen noch gewisse Anklänge haben. Der reizvolle Gedanke, mit einem völlig neuen, sehr modernen Haushaltsschema Bewegung in die allzu träge Entwicklung des Aufbaus der europäischen Budgets zu bringen, strauchelt an diesem Erfordernis; es bleibt die betrübliche Feststellung, daß einige nationale Haushaltspläne (innerhalb und außerhalb der supranationalen europäischen Gemeinschaften) an Modernität und Handlichkeit die „europäischen" Pläne überflügeln. Leider ließ sich auch trotz aller NATO-Koordinierung das großartige USA-Schema mit seinen zwei Generalplänen (geordnet nach Organisation und Zwecken) nicht durchsetzen. Immerhin ist aber z. B. das für die EVG gewählte Schema überwiegend auf das Prinzip der Kostenarten (statt der Kostenstellen) ausgerichtet, wird aber durch das Bedürfnis nach funktionellen Untergliederungen im Sinne des alten Organisationshaushalts stark verwässert. Diese Konzessionen an das Organisationsprinzip verbergen natürlich die Zuständigkeitssorgen gewisser Kreise, seien sie militärischer oder ziviler Art. Man kann ihnen schlecht ausreden, daß das moderne Hauhaltsdenken Veranschlagung und Verantwortung nicht in einer äußerlichen Übereinstimmung zu demonstrieren braucht. In einem Punkte allerdings werden die europäischen Haushaltspläne einen bedeutenden Fortschritt gegenüber der deutschen Praxis bringen. Neben einem überwiegend nur nach Zwecken, nach der Organisationsform also nur grob unterteilten Gesamtplan stehen Erläuterungsbücher, die alle Details bringen; beide zusammen geben die Möglichkeit zu einer Finanzplanung großen Stils und zur Kontrolle der Einzelheiten. Es ist klar, daß der Haushaltsplan einer voll integrierten Verteidigungsverwaltung aus Gründen der Geheimhaltung noch einige Präsentationswünsche offen läßt; seine übrige Gliederung aber wird auch anspruchsvolle Gemüter befriedigen. Für den deutschen Bereich wird es beispielsweise die Neuerung geben, daß die Gliederung in vertikaler Richtung um eine Ebene vermindert wird, der Einzelplan also gleich in die Spezialtitel gegliedert wird. Es wäre ein Irrtum zu vermuten, daß dies eine Zentralisierung der Mittel bedeutet; die Aufteilung in die gewünschten Ebenen wird vielmehr innerhalb der Titel (die Bezeichnungen sind selbstverständlich andere) durchgeführt. In horizontaler Hinsicht bleibt es bei der Einteilung in einen ordentlichen und außerordentlichen Haushalt, aber sie ist nur fakultativ und man geht nicht fehl in der Annahme, daß sie verhältnismäßig selten sein wird. Das Kennziffersystem des Verteidigungshaushalts lehnt sich aus verständlichen Gründen eng an das NATO-Muster an und gibt die Möglichkeit, die vielfältigen Gegenstände, deren Beschaffung oder Instandhaltung geplant werden muß, einwandfrei durch Ziffern gegenseitig abzugrenzen. Eine weitere beachtliche Neuerung für die deutschen Haushaltsbearbeiter wird sein, daß die Einnahmen der Gemeinschaft nur an einer Stelle und nur von der Finanzverwaltung veranschlagt werden. Ihr obliegt auch die Einziehung der Einnahmen. Die grobe Gliederung des deutschen Haushaltssystems in laufende, einmalige und außerordentliche Mittel fällt zwar grundsätzlich fort. Die dafür geschaffenen Ausgabeklassen kommen aber, nur nach Kostenarten aufgeschlüsselt, auf etwas Ähnliches heraus. Sie trennen damit in klarer Weise die eigentlichen Betriebsausgaben von den Erst- und Ergänzungsanschaffungen.

Der Abschied vom Haushaltsplan und Haushaltsgesetz und deren Ersetzung durch das beide enthaltende Jahresbudget ist für den supranationalen Bereich selbstverständlich; gewisse schwerwiegende Konsequenzen sind natürlich damit verbunden. Das permanente Haushaltsrecht der Gemeinschaften tritt dadurch noch plastischer hervor. Um einen Überblick über die Ordnungsbedürfnisse des Finanz- und Haushaltsrechts supranationaler Einrichtungen zu geben, seien einmal die sieben Bücher der Finanzordnung der EVG genannt:

Haushaltsordnung,
Beitragsordnung,
Kassenordnung,
Vermögensordnung,
Schuldenordnung,
Rechnungslegungsordnung,
Rechnungsprüfungsordnung,
Entlastungsordnung.

Angesichts der Verschiedenartigkeit, mit der die nationalen Gesetzgebungen das Haushaltsrecht in präziser Form oder als Gewohnheitsrecht regeln, werden auch die Finanzrechte der supranationalen Gemeinschaften, wie die bisherigen Entwürfe zeigen, eine Mischung zwischen exakter Einzelregelung und Leitsätzen darstellen.

Man hat sich z. T. darauf beschränkt, gewisse Haushaltsprinzipien, so den Jahresplan, die Vollständigkeit der Veranschlagung, die Übersichtlichkeit und Präsentation herauszustellen, und überläßt die Einzelheiten teils der Exekutive, teils den künftigen Ordnungen; eine Ausnahme macht, wie gesagt, die EVG, da sie als voll integrierte Verwaltung gleich brauchbare Haushaltsvorschriften benötigt. Ein Problem für sich bildet die Genauigkeit der Veranschlagung, da hier die Traditionen zu verschieden sind, insbesondere was die rechtliche Exaktheit der Begriffsbestimmung angeht. Auch der Frage der Öffentlichkeit geht das supranationale Haushaltsrecht vorläufig noch aus dem Wege, bekennt sich aber fast ausnahmslos zu dem Spezialitätsprinzip und damit zu dem wichtigsten Grundsatz des öffentlichen Haushaltswesens. Die Gefahr, daß die Veranschlagung eine Zusammenfassung großer Mittel unter laxen Zweckbestimmungen sein würde, scheint gebannt. Bei der EVG bildet das Haushaltsprinzip der Einheitlichkeit noch ein besonders schwieriges Problem, da bekanntlich (besonders zugunsten Frankreichs) Verwaltungseinrichtungen und Kontingente in nationaler Verwaltung verbleiben. Hier müssen Sonderabkommen helfen, die besonders für die Übergangszeit geschmeidig, in der Fristsetzung aber fest sein müssen.

Die Herstellung des Haushaltsausgleichs wird für eine supranationale Gemeinschaft wie die Montan-Union, auf deren Verhältnisse vorhin näher eingegangen ist, keine unüberwindlichen Schwierigkeiten bereiten. Gehen Verwaltungskosten und Investitionsdarlehen über 1% der Unternehmensumsätze hinaus, muß ein Umlagebeschluß mit qualifizierter Mehrheit gefaßt werden. Die Europäische Politische Gemeinschaft wird ihre Ausgaben, solange sie keine eigenen Einnahmen hat, aus unmittelbaren Geldbeiträgen der Staaten bestreiten und ein möglichst automatisches System des Haushaltsausgleichs finden müssen. Was hierzu vom Standpunkt der nationalen Finanzminister aus zu sagen ist, ist geschehen. Die Frage nach dem Haushaltsausgleich der übernationalen Körperschaften bedeutet für sie das Problem einer Abwehr von Ansprüchen, auf deren Zustandekommen unter Umständen kein Einfluß besteht. Bei der EVG scheint der Haushaltsausgleich am leichtesten. Der zu verspeisende Kuchen wird aus Beiträgen der Staaten gebildet, die sich nach deren Leistungsfähigkeit richten und untereinander vergleichbar sind. In den ersten Jahren des Bestehens wird keine Sorge sein, daß die so festgestellten Höchstbeiträge auch wirklich sachgemäß verwendet werden; bei absinkendem Bedarf entsteht eine Fülle neuer Fragen, deren Lösung theoretisch leicht, in der Praxis aber schwer sein wird. Die Aufrechterhaltung des Haushaltsausgleichs während des laufenden Rechnungsjahres erscheint im Spiegel der bisherigen Haushaltsplanungen nicht schwierig, da kategorisch jeder weitere Zugriff untersagt ist. Ob sich gerade bei der Verteidigungsgemeinschaft dieser Grundsatz voll durchführen läßt, muß abgewartet werden; das raffinierte System von „Virements", also die Deckung neuer Ausgaben durch Einsparungen an anderer Stelle, wird manche Härte ausgleichen können. Die Anwendung der Befugnisse zu solchen Übertragungen (innerhalb des Haushaltsplans schlechthin oder nur der Einzelpläne, nur der Kapitel oder nur der Untergliederungen von Titeln) ist in den Planungen so gestaffelt, daß regelmäßig der Finanzkontrolleur mitwirken muß und der Exekutive nur eine beschränkte Freiheit eingeräumt wird. Bei größeren Virements, die im Ergebnis einem Haushaltsnachtrag gleich kommen, muß mindestens eine der bestehenden Kammern mitwirken. Die Übertragbarkeit von Mitteln in das nächste Rechnungsjahr regelt sich innerhalb des gleichen Systems durch die einfache Festhaltung der nicht benötigten Mittel in besonderen Fonds. Einen besonders heikles Problem ist im Bereich der Verteidigungsgemeinschaft die Etatisierung der Außenhilfe; es verlohnt sich, darüber einige Augenblicke nachzudenken. Man darf davon ausgehen, daß bei der Aufstellung des gemeinschaftlichen Haushaltsplans Art und Umfang der voraussichtlichen Außenhilfe nicht bekannt sind, andererseits der Bedarf aber feststeht. Zu den hierzu auftretenden Fragen der Veranschlagung treten die ebenso heiklen Probleme des Haushaltsvollzugs im Falle der Lieferung oder Nichtlieferung der Gegenstände oder eines Ersatzes. Die Fragen sind aber lösbar, leichter allerdings noch der gegenteilige Fall, nämlich daß ein Teil der veranschlagten Mittel nicht ausgegeben werden kann oder nicht verausgabt zu werden braucht. Hier sind in allen Fällen Reservefonds vorzusehen, die in die Pläne der nächsten Jahre als echte Einnahmen eingestellt werden können. Auch für den Fall von Krisen ist Vorsorge getroffen; hier entscheiden regelmäßig die Führungsorgane der supranationalen Gemeinschaften über die Deckung neu auftretender Bedürfnisse. Was schließlich aber die Herstellung eines echten Haushaltsausgleichs zwischen den Nationalbudgets der beteiligten Staaten angeht, muß es vorläufig genügen, die Frage nur angesprochen zu haben; auf weitere Sicht werden hier Probleme erkenntlich, die einer engen europäischen Staatengemeinschaft erst die letzte innere Verbindung bescheren werden.

Die Problematik der Kontrolle (vor, während und nach der Ausgabe) ist im supranationalen Bereich durch drei Faktoren gekennzeichnet, durch die Frage nach der sachlichen Zuverlässigkeit der Feststellungen, ferner durch die Schwierigkeiten einer Übereinstimmung zwischen einer nationalbetonten Exekutive und einem übernationalen Kontrollorgan und schließlich durch die heikle Frage nach einer Anpassung der Kontrollintensität an den Finanzcharakter eines Volkes.

Das erste ist ein Problem des Haushaltsrechts und der Tradition, das zweite ein solches des Integrationsvolumens und das dritte die Vertrauensfrage schlechthin. Es liegt auf der Hand, daß einer supranationalen Gemeinschaft hier Aufgaben gestellt sind, deren Lösung ebenso schwierig wie wertvoll ist, wertvoll zur Erzielung einer wirklichen europäischen Gesinnung.

Schon heute steht fest, daß das Institut des Finanzkontrolleurs im deutschen Bereich befruchtend sein wird. Fast alle Staaten kennen die Einrichtung des mehr oder weniger unabhängigen Inspizienten, der mit Hilfe einer Visakontrolle oder auf Grund von Stichproben den Ordnungs- und Sparsamkeitswillen einer Verwaltung lebendig erhält. Bei der EVG hat man sich entschlossen, ihn nicht zum Büttel des Finanzministers, sondern zum Vertrauensorgan des ganzen Ministerrats zu machen. Die Montan-Union hat von einer gleichen Einrichtung abgesehen. Da sie keinen organisatorischen Unterbau hat, ist die Finanzkontrolle bei ihr mehr ein Akt der unmittelbaren Dienstaufsicht. Leider fehlt bei ihr auch die parlamentarische Vorkontrolle; es bestehen aber begründete Aussichten, daß dieser unverzeihliche Mangel durch Vereinbarungen zwischen Hoher Behörde und dem Montan-Parlament behoben wird. Der Finanzkontrolleur der EVG dagegen nimmt zu allen Voranschlägen Stellung, so daß er auch im Stadium der Vorkontrolle des Haushalts seine Erfahrungen aus der Praxis auszuspielen vermag. Während des Rechnungsjahres stehen ihm Haushaltsabteilungen oder Sachbearbeiter des Haushalts in allen Dienststellen der Verwaltung und der Truppe zur Seite. Die Väter des Vertrages konnten sich nicht entschließen, was einen Militär nicht verwundern wird, dem Haushaltsbearbeiter gegenüber dem Verwaltungschef oder Truppenchef eine irgendwie geartete Selbständigkeit zu geben. Die Stellung der eigentlichen Finanzverwaltung in allen Ebenen, die den Truppenkommandeuren und den Chefs der übrigen Verwaltung nicht unterstellt ist, verhindert aber, daß die Bewirtschaftung der Mittel sich allzu freihändig vollzieht, auch wenn die Bewirtschaftung der Mittel nicht nur ihr allein anvertraut ist. Was schließlich die Nachkontrolle, allgemein Rechnungsprüfung genannt, angeht, war es für den Kenner keine Überraschung, daß die Rechnungshöfe der an den bisherigen supranationalen Planungen beteiligten Staaten eine ähnliche Stellung, wie sie der Rechnungshof im deutschen Bereich hat, nicht aufzuweisen vermögen. Gleiches gilt übrigens von der Stellung des deutschen Finanzministers im Vergleich zu den Finanzministern anderer Länder; in keinem Land der künftigen Politischen Gemeinschaft hat ein Finanzminister einen so umfassenden Aufgaben- und Befugnisbereich wie in der Bundesrepublik.

Während die Montan-Union mit einem einfachen Rechnungsprüfer auskommt, sieht die EVG einen unabhängigen Rechnungshof vor, der nach dem Senatsprinzip arbeitet und durch feste Fristen zu einer gegenwartsnahen Prüfung verpflichtet ist. Mit besonderem Interesse wird man verfolgen dürfen, wie eine integrierte Prüfungsbehörde den Vollzug eines supranationalen Haushaltsplans durch europäische Behörden nationaler Präponderanz beurteilen und beeinflussen wird. In diesem Zusammenhang ist vielleicht auch ein Blick auf die personelle Seite angebracht, die z. B. im EVG-Vertrag mit einem fünfjährigen, aber erneuerbaren Vertrag der Mitglieder des Rechnungshofes eine unbefriedigende Regelung erfahren hat.

Über allen Haushaltsfragen des übernationalen Bereichs aber steht die Problematik des Funktionierens; auf sie ist schon einmal hingewiesen worden. Werden die in heißem Bemühen ausgearbeiteten, durch Kompromisse in ihrer Folgerichtigkeit getrübten Bestimmungen ein reibungsloses Ineinandergreifen der Organe der übernationalen Körperschaften zulassen, wird nicht plötzlich einmal knirschend die Maschine stehenbleiben, weil an einer wichtigen Stelle ein Bruch ist? Es ist müßig, über die theoretischen Möglichkeiten, die im Technischen noch am leichtesten, im Politischen am schwersten zu übersehen sind, lange nachzusinnen; wer in mangelnder europäischer Haltung Hindernisse bereiten will, wird dies immer können. Zuoberst steht hier der Zeitfaktor, also die Frage, ob die haushaltsmäßigen Fristen eingehalten werden und einen ordentlichen Anlauf, Ablauf und eine Kontrolle des Haushaltsplans erlauben. Die sachliche Übereinstimmung der Regierungen und der obersten Funktionäre über die Ziele der politischen Gemeinschaften ist das Zweite bei der Frage nach dem voraussichtlichen Funktionieren des supranationalen Haushaltswesens. Die nationalen Parlamente andererseits wünschen eine maßgebende Beteiligung, dürfen aber selbstverständlich nicht den supranationalen Gesetzgebungs- oder Ordnungsorganen ein Bein stellen können. Zum Problem des haushaltsmäßigen Funktionierens gehört auch die Sprachenfrage, deren schon Erwähnung getan ist; sie wird uns viel lustigen und ernsten Stoff liefern. Die Integration der Technik und Formulare, der Nachrichtenverbindungen, Hilfsmittel, ferner die einzigartige Problematik des Übergangs der national geborgenen Verwaltungen in die übernationale Betreuung werden ebenfalls an den guten Willen aller Beteiligten große Anforderungen stellen. Hinzu kommt dann noch die höhere „Arithmetik des Haushalts", z. B. die Einhaltung der 85%-Klausel (85% des nationalen Beitrags müssen im Geberland wieder umgesetzt werden), die Transferfragen, das Preisgefälle, Gehaltsgefälle, die Gefahr von Währungskalamitäten u. dgl. sie alle haben in den Planungen und Bestimmungen für die übernationalen europäischen Körperschaften ihre Regelung oder eine Andeutung hierzu erhalten. Die in ihnen liegenden Besonderheiten werden den

Haushaltsplan der Gemeinschaften materiell und formell auf harte Proben stellen.

Die Frage am Schluß kann nur lauten, ob die europäischen Haushalte und das Haushaltsrecht der supranationalen Gemeinschaften die nationalen Haushaltsrechte im Sinne einer modernen Umgestaltung und der Ermittlung eines echten Ausgleichs zwischen allen Beteiligten verbessern. Man wird gut daran tun, keine allzu großen Hoffnungen zu hegen, aber auf diejenigen Ausstrahlungen zu hoffen, die sich aus der neuen und kameradschaftlichen Zusammenarbeit vieler Haushaltsbearbeiter der beteiligten Staaten ergeben. Die Solidarität und Loyalität der an einem gemeinsamen Ziel arbeitenden Menschen sind es überhaupt, die die supranationale Haushaltsproblematik als eine zwar schwierige, aber letzten Endes doch lösbare Aufgabe erscheinen lassen.

Besoldung und Haushalt

Von Armin Spitaler, Köln

Die folgenden Ergebnisse meiner Untersuchung der Beziehungen zwischen Besoldung und Haushalt könnte ich nicht vorlegen, wenn ich nicht bei der Materialsammlung von zahlreichen Personalämtern und Statistischen Ämtern der Länder und Städte unterstützt worden wäre. Ihnen allen spreche ich für die bereitwillige Hilfe, die zum Teil zweifellos mit einem großen Zeitaufwand verbunden war, meinen besten Dank aus.

Mein besonderer Dank gilt aber auch einigen Persönlichkeiten, so vor allem Herrn Kollegen Prof. Dr. Zwick in Bad Ems, ferner dem Präsidenten des Württembergischen Statistischen Landesamts, Herrn Dr. Jostock, und Herrn Dr. Ortmann, dem Leiter der zuständigen Abteilung des Statistischen Amts der Stadt Köln.

Wenn wir die gewaltigen Kaufkraftströme betrachten, die über die öffentlichen Kassen geleitet werden, so müssen wir uns zu der Auffassung von Dungerns bekennen, daß sich letzten Endes eigentlich alle Ausgaben öffentlicher Gemeinwesen irgendwo in der Wirtschaft in Einkünften von Einzelpersonen niederschlagen und somit befruchtend auf unsere Volksgesamtheit wirken.

Dieser Erscheinung habe ich aber hier nicht nachzugehen; ich habe vielmehr die Bedeutung der Besoldungen in den öffentlichen Haushalten des Bundes, der Länder und der Gemeinden zu umreißen und dabei ein schlüssiges Urteil zu gewinnen, ob sie als hoch oder niedrig zu bezeichnen sind. Ich habe mich dabei insbesondere mit den Aktivitätsbezügen der Personen, die hauptberuflich und in einem unmittelbaren Dienstverhältnis bei Gebietskörperschaften beschäftigt sind, zu befassen, sowie mit den Bezügen der Personen, die nebenberuflich oder nur in einem mittelbaren Dienstverhältnis bei Gebietskörperschaften tätig sind, wie dies z. B. bei Schwestern der Fall ist, die in einem Krankenhaus nicht in einem Einzelvertrag, sondern auf Grund eines Kollektivvertrags mit einem Schwesternverband oder einem Mutterhaus eingesetzt sind.

In den Haushalts- und Rechnungsvorschriften für den Bund, für die Länder und für die Gemeinden ist hinreichend genau festgelegt, was zu den Personalausgaben gehört. Aus diesen Vorschriften ergibt sich zunächst einmal die Abgrenzung der Sachausgaben von den persönlichen Ausgaben und weiter ergibt sich hieraus für die persönlichen

Ausgaben, welche Gruppen zu bilden und in den Haushaltsplänen getrennt zu veranschlagen sind. Zu diesen persönlichen Ausgaben gehören außer der Besoldung die Versorgungsbezüge.

Die Aktivitätsbezüge umfassen den Grundgehalt (die Grundvergütung, den Grundlohn), das Wohnungsgeld, die Teuerungszulagen, örtliche Sonderzuschläge, Kinderzuschläge, Stellenzulagen, Dienstaufwandsentschädigungen, Trennungsentschädigungen, Übergangsbezüge, Beschäftigungstagegelder, Arbeitgeberbeiträge zur Sozialversicherung, Unfallfürsorge, Beihilfen, Unterstützungen und Abfindungen. Bei den Personen, die nebenberuflich oder nur in einem mittelbaren Dienstverhältnis beschäftigt sind, kann die Bezahlung unmittelbar an die einzelnen Beschäftigten oder aber pauschal an einen Verband u. dgl. gehen. In beiden Fällen rechnen die Aufwendungen zu den Personalausgaben der Gebietskörperschaften.

Als Versorgungsaufwand werden in den öffentlichen Haushalten folgende Zahlungen erfaßt: Ruhegehälter (Ruhelöhne), Witwengelder, Waisengelder, Wartestandsbezüge, einschließlich Beihilfen, Unterstützungen usw. Zu den Versorgungsausgaben gehören aber außer diesen unmittelbaren Zahlungen auch Beiträge an Pensionskassen, Zusatzversorgungskassen u. dgl. In allen Fällen, in denen eine solche Kasse dann bei Eintritt des Versorgungsfalles für die betreffende Gebietskörperschaft die Zahlung der Versorgungsbezüge übernimmt, rechnen dann allerdings die Versorgungsbezüge nicht mehr zu den Belastungen der öffentlichen Haushalte.

Zunächst eine kurze Orientierung über die Größenordnung, mit der wir es bei den persönlichen Ausgaben der Gebietskörperschaften zu tun haben.

Die Personalausgaben der öffentlichen Verwaltung des Bundes, der Länder und der Gemeinden, jedoch ohne ihre wirtschaftlichen Unternehmen, haben im Rechnungsjahr 1950 nach den Mitteilungen im Heft 12/1952 von „Wirtschaft und Statistik“ einen Betrag von fast 6 Milliarden DM erreicht. Das Gewicht dieser sechs Milliarden erscheint aber sofort in einem anderen Licht, wenn wir hören, daß die persönlichen Ausgaben an dem für das Jahr 1950 mit rund 27,4 Milliarden DM ermittelten Gesamtbetrag der öffentlichen Ausgaben einen Anteil von nur rund 22% darstellen. Die Aktivitätsbezüge betragen dabei 4950,2 Millionen DM, die Versorgungsausgaben 1044,8 Millionen DM. Es sind demnach die Versorgungsausgaben doch wohl verhältnismäßig nicht allzu hoch. In diesen Versorgungsaufwendungen sind allerdings nur die Zahlungen für ehemalige eigene Bedienstete von Bund, Ländern und Gemeinden enthalten, dagegen sind nicht miterfaßt die Versorgungslasten für verdrängte Angehörige des öffentlichen Dienstes und ihre Hinterbliebenen, die sich im Rechnungsjahr 1950 auf 270,3 Millionen DM belaufen, und die Unterhaltsbeiträge für ehemalige berufsmäßige Wehrmachtsangehörige und ihre Hinterbliebenen in der Höhe von 114,7 Millionen DM, ein Betrag, der wohl deutlich zeigt, daß nach dieser Richtung hin nicht mehr als das unumgänglich Notwendige geschieht.

Gegenüber 1949 haben sich die Personalausgaben der öffentlichen Verwaltung im Rechnungsjahr 1950 um 338,7 Millionen DM erhöht. Hieran sind die Aktivitätsbezüge der Beamten und Angestellten mit 250,1 Millionen DM und die Arbeiterlöhne mit 71,4 Millionen DM beteiligt.

An der Steigerung des Personalaufwands von 1949 auf 1950 ist die Erhöhung der Gehälter nur in dem Maß beteiligt, in dem der Fortfall der aus der Zwischenkriegszeit stammenden 6%igen Kürzung wirksam wurde. Eine stärkere Zunahme des Personalaufwands ist erst im Rechnungsjahr 1951 eingetreten, und zwar mit Wirkung vom 1. Oktober 1951 infolge der Erhöhung der Bruttogehälter um durchschnittlich 17,4% bei den Beamten und um 18,2% bei den Angestellten.

Die genaue Auswirkung der Besoldungsreform des Jahres 1953 läßt sich ziffernmäßig noch nicht übersehen.

Faßt man die gesamte öffentliche Verwaltung zusammen, so ergibt sich, daß sie gegenüber der Zwischenkriegszeit eine erhebliche nominelle Personalvermehrung aufweist.

Die wichtigste Ursache dieser Erscheinung ist die Übernahme von neuen Aufgaben durch die Verwaltung, insbesondere die Übernahme von Kriegsfolgeaufgaben, die in einzelnen großen Ressorts geradezu zur Vervielfachung von Aufgaben geführt hat.

Berücksichtigt man diese Tatsache, so schlägt die materiell vergleichbare Personalstandsbewegung sogar in das Negative um. Gemessen an der Ausweitung der Verwaltungsaufgaben muß man daher sogar von einer — statistisch allerdings schwer meßbaren — Personalverminderung sprechen. Wo große Aufgaben bereits wieder abgebaut werden konnten, wie dies beispielsweise bei den Bewirtschaftungsmaßnahmen der Fall ist, ist auch ein Personalabbau festzustellen, der allerdings der Verminderung der Aufgaben nicht voll entspricht, da die einzelnen öffentlichen Gemeinwesen ein begreifliches Interesse daran haben, sich bewährte und erfahrene Kräfte zu erhalten. Der Abbau wird dadurch gebremst, daß Überkompensationen durch die Übertragung neuer Aufgaben oder durch die Ausweitung von Aufgaben vielenorts stattfindet.

Immer wieder kann man feststellen, daß überlastete Ressorts keine adäquate Personalvermehrung haben, während sich in anderen Ressorts ein gewisser Überhang vorübergehend oder auf die Dauer zeigt. Im ganzen hat der Personalstand der öffentlichen Verwaltung eine steigende Tendenz, ohne daß der pauschalmäßige Vorwurf einer unwirtschaftlichen Personalpolitik gerechtfertigt wäre.

Es gibt aber auch eine über die Vermehrung und Ausweitung der Aufgaben hinausgehende echte Personalstandserhöhung. Die Verwaltungen waren in den ersten Jahren nach dem zweiten Weltkrieg gezwungen, bewährte und qualifizierte Kräfte wegen ihrer früheren Zugehörigkeit zur NSDAP zu entlassen und zum Teil durch unqualifizierte Kräfte zu ersetzen. Als den qualifizierten Kräften der Wiedereintritt in den öffentlichen Dienst ermöglicht war, sind sie zu einem nicht unwesentlichen Teil in den öffentlichen Dienst nicht mehr zurückgekehrt, sondern haben die in der Zwischenzeit erlangten besser besoldeten privaten Stellungen beibehalten. Die von den Alliierten erzwungene Personalpolitik dieser Jahre hat die Leistungskraft der öffentlichen Verwaltung mindestens vorübergehend nicht unwesentlich geschädigt und dadurch für das Gesamtwohl erhebliche Nachteile ausgelöst.

Weitere Komponenten echter Personalvermehrung sind die Wiedereinstellung zurückgekehrter Kriegsgefangener, die zunehmende Verwendung von Kriegs- und Zivilbeschädigten und in einem gewissen Ausmaß wenigstens vorübergehend auch die Unterbringung von Heimatvertriebenen und Flüchtlingen, die sich erst einarbeiten müssen. Ferner waren in der zurückliegenden Zeit die vielseitigen Anforderungen der Alliierten zum Zweck ihrer Orientierung und der von ihnen ausgeübten Kontrolle eine personalvermehrende zusätzliche Belastung der Verwaltung. Die Einschränkung dieser Anforderungen nach dem Besatzungsstatut läßt eine gewisse Entlastung der deutschen Verwaltung erkennen.

Der föderalistische Aufbau der Bundesrepublik führt ferner zwangsläufig zu einem größeren Personalaufwand, der allerdings, im ganzen betrachtet, nicht so stark zu Buch schlägt, wie etwa die unterschiedliche Qualität der Steuerveranlagung, die mangels der einheitlichen und straffen Steuerung jahraus, jahrein die öffentlichen Gemeinwesen um hunderte Millionen DM bringt.

Unklare Kompetenzverteilungen, die nur nach und nach behoben werden können, führen häufig genug zu Doppelarbeit, ferner zu Überschneidungen der Verwaltungsarbeit und zu einer vorübergehenden Bindung von Kräften zur Lösung solcher Zuständigkeitsfragen.

Ein sehr erheblicher Grund der Überdimensionierung der Verwaltung ist die Hypertrophie der Gesetzgebung, ihre Weiterentwicklung durch gesetzliches Flickwerk, die Komplizierung fast aller gesetzlichen Materien und die Aufsplitterung der gesetzlichen Regelungen in kasuistische Einzelvorschriften.

Ein wesentlicher Personalabbau ist nur bei einer radikalen Vereinfachung der Gesetzgebung möglich.

Die Bedeutung der Besoldung der öffentlichen Bediensteten für die öffentlichen Haushalte wird in der Öffentlichkeit vielfach in dreifacher Richtung verkannt. Die drei wichtigsten Irrtümer der öffentlichen Meinung sind die folgenden:

a) Man glaubt, aus einfachen Relationen, wie beispielsweise aus der Anzahl öffentlicher Bediensteter eines Gemeinwesens auf 1000 Einwohner beim Vergleich mit Gemeinwesen der gleichen Art Schlüsse auf die Personalpolitik ziehen zu können. Daß dem so nicht ist, ergibt sich aus der Tatsache, daß die Aufgaben-Struktur selbst gleicher Gemeinwesen nun eben doch Unterschiede, und zwar auch sehr erhebliche, aufweist. Sehr treffend läßt sich dies an einem Vergleich der neun größten kreisfreien Städte des Landes Nordrhein-Westfalen, das sind Köln, Düsseldorf, Wuppertal, Dortmund, Oberhausen, Essen, Duisburg, Bochum und Gelsenkirchen veranschaulichen. Die Zeitschrift „Der Städtetag", Heft 6/1952 S. 165 ff., hat einen Aufsatz über den Personalstand der Städte in Nordrhein-Westfalen gebracht, der ebenfalls in den eben aufgezeigten Irrtum verfällt. Die dort gebrachte Aufgliederung des Personals der Stadtverwaltungen arbeitet mit keinem vergleichbaren Material über den Personalstand der Städte. Begriffsbezeichnungen wie allgemeine Verwaltung, Kriegsfolgen usw. scheinen in den einzelnen Städten zwar einheitlich angewandt zu werden, allein es unterfallen ihnen doch recht verschiedene Inhalte.

Bildet man trotz der nicht zu beseitigenden Unterschiede in den Angaben der einzelnen Städte die Prokopf-Zahlen, so ergibt sich für die neun größten kreisfreien Städte des Landes Nordrhein-Westfalen folgendes Bild (Tabelle 1):

Tabelle 1

Stadt	Beamte und Angestellte insgesamt	je 1000 Einwohner
Köln	7380	11,55
Düsseldorf	5731	10,34
Wuppertal	3277	8,64
Dortmund	4667	8,56
Oberhausen	1814	8,47
Essen	4873	7,71
Duisburg	3051	7,05
Bochum	2138	6,98
Gelsenkirchen	2131	6,35

Es wäre nun aber unrichtig, aus den Ziffern für Köln und für Düsseldorf ein schlechtes Abschneiden dieser Städte gegenüber den anderen Städten festzustellen. Köln und Düsseldorf sind Städte, die im Laufe der Jahrhunderte gewachsen und als alte Kulturstätten eine reiche Tradition aufzuweisen haben. Das Personal ihrer Verwaltungen ist organisch mit dem Größerwerden der Stadt und ihren Aufgaben gewachsen. Ihre Bürger stellen hohe Ansprüche an die Verwaltungen und ihr Personalbestand ist dementsprechend groß. Bei Düsseldorf kommt noch hinzu, daß es Landeshauptstadt geworden ist. Die Ruhrstädte sind im Laufe des 19. und 20. Jahrhunderts erst zu ihrer heutigen Größe herangewachsen. Manche von ihnen sind nach den Gründerjahren förmlich aus dem Boden gestampft worden. Der Personalbestand ist oft nicht mit den Aufgaben dieser Städte gewachsen und ihre Bürger, die aus allen Gegenden des Deutschen Reiches kamen, waren ihren Verwaltungen gegenüber bescheidener. Die Tatsache, daß Köln und Düsseldorf als alte Kulturstädte gegenüber den anderen Städten einen — fast kann man sagen berechtigten — hohen Personalstand haben, wird noch bestätigt durch die beiden Städte Aachen und Münster, die gleichfalls wie Köln und Düsseldorf auf eine lange Tradition zurückblicken können. Nimmt man diese beiden Städte zu unseren Vergleichen noch hinzu, so ergibt sich folgende Reihenfolge:

1. Aachen 12,82 Beamte u. Angestellte je 1000 Einwohner
2. Köln 11,55 Beamte u. Angestellte je 1000 Einwohner
3. Münster 10,82 Beamte u. Angestellte je 1000 Einwohner
4. Düsseldorf 10,34 Beamte u. Angestellte je 1000 Einwohner

Dann folgen nach Wuppertal die übrigen Ruhrstädte (siehe Tabelle 1).

Nimmt man das Maß der gestellten Aufgaben als Gradmesser des Personalbestands an, so ergibt sich für Köln die folgende Entwicklung (Tabelle 2):

Tabelle 2

R.-J.	Gesamt - Ist - Ausgaben[1] ordentl. Haushalt i. 1000 DM	a. o. Haushalt i. 1000 DM	o. und a. o. Haushalt zusammen i. 1000 DM	Davon Besoldungs- und Vergütungsaufwd. f. Beamte u. Angestellte i. 1000 DM	in % der Gesamtausgaben
1948[II]	112 605,7	13 629,4	126 235,1	30 878,3	24,5
1949	163 944,0	12 586,3	176 530,3	41 576,3	23,6
1950	190 563,4	32 462,9	223 026,3	36 454,3	16,3
1951	208 571,4	51 724,4	260 295,8	45 250,6	17,4

[1] ohne durchlaufende Gelder.

Der Anteil der Personalausgaben an den Gesamtausgaben (o. und a.o.Hpl.) ist seit der Währungsreform gesunken, und zwar von 24,5% im Jahre 1948 über 23,6% im Jahre 1949 auf 16,3% im Jahre 1950. Im Jahre 1951 ist durch die Erhöhung der Gehälter (im Durchschnitt 20% für Beamte und Angestellte) der Anteil auf 17,4% gestiegen. Diese Prozentberechnungen sind durchgeführt mit den Endzahlen der Ausgaben des ordentlichen und des außerordentlichen Haushaltsplanes. Obwohl die Ausgaben des ordentlichen als auch die des außerordentlichen Hpl. gestiegen sind, und zwar die des außerordentlichen fast um das Vierfache, kann man ein Absinken des Prozentsatzes des Besoldungsaufwandes an den Gesamtausgaben feststellen. Diese Steigerung der Ausgaben des außerordentlichen Haushaltsplanes um fast das Vierfache hat aber die Relativzahlen des Besoldungsaufwandes so beeinflußt, daß man sie nicht mehr bedenkenlos wird hinnehmen können. Es sei daher für die Ausgaben des a.o.Hpl. das arithmetische Mittel aus den vier Jahren nach der Währungsreform gezogen. Dann ergibt sich folgendes Bild (Tabelle 3):

Tabelle 3

R.-J.	Gesamt - Ist - Ausgaben[1]			Davon	
	ordentl. Haushalt i. 1000 DM	Mittel d. a. o. Hpl. aus d. Rj. 1948II—1951 i. 1000 DM	o. und a. o. Haushalt zusammen i. 1000 DM	Besoldungs- und Vergütungsaufwd. f. Beamte u. Angestellte i. 1000 DM.	in % der Gesamtausgaben
1948II	112 605,7	27 600,7	140 206,4	30 878,3	22,0
1949	163 944,0	27 600,7	191 544,7	41 576,3	21,7
1950	190 563,4	27 600,7	218 164,1	36 454,3	16,7
1951	208 571,4	27 600,7	236 172,1	45 250,6	19,2

Man ersieht demnach, daß in den Jahren nach der Währungsreform rund $^1/_5$ aller Ausgaben der Stadtverwaltung Köln persönliche Ausgaben gewesen sind. Dies ist aber ein durchaus günstiges Ergebnis. Obendrein zeigt das Jahr 1950 eine stärkere Abweichung nach unten. Die Auflösung der Wirtschafts- und Ernährungsämter hat somit eine deutliche Senkung der Personalkosten herbeigeführt.

b) Bei der Ermittlung von Prozentsätzen der Besoldung, gemessen an den ordentlichen Ausgaben, übersieht man, daß diese Inbeziehungsetzung willkürlich ist und daß nur der Vergleich des Besoldungsaufwands mit der Summe der ordentlichen und außerordentlichen Ausgaben einigermaßen sinnvoll ist. Allein selbst

[1] ohne durchlaufende Gelder

dieser Vergleich ist irreführend, da die heutigen Kapitalmarktverhältnisse auch den öffentlichen Gemeinwesen die Kreditaufnahme häufig erschweren und weil die Inanspruchnahme von Kredit bei den öffentlichen Gemeinwesen der vergleichbaren Kategorien außerordentlich ungleich ist. Solche Vergleiche hätten nur dann einen richtigen Aussagewert, wenn die außerordentlichen Haushalte der öffentlichen Gemeinwesen der gleichen Stufe gleichmäßig entwickelt wären, was aber nicht der Fall ist. In den soeben gebrachten Beispielen der neun größten kreisfreien Städte des Landes Nordrhein-Westfalen konnte der Einfluß dieser Verschiedenheiten nicht ausgemerzt werden, er spielt überall eine nicht unerhebliche Rolle und verzeichnet gar oft das statistische Bild solcher Vergleiche.

c) Die Aufgabenstruktur selbst gleicher öffentlicher Gemeinwesen, so beispielsweise der Großstädte eines bestimmten Landes, ist erheblich verschieden und ein Vergleich öffentlicher Gemeinwesen von Land zu Land ist unbrauchbar, da die Aufgabenverteilung zwischen den Ländern und den Gemeinden von Land zu Land sehr erheblich variiert.

Die Verteilung der öffentlichen Bediensteten auf die einzelnen Laufbahngruppen zeigt immer wieder, daß der Einsatz höher vorgebildeter Kräfte zumeist sehr sparsam erfolgt. Es ist begreiflich, daß die Struktur der Verteilung auf den höheren, auf den gehobenen, auf den mittleren und auf den einfachen Dienst sich beim Vergleich zwischen Bund, Land und Gemeinden so ändert, daß sich das Gewicht der prozentuellen Besetzung mit höheren Qualifikationen vom Bund auf die Länder und von den Ländern auf die Gemeinden verschiebt (Tabelle 4).

Die Angestellten im öffentlichen Dienst verteilen sich auf die einzelnen Dienste (höherer, gehobener, mittlerer und einfacher Dienst) in der Weise, daß noch größere Prozentsätze der Angestellten dem einfachen und dem mittleren Dienst zugerechnet werden müssen. Der Anteil der Angestellten am höheren Dienst ist weitaus geringer als der Anteil der Beamten. Bei den Angestellten liegt der Schwerpunkt auch nicht beim gehobenen Dienst, sondern beim mittleren und einfachen Dienst. Die Angestellten der öffentlichen Verwaltungen, Anstalten und Einrichtungen (ohne wirtschaftliche Unternehmen) verteilen sich auf die Laufbahngruppen am 2. September 1950 wie folgt:

Höherer Dienst	4,9%
Gehobener Dienst	19,4%
Einfacher und mittlerer Dienst	75,7%

Betrachtet man nun in großen Zügen die Abstufung der Besoldungen und vergleicht man sie mit den jeweiligen Durchschnittseinkommen ungelernter Industriearbeiter, so treten die international zu beobachtenden Nivellierungstendenzen gerade für die Bundes-

Tabelle 4

Laufbahngruppe	Anteile der einzelnen Laufbahngruppen bei			
	Bundesverwaltung — ohne Post und Bahn — (nach dem Voranschlag 1950)	Post (nach dem Voranschlag 1950)	Bundesbahn (nach der Personalstatistik der Bundesbahn Stand 31. 12. 1950)	
	% der Zahl der Beamten	% der Zahl der Beamten	% der Zahl der Beamten	
höherer Dienst	7,66	0,71	0,97	
gehobener Dienst	24,02	9,36	9,70	
einf. und mittl. Dienst	68,32	89,93	89,33	
	den Landesbeamten in			
	allen Ländern des Bundesgebiets — nach einer Zusammenstellung aus den Haushaltsplänen 1950		Nordrhein-Westfalen — nach einer Personalstatistik — Stand 2. 9. 1951	
	einschl. Lehrer	ohne Lehrer	einschl. Lehrer	ohne Lehrer
	% der Zahl der Beamten		% der Zahl der Beamten	
höherer Dienst	13,09	14,86	9,58	12,89
gehobener Dienst	59,22	31,05	55,52	24,00
einf. und mittl. Dienst	27,69	54,09	34,90	63,11
	Gemeinden			
	Nordrhein-Westfalen — nach einer Personalstatistik — Stand 2. 9. 1951		britische Zone — nach einer Statistik aus 1947	
	einschl. Lehrer	ohne Lehrer	einschl. Lehrer	ohne Lehrer
	% der Zahl der Beamten		% der Zahl der Beamten	
höherer Dienst	21,19	8,86	21,99	9,08
gehobener Dienst	53,23	53,87	51,42	47,15
einf. und mittl. Dienst	25,58	37,27	26,59	43,77

republik in die deutlichste Erscheinung. Im Zeitraum von 1897 bis 1949 hat sich das Gehalt eines Regierungsrats, verglichen mit dem Lohneinkommen eines ungelernten Arbeiters, von mehr als dem Zehnfachen auf das Dreifache gesenkt. Die Einzelheiten dieser betrüblichen Entwicklung zeigt die folgende Tabelle, die Herrn Regierungsdirektor Dr. Bonus des Bundesministeriums der Finanzen in Bonn zum Verfasser hat (Tabelle 5).

Tabelle 5

Nivellierungstendenzen bei Löhnen und Gehältern	Durchschnittseinkommen von			
	gelernten Industriearbeitern	beamteten Maschinisten u. Amtsgehilfen	Regierungsräten	
	in v.H. der jeweiligen Lohneinkommen ungelernter Arbeiter			in v.H. der Amtsgehilfengehälter
1	2	3	4	5
Jahres-Ø 1897	198,1	212,0	1039,9	490,5
,, 1908	193,7	199,1	871,1	437,5
,, 1913	184,3	160,6	702,6	437,5
Dezember 1924	157,2	157,8	520,9	330,1
Jahres-Ø 1929	146,6	140,3	398,0	283,7
,, 1938	138,8	147,9	390,3	263,9
September 1949	124,3	114,7	290,2	253,0
desgl. nach Aufhebung der 6 %igen Gehaltskürzung	124,3	114,7	307,9	268,4

Wie gering die durchschnittlichen Bruttogehälter der öffentlichen Bediensteten sind, haben zwei von den Statistischen Landesämtern von Hessen und Württemberg-Baden ermittelte Statistiken für den September 1950 ergeben. Das Durchschnittsgehalt des Beamten betrug damals in Hessen 444,— DM, in Württemberg-Baden 448,— DM und die durchschnittlichen Dienstbezüge der Angestellten 317,— DM in Hessen und 328,— DM in Württemberg-Baden.

Eine Verschlechterung der Verhältnisse im öffentlichen Dienst hat sich weiter daraus ergeben, daß sich im Lauf zweier Jahrzehnte der Anteil der Beamtenschaft am Personalstand der öffentlichen Gemeinwesen von $^2/_3$ auf $^1/_3$ gesenkt hat.

Die reinen Gehälter, laufenden Vergütungen und Löhne machen in allen öffentlichen Gemeinwesen viel weniger aus, als was unter Personalkosten zusammengefaßt wird. Der Anteil an den Ausgaben für soziale Maßnahmen, also Beihilfen, Unterstützungen, Erholungswerk usw., ferner die Ausgaben für Sozialversicherungsbeiträge und für Zusatzversorgungskassen, dann die Ausgaben für die Versorgung der Beamten, Angestellten und Arbeiter, sowie sonstige persönliche Zahlungen, wie Diäten, Unterhaltszuschüsse, Lehrlingsvergütungen, Überstundenvergütung, Zulagen aller Art, Aufwandsentschädigungen, auch an Stadtverordnete, an Deputationsmitglieder und Magistratsmitglieder, sowie für Aufwendungen für Wiedergutmachungen usw. erreichen beispielsweise in der Stadt Frankfurt am Main eine Ziffer über ein Viertel der gesamten Personalkosten.

Die persönlichen Ausgaben, einschließlich der Versorgung, beanspruchen in den kommunalen Haushalten zumeist zwischen 20—40% der Gesamtausgaben. Unter- und Überschreitungen kommen dabei vor. In den Länderhaushalten beläuft sich diese Ziffer durschnittlich auf rund 27%. Beim Bundeshaushalt ist er bekanntlich verschwindend gering, da die reinen Geldleistungen bei ihm ein besonders großes Gewicht haben und die Aufwendungen für die reine Verwaltungstätigkeit dabei relativ sehr gering sind.

Die Lastenverteilung zwischen den Ländern und den Gemeinden ist in den einzelnen Ländern sehr unterschiedlich und demgemäß auch die Höhe des Personalaufwands der Länder und ihrer Gemeinden.

Bei den Gemeinden läßt sich feststellen, daß die Personalaufwendungen sowohl absolut wie auch je Einwohner und anteilmäßig mit der Größe der Gemeinden zunehmen. Es ist dies der natürliche Ausfluß des gesteigerten Wirkungsbereichs. Bei welcher Größenordnung diese Gesetzmäßigkeit sich nicht mehr auswirkt, müßte noch ermittelt werden.

Bei den Länderhaushalten ist dagegen eine solche Gesetzmäßigkeit in der Beziehung zwischen Größe und Besoldungsaufwand nicht gegeben. Die Struktur eines Landes ist auch in dieser Beziehung immer von ganz ausschlaggebender Bedeutung. In einem Land mit zahlreichen Großstädten werden umfangreiche Verwaltungsaufgaben aus den Gebieten der Kultur, der Gesundheitspflege, des Siedlungswesens und des Verkehrs für große Teile der Bevölkerung von der großstädtischen Selbstverwaltung wahrgenommen, während sie in vorwiegend landwirtschaftlichen Gebieten von der Verwaltung des Landes erfüllt werden müssen.

Es läßt sich daher beobachten, daß mit zunehmender Bevölkerungszahl eines Landes der Personalstand der Verwaltung des Landes relativ abnimmt, dagegen die Zahl der öffentlichen Bedientesten in den Gemeinden wächst. Man sollte demnach bei der Diskussion solcher Fragen die Verwaltung des Landes und die gemeindlichen Verwaltungen stets zusammen betrachten.

Die für die kleineren Länder ungünstigere Relation zwischen Personalaufwand und Bevölkerungszahl ist zu einem gewissen Teil durch die Tatsache beeinflußt, daß die sogenannten fixen Verwaltungskosten, also die Verwaltungskosten der obersten Staatsorgane zur Erfüllung der staatlichen Pflichtaufgaben, einen bestimmten Minimalbedarf an Personal unabdingbar notwendig machen, der im Gegensatz zu den Verhältnissen bei den Behörden der mittleren und unteren Instanz mehr von dem Umfang der Aufgaben, als von der Bevölkerungszahl abhängig ist. Diese fixen Kosten haben jedoch nur bei sehr kleinen Ländern, z. B. früher bei Württemberg-Baden und bei Südbaden eine nennenswerte Bedeutung. Für die große Masse der Länder fällt ihr unterschiedlicher Anteil an den Gesamtausgaben nicht ins Gewicht.

Sehr interessant ist die Gliederung des Personalaufwands nach Aufgabengebieten (Tabelle 6).

Tabelle 6

Personalausgaben nach den Aufgabengebieten
im Rechnungsjahr 1950
(In Bund, Ländern und Gemeinden.)

Schulen	24,8%
Arbeit und Wohlfahrt	13,0%
Finanz- und Steuerverwaltung	12,3%
Öffentliche Sicherheit und Ordnung	10,1%
Oberste Staatsorgane, allgemeine und innere Verwaltung	9,0%
Rechtspflege	6,8%
Öffentliche Anstalten und Einrichtungen	5,7%
Wissenschaft, Kunst und Volksbildung	4,9%
Bau- und Wohnungswesen, ohne Straßen und Wasserstraßen	4,0%
Straßen und Wasserstraßen	3,8%
Ernährung, Land- und Forstwirtschaft	2,6%
Kriegsfolgedienststellen (ohne soziale Kriegsfolgen)	1,2%
Handel, Industrie und Gewerbe	1,0%
Wohnraumbewirtschaftung, Wohnungsbau u. Wohnungssiedlung	0,8%
	100,0%

Bei der Verteilung der G e s a m t ausgaben auf die einzelnen Zweige der öffentlichen Verwaltung stehen der Sozialaufwand, die Kriegslasten und die Aufwendungen für Wirtschaft und Verkehr mit zusammen 75,5% weitaus an erster Stelle.

Ganz anders ist die Struktur der Personalausgaben. Bei den Personalausgaben entfällt der weitaus größte Teil auf die klassischen Zweige der öffentlichen Verwaltung, nämlich Bildung, Polizei und Rechtspflege (46,6%). Die Besoldung der Lehrer, der Richter und der

Polizeikräfte, d. h. ihre Zahl und die Höhe ihrer Besoldung haben somit einen ausschlaggebenden Einfluß auf den Gesamtbetrag der öffentlichen Personalausgaben. Bei den Ländern entfallen auf diese Kategorien des öffentlichen Dienstes fast 2/3 der Personalausgaben.

Ein bemerkenswert hoher Teil des Personalaufwands entfällt auf die wirtschaftsfördernden Aufgaben der öffentlichen Verwaltung (17,9%). Bei der Verwaltung im engeren Sinn ist heutzutage der Personalaufwand der Finanz- und Steuerverwaltung bereits größer als jener der allgemeinen und inneren Verwaltung.

Das Studium der Wirtschaftlichkeit in der Verwaltung kann dazu beitragen, der Personalpolitik wichtige Hinweise zu geben. Namentlich auf der Ebene der Gemeinden und in einzelnen Ländern wird sich zeigen, daß mancher Bedienstete seine Einstellung oder seine Weiterbeschäftigung im wesentlichen einer politischen Stützung verdankt. Dabei können aber nur gründliche Einzeluntersuchungen von wirklichem Erfolg sein. Die Grundsätze einer gesunden privatwirtschaftlichen Personalpolitik können auf die öffentliche Verwaltung keineswegs ohne weiteres übertragen werden. Es ist nun einmal nicht so, daß die Wirtschaftlichkeit des Personaleinsatzes ein oberster Gesichtspunkt der öffentlichen Verwaltung wäre. Die öffentliche Verwaltung produziert viele immaterielle Güter. Welcher Personaleinsatz gerade dabei notwendig ist, kann nicht aus Erkenntnissen der Betriebswirtschaftslehre, sondern nur aus ganz spezifischen Erkenntnissen der öffentlichen Verwaltung zutreffend beurteilt werden. Man wird die Mitarbeit von Betriebswirten bei der Rationalisierung der öffentlichen Verwaltung gewiß begrüßen. Bei ihnen wird aber vernünftigerweise keineswegs das Schwergewicht der zu leistenden Arbeit liegen können, sondern nur wirkliche Verwaltungsfachleute, die die großen Eigentümlichkeiten öffentlicher Aufgaben und die Lebensgesetze der öffentlichen Verwaltung ganz tief erfassen, werden im Dienst der Rationalisierung der öffentlichen Verwaltung die wirklich zweckmäßigen Dienste leisten.

Auf das Ganze gesehen wird der verständige Beurteiler an der Personalpolitik der öffentlichen Gemeinwesen in der Bundesrepublik keine wesentliche Kritik üben können. Im Gegenteil: Man wird beim Studium dieser Fragen immer wieder erkennen müssen, daß die öffentlichen Verwaltungen bei einer zumeist sehr sparsamen Besetzung mit höher vorgebildeten Kräften und bei einer Besoldung und Versorgung, die erst im Jahr 1953 den notwendigen Stand erreicht hat, die vervielfachten Aufgaben zum Wohl der Gesamtbevölkerung bewältigen. Nennenswerte Einsparungsmöglichkeiten in diesem Feld bestehen offenkundig nicht. Im Gegenteil: Bei gerechter Beurteilung wird man bei vielen Persönlichkeiten, die in der öffentlichen Verwaltung tätig sind, und zwar insbesondere bei den höher und höchstqualifizierten, eine fast durchgehend übermäßige Anspannung ihrer Kräfte mit der alarmierenden Folge von gesundheitsschädlicher Überarbeitung und frühzeitigen Zusammenbrüchen feststellen können. Im Interesse von Reformen, die die tatsächlichen Zustände wirklich bessern, wird daher an vielen Stellen der Verwaltung, und zwar insbesondere in den leitenden Kreisen der Verwaltungsbeamten, eine Entlastung eintreten müssen, die wiederum in erster Linie dem Gemeinwohl zugute kommen wird. Noch immer steht in den Diensten der öffentlichen Gemeinwesen ein großer Teil der Besten unseres Volkes. Ihre Arbeitskraft zu erhalten, ihnen die Entfaltung ihrer ganzen innerlich so reichen Persönlichkeit zu ermöglichen, ist und bleibt ein bester Dienst am Gemeinwohl.

III. Kontrolle

Rechtsgrundlagen und Aufgaben der Kontrolle der öffentlichen Haushaltsführung

Von Franz Haaser, Frankfurt a. M.

Die heutige Tagung steht unter dem Motto Rationalisierung, Sparsamkeit und Wirtschaftlichkeit in der öffentlichen Verwaltung. Es bedarf keiner näheren Begründung, daß bei dieser Programmstellung die Einrichtungen nicht fehlen dürfen, denen durch Gesetze oder besondere Vorschriften oder Vereinbarungen die Aufgabe übertragen ist, für die Beachtung dieser Grundsätze in der öffentlichen Verwaltung zu sorgen. Wenn ich Ihnen im folgenden die einzelnen Kontrollstellen, ihre Aufgaben und Ziele näher darlege, so möchte ich mich nicht nur auf theoretische Erkenntnisse und Feststellungen beschränken, sondern mit einigen praktischen Erfahrungen aus einer Dezennien langen Praxis ein Bild der tatsächlichen Lage geben. Die Erfahrungen dieser Praxis veranlassen mich, schon einleitend zu dem oft gehörten Vorwurf Stellung zu nehmen, die Berichte der obersten Kontrollbehörde erschienen zu spät, als daß sie noch rechtzeitig für die Etatsgestaltung und Haushaltsführung nutzbar gemacht werden könnten. Falls die Rechnungshöfe die ihnen gesetzlich auferlegten Termine nicht einhalten — die Notwendigkeit zur möglichsten Zeitnähe ist unbestreitbar —, sind vielfach Legislative und Exekutive vorwiegend dafür verantwortlich, erstere, weil sie nicht für rechtzeitige Feststellung des Haushaltsplans vor Beginn des Rechnungsjahres sorgt, letztere, weil die Haushaltsrechnungen nicht rechtzeitig vorgelegt werden. Wenn z. B. bis heute die Bundeshaushaltsrechnung für 1950 noch nicht dem Bundesrechnungshof vorliegt, so ist dieser auch nicht in der Lage, hierzu abschließend Stellung zu nehmen, obwohl das Material hierzu vorliegt und die Prüfung des Rechnungsjahres 1950 selbst längst abgeschlossen ist. Die Forderung nach größerer Zeitnähe, als vorgesehen, wäre überdies nur zu erfüllen, wennn das Prüfungspersonal wesentlich verstärkt würde; ein Versuch in dieser Richtung würde nicht nur wegen der höheren Kosten auf Widerspruch stoßen, sondern auch mangels geeigneter Kräfte scheitern. Trotzdem haben wohl alle Rechnungshöfe Vorsorge getroffen und sorgen weiter dafür, die Prüfung in möglichst weitgehendem Umfang an die Gegenwart heranzubringen. Dazu kommt, daß die Berichte und Bemerkungen des Rechnungshofs kaum Tatbestände bringen, die nicht in irgendeiner Form der Exekutive oder Legislative im Laufe der Prüfungszeit bekanntgeworden sind. Falls daraus die notwendigen Folgerungen gezogen werden wollten, ist hierfür nur in den wenigsten Fällen der gedruckte Bericht des Rechnungshofs Voraussetzung. Bei der späteren Schilderung der Aufgaben des Rechnungshofs wird Ihnen das ohne weiteres klar werden. Soviel zur Erwiderung auf die Anmerkung meines sehr verehrten Herrn Vorredners!

Was versteht man unter Wirtschaftlichkeit und Sparsamkeit? Dr. Peuker bringt in seinem Werke „Grundsatzfragen neuzeitlicher Finanzkontrolle" folgende Sätze Dr. Walter Rathenaus:

„Verschwendung auch im kleinsten zu bekämpfen, ist nicht kleinlich; denn sie ist eine fressende Krankheit, die sich nicht lokalisieren läßt. Es gibt Unternehmungen, deren Bestehen davon abhängt, ob die mit Erde gefüllten Kippwagen rein entleert werden oder ob eine Schaufel Sand zurückbleibt."

Dieser für die Wirtschaft bestimmten Äußerung des großen Wirtschaftsführers über die Bedeutung wirtschaftlichen und sparsamen Handelns steht für die deutsche öffentliche Verwaltung die Formulierung des § 26 der RHO gegenüber:

„Die Haushaltsmittel sind wirtschaftlich und sparsam zu verwalten; sie dürfen nur so weit und nicht eher in Anspruch genommen werden, als es zur wirtschaftlichen und sparsamen Führung der Verwaltung erforderlich ist."

In vier Zeilen der gesetzlichen Bestimmungen kehren die Ausdrücke wirtschaftlich und sparsam zweimal wieder, offenbar um den für die Ausführung des Haushalts verantwortlichen Personen besonders eindrucksvoll die Notwendigkeit der Beachtung dieses Grundsatzes ins Bewußtsein zu rufen. Der Gesetzgeber sieht von einer Definition der Begriffe ab, setzt sie also als allgemein bekannt und feststehend voraus. Das dem leider nicht so ist, daß die Auffassungen hierüber je nach der Zeit, in der wir leben, je nach der Einstellung des einzelnen und je nach der Fülle der Brieftasche oder des Umfangs des Bankkontos die verschiedenartigsten Wandlungen durchmachen kann, hat uns die Vergangenheit gelehrt, erleben wir alle Tage neu. Die Diktatur der leeren Kassen als Lehrmeisterin für die Sparsamkeit haben wir alle kennengelernt. Daß ihre Lehren aber immer wirtschaftlich waren, wird vielfach in Zweifel gezogen werden können. Der neueste Kommentator der Reichshaushaltsordnung, Ministerialrat Dr. Vialon vom Bundesfinanzministerium, wie der bereits erwähnte Verfasser der „Grundfragen neuzeitlicher Finanzkontrolle", versuchen in reicher Auswahl von treffenden Beispielen und zum Teil in origineller Form ihren Lesern die strittigen Begriffe nahezubringen. Ich empfehle allen Interessenten ihre Lektüre. Mir sei es gestattet, dem Beispiel des Gesetzgebers zu folgen, von einer näheren Definition der Begriffe abzusehen und mich lediglich auf die Feststellung zu beschränken, daß bei der Erfüllung einer Aufgabe dem Gebote der Wirtschaftlichkeit und Sparsamkeit Rechnung getragen ist, wenn mit dem geringstdenkbaren Aufwand der größtmögliche Erfolg erreicht ist.

Welchen Einrichtungen ist nun in Bund und Ländern die Überwachung der Wahrung dieser Grundsätze anvertraut?

Die erste Kontrollstelle, auf die wir bei unserem Gang durch die deutsche Verwaltungsorganisation stoßen, ist der Leiter der untersten Stufe einer Verwaltung. Ihm obliegt bereits institutionell die Verpflichtung, die dienstliche Tätigkeit seiner Beamten, Angestellten und Arbeiter in der genannten Richtung zu überwachen und erforderlichenfalls die notwendigen Folgerungen aus Verstößen zu ziehen. Die gleiche Überwachungspflicht obliegt der Mittel- und Oberstufe und deren Leitern im eigenen Geschäftsbereich und gegenüber den nachgeordneten Behörden. Diese Überwachungstätigkeit, die auch allgemeine und spezielle Prüfungen aller Art in sich schließen kann, kennen wir unter dem Namen „Dienstaufsicht". Sie wird auch im Schrifttum vereinzelt als Verwaltungskontrolle bezeichnet, eine Bezeichnung, von der man zur Vermeidung einer Verwechslung mit der später zu erörternden Verwaltungskontrolle der obersten Prüfungsbehörden absehen sollte. Der Exponent dieser Kontrolltätigkeit ist der Sachbearbeiter des Haushalts, dem besondere Funktionen zur Erzielung einer möglichst zweckmäßigen Haushaltsgebarung durch die Reichswirtschaftsbestimmungen übertragen sind. Er wird in der Regel unterstützt durch eine Vorprüfungsstelle, die die gesamte Rechnungslegung für die Behörden zu überwachen und die Rechnung für die oberste Prüfungsbehörde vorzuprüfen hat. Falls ihr, wie es auch bei uns in einzelnen Fällen üblich ist, die Prüfung jeder Auszahlungs- oder Einzahlungsanweisung vor der Vollziehung übertragen wird, sprechen wir von Visakontrolle. Sie gehört zu den Funktionen der Administrative. Mit dem Abschluß der Vorprüfung und der Vorlage der Rechnung an die oberste Prüfungsbehörde ist die Überwachungstätigkeit der Exekutive für das laufende Rechnungsjahr abgeschlossen. Die Kritik ihrer Haushaltsführung obliegt von diesem Zeitpunkt ab anderen Kontrollstellen.

Noch ein paar Worte zur Vorprüfung selbst. Auch der Bund hat sich, wie fast alle Länder im Bundesgebiet, für die Beibehaltung der bisherigen Übung im Sinne des § 92 RHO entschlossen und zunächst der Administrative die Vorprüfung der Rechnungen überlassen. Eine Ausnahme macht nur Bayern, das eine andere Lösung des Vorprüfungsproblems gewählt hat. Bayern hat in seinem Gesetz über die staatliche Rechnungs-, Verwaltungs- und Wirtschaftsführung auf eine Vorprüfung im Sinne des § 92 verzichtet und zur Entlastung des Bayrischen

Obersten Rechnungshofes Rechnungsprüfungsämter in München und am Sitz der Regierungen errichtet. Diese Ämter sind dem Obersten Rechnungshof nachgeordnet und haben die Prüfungsaufgaben unter seiner Oberleitung wahrzunehmen. Hier ist ein Weg gewählt, der auch für den Bund und die übrigen Länder beispielgebend sein kann, wenn die Erfahrungen mit dieser Form der Rechnungsprüfung den Erwartungen entsprechen und die erzielbaren Vorteile die damit verbundenen Nachteile übertreffen. Das Hauptbedenken gegen diese Regelung sehe ich darin, daß die Chefs der Behörden durch die Wegnahme der Vorprüfung aus ihrer Verwaltung den Überblick über die finanzielle Auswirkung ihrer Geschäftsführung verlieren, nicht mehr rechtzeitig durch eigene Beamte auf Fehler und Mängel in der Verwaltungstätigkeit aufmerksam gemacht werden können, damit noch mehr als jetzt die Prüfungstätigkeit als Fremdkörper im Behördenaufbau empfinden und mit der Zeit das eigene Interesse an einer wirtschaftlichen und sparsamen Verwaltung mehr oder minder einbüßen. Eine bereits im Jahre 1936 für die Länder des Reichsgebiets getroffene ähnliche Regelung, die zur Schaffung staatlicher Rechnungsämter unter Oberleitung des Rechnungshofs des Deutschen Reichs führte, kann nicht ohne weiteres zur Stütze der bayrischen Auffassung herangezogen werden, weil die Einrichtung zu kurze Zeit bestand, um aus ihren Ergebnissen eine unbestreitbare Beurteilung der Richtigkeit des bayrischen Verfahrens ableiten zu können.

Bevor ich die administrative Kontrolle verlasse, muß noch eines besonders wichtigen Faktors für die wirtschaftliche und sparsame Gestaltung der Haushaltsführung gedacht werden, dem noch vor Tätigwerden des Parlaments und während des ganzen Rechnungsjahres überragender Einfluß auf diesem Gebiete zukommt. Ich denke an die Finanzminister im Bund und in den Ländern und die Kämmerer in den großen Städten. Ihnen stehen bei der Aufstellung und beim Vollzug des Haushaltsplans, bei der Haushalts- und Wirtschaftsführung der obersten Behörden, bei der Genehmigung über- und außerplanmäßiger Ausgaben, bei der Zuteilung der Betriebsmittel und so weiter Befugnisse zu, die sie in den Stand setzen, entweder mit oder nötigenfalls auch gegen die Fachbehörden den Forderungen der Wirtschaftlichkeit und Sparsamkeit zum Siege zu verhelfen. Für jeden Kenner der Verhältnisse bedarf es keiner näheren Erörterung der schier unbegrenzten Möglichkeiten, die den Finanzressorts hier zur Verfügung stehen. Wenn jeder Finanzminister hiervon uneingeschränkt Gebrauch machen würde oder könnte und ihm eine oberste Prüfungsbehörde zur Seite steht, die gegenwartsnah, schlagkräftig und voll arbeitsfähig ihm die nötigen Unterlagen zubringt, sollte er eigentlich auf die Einrichtung eines besonderen Sparkommissars verzichten können. Er selbst ist und bleibt der erste Sparkommissar seines Landes. Das war auch die Auffassung der Regierungs- und Oppositionsparteien, als sie sich in der 96. Sitzung des Bundestags mit dem Antrag der Zentrumsfraktion betreffend Einsetzung eines Bundessparkommissars beschäftigten.

Ich komme damit bereits zur zweiten großen Kontrollstelle auf unserer Wanderung, zum Bundesbeauftragten für die Wirtschaftlichkeit in der Verwaltung. Die Bundesregierung glaubte auf die Schaffung eines besonderen Sparkommissars ebensowenig verzichten zu können wie die Reichsregierung in der Weimarer Zeit. Sie hat mit Kabinettsbeschluß vom 8. Januar 1952 die Einsetzung eines Bundesbeauftragten für Wirtschaftlichkeit in der Verwaltung beschlossen. Nach den Richtlinien vom 5. Juli 1952 hat der Bundesbeauftragte

1. die Bundesregierung in allen Fragen der Vereinfachung und Verbilligung der Verwaltung zu beraten, mit dem Ziel, den Aufwand zu verringern und den Wirkungsgrad der Verwaltung zu steigern.
2. Auf Ersuchen des Bundestags, des Bundesrats, der Bundesregierung und des Bundesfinanzministers oder einzelner Bundesminister gutachtlich tätig zu werden oder von sich aus in sein Aufgabengebiet fallende Fragen aufzugreifen und den zuständigen Bundesministern gutachtliche Äußerungen und Vorschläge zu machen.
3. Der Bundesbeauftragte kann im Rahmen seines Aufgabengebiets die erforderlichen Prüfungen, Besichtigungen und Erhebungen durchführen oder durchführen lassen.
4. Die Bundesminister haben den Bundesbeauftragten bei organisatorischen oder finanziellen Maßnahmen von größerer geldlicher Tragweite und bei der Aufstellung der Haushaltsvoranschläge zu beteiligen.
5. Der Bundesbeauftragte kann sich auch über Einrichtungen und Tätigkeit von Landes- und Gemeindebehörden mit Einverständnis der Landesregierung unterrichten oder für sie tätig werden. — Erfahrungen liegen auf diesem Gebiete noch nicht vor. —
6. Der Bundesbeauftragte kann auf Antrag eines Bundesministers mit beratender Stimme an den Sitzungen des Kabinetts teilnehmen, soweit Angelegenheiten seines Aufgabengebiets behandelt werden. Insoweit ist er auch berechtigt, im Bundeskabinett Anträge zu stellen. — Die Bundesminister haben derartige Anregungen bis heute noch nicht gegeben. —
7. Der Bundesbeauftragte ist befugt, an den Sitzungen des Bundestags, des Bundesrats und ihrer Ausschüsse selbst oder durch Beauftragte teilzunehmen.

8. Eine besondere Behörde wird für den Bundesbeauftragten nicht eingerichtet. Er bedient sich für seine Aufgaben der Präsidialabteilung des Bundesrechnungshofes.

Ich darf zunächst Ihre Aufmerksamkeit auf den letzten Satz lenken. Wenn Sie hören, daß die Präsidialabteilung nach § 9 Abs. 2 der Geschäftsordnung für den Bundesrechnungshof vom 10. September 1951 sich zusammensetzt aus der Verwaltungsabteilung, der Gutachterabteilung und allen Mitgliedern des Bundesrechnungshofes, die Angelegenheiten der Präsidialabteilung nach Maßgabe des § 125 Abs. 3 RHO bearbeiten, so wird Ihnen klar, daß nicht nur der Präsident, sondern der gesamte Bundesrechnungshof für die Aufgaben des Bundesbeauftragten für Wirtschaftlichkeit in der Verwaltung eingesetzt ist. Wenn Sie in den folgenden Darlegungen näher über die Zusammensetzung und die Aufgaben des Bundesrechnungshofes unterrichtet werden, so wird Ihnen weiter klarwerden, daß wesentliche Unterschiede zwischen den Aufgaben des Bundesrechnungshofes oder seines Präsidenten und denen des Bundesbeauftragten nicht bestehen. Auch in den Arbeitsmethoden unterscheiden sie sich nur dadurch, daß der Rechnungshof kollegial entscheidet, während der Präsident des Bundesrechnungshofes, auch als Bundesbeauftragter, seine Entscheidungen nach dem Präfektursystem trifft und daß letzterem ein weitgehendes Initiativrecht gegenüber den Bundesressorts und unter gewissen Voraussetzungen Teilnahme und Antragsrecht in den Kabinettssitzungen eingeräumt ist.

Ich komme damit zur dritten Kontrollstelle der öffentlichen Haushaltsführung, zur Obersten Prüfungsbehörde oder Rechnungshof.

Darf ich Ihnen zunächst zur Beleuchtung der Stellung des Rechnungshofes und der Grenzen seiner Befugnisse einige persönliche Erlebnisse erzählen.

Im Jahre 1934 hatte ich die Verwendung der Reichsmittel bei einem obersten SA-Führer, ehemaligem Offizier, zu prüfen. Nachdem ich längere Zeit im Warteraum hatte warten dürfen, erschien der Obergruppenführer in Begleitung von 10 bis 12 SA-Führern im vollen Glanz der Uniformen mit reichem Ordensschmuck und gab mir stehend bekannt, daß er nur auf höheren Befehl mir seine Bücher und Rechnungen vorlegen lasse, er selbst habe für Beamte und insbesondere für Kontrollbeamte nicht das geringste übrig, das seien alles Bürokraten. Im Jahre 1947 kehrte ich nach einem ermüdenden Kampf um die Vereinheitlichung des Prüfungsgeschäftes im Vereinigten Wirtschaftsgebiet ziemlich deprimiert im Dienstwagen von Frankfurt nach Hamburg zurück. Auf der Höhe von Gießen wurde mein Wagen von einer Gruppe hessischer Gendarmen kontrolliert. Als sie als Eigentümer des Wagens den Rechnungshof des Deutschen Reiches (Brit. Zone) feststellten, ertönten Fragen, „Ja, gibt es denn das auch noch" oder „Gibt es das etwa schon wieder?" Zwischen diesen beiden Polen — maßlose Überheblichkeit, grundlose Ablehnung und offene Obstruktion auf der einen Seite, bereitwillige und freudige Anerkennung und offensichtliche Zustimmung auf der anderen Seite spielt sich die Tätigkeit einer obersten Prüfungsbehörde ab. Ebenso labil sind die Grenzen des Erfolgs ihrer Tätigkeit. Im Jahre 1945 fragten mich die Engländer, warum der Potsdamer Rechnungshof nicht der Verschwendung und Vergeudung der öffentlichen Gelder durch das Naziregime Einhalt geboten habe. Ich konnte ihnen nur erwidern, daß alle Beanstandungen des Rechnungshofs vergeblich sind, wenn die Regierung selbst dagegen Obstruktion treibt, ja sogar mit der Auflösung der Behörde droht, um ihr den Mund zu schließen, und wenn Parlament und Presse fehlen, um den Arbeiten des Rechnungshofes den erforderlichen Nachdruck und Rückhalt zu verschaffen. Zwei Jahre später fragten mich wieder Angehörige der britischen Kontrollkommission, wie es der Rechnungshof bewerkstellige, bei den Steuerprüfungen in den Finanzämtern immer und immer wieder Millionenbeträge an Mehrsteuern hereinzuholen. Diesmal konnte ich diese Tatsache nicht nur mit der Tüchtigkeit der Prüfungsbeamten, sondern vor allem mit der Aufgeschlossenheit der zuständigen Oberfinanzpräsidenten erklären, die unsere Beanstandungen als berechtigt anerkannt und daraus die entsprechenden Folgerungen gezogen hatten. Daß die uneingeschränkte Unterstützung der Arbeit des Rechnungshofs durch die britische Besatzungsbehörde hierbei eine sehr beachtliche Rolle spielte, erwähnte ich allerdings nicht. Aus diesen Beispielen ergeben sich ohne weiteres die Schwierigkeiten der Prüfungstätigkeit, die Bedeutung ihres Widerhalls bei Behörden und in der Öffentlichkeit und ihre Grenzen. Sie zeigen aber auch, daß die Natur und die Aufgaben einer obersten Prüfungsbehörde vielfach nicht richtig erkannt werden. Wenn Dr. Peuker in seinem bereits erwähnten Werk eine Reihe von Musterbeispielen bringt, die die völlige Verkennung der Aufgaben und Möglichkeiten durch die Bevölkerung, durch die Parlamente und selbst durch Ministerien beleuchten, so kann ich das auf Grund eigener Erfahrungen nur bestätigen. Es wird Aufgabe des künftigen Gesetzgebers sein, bei einer Neuformung der Befugnisse der obersten Kontrollbehörde diese so eindeutig und umfassend festzulegen, daß Zweifel und Mißverständnisse nicht mehr auftreten können. Wir haben uns heute mit den gegebenen Verhältnissen zu beschäftigen. In Artikel 114 Abs. 2 bestimmt das Grundgesetz, daß die Rechnung durch einen Rechnungshof geprüft wird, dessen Mitglieder richterliche Unabhängigkeit besitzen, und im letzten Satz dieses Absatzes, „daß die Rechnungsprüfung durch Bundesgesetz geregelt wird". Das Bundesgesetz, das vorläufig und zum mindesten teilweise die Rechnungsprüfung für den Bund geregelt hat, ist das Gesetz über Errichtung und Aufgaben des Bundesrechnungshofes vom 27. November 1950. Dieses Gesetz bestimmt in § 2, daß für den Aufbau des Bundesrechnungshofes, für die Ernennung seiner Mitglieder und Beamten und für die ihm obliegende Rechnungsprüfung bis zu einer anderweitigen Regelung die Vorschriften der Reichshaushaltsordnung sowie die zu ihrer Änderung, Ergänzung und Durchführung erlassenen Bestimmungen in der am 8. Mai 1945 geltenden Fassung anzuwenden sind, soweit sie nicht dem Grundgesetz widersprechen oder soweit nicht in diesem Gesetz etwas anderes bestimmt ist. Um die Rechtsnatur einer obersten Prüfungsbehörde, ihre Rechte und Pflichten erfassen zu können, sind also auf der Bundesebene zwei und mehr Gesetze zu Rate zu ziehen. Die gleichen Verhältnisse finden Sie bei den obersten Prüfungsbehörden der Länder, auf die die Bestimmungen der RHO dann Anwendung finden, wenn in den besonderen Rechnungshofsgesetzen der Länder die entsprechenden Bestimmungen fehlen. Da die Unterschiede zwischen den obersten Rechnungsprüfungsbehörden der Länder und dem Bundesrechnungshof nicht von so wesentlicher Bedeutung sind, daß sie bei unserer heutigen Erörterung aufgezeigt werden müßten, darf ich mich im folgenden auf die Darstellung des Wesens des Bundesrechnungshofes beschränken. Was hier grundsätzlich gesagt wird, gilt in der Regel auch für die Landesrechnungshöfe. Ich möchte nicht unterlassen, hier besonders zu unterstreichen, daß sowohl in den Ländern, wie in den Zonen, in der Bizone und im Bund seit 1945 die Einheitlichkeit des Haushaltsrechts nachdrücklichst vertreten und im wesentlichen auch erhalten worden ist. Außerdem darf ich in diesem Zusammenhang auch noch darauf hinweisen, daß durch die Bildung einer Arbeitsgemeinschaft zwischen den Landesrechnungshöfen und dem Bundesrechnungshof, sowie durch die Schaffung des Vereinigten Senats für die Präsidenten und Mitglieder dieser Organe im Sinne des § 10 des Gesetzes vom 27. November 1950 die Voraussetzungen für möglichste Vereinheitlichung des Prüfungsgeschäfts im Verfahren und in der Entscheidung getroffen sind; Maßnahmen, die sich bislang aufs beste bewährt haben.

Und nun zum Bundesrechnungshof.

Der Bundesrechnungshof ist eine der Bundesregierung gegenüber selbständige, nur dem Gesetz unterworfene Oberste Bundesbehörde. Er ist weder Organ der Bundesregierung noch Organ des Parlaments, sondern eine Einrichtung sui generis. Er hat zwar in seinem Aufgaben- und Zuständigkeitsbereich Funktionen auszuüben, die legislativer, exekutiver oder jurisdiktioneller Natur sind, die wahre und eigentliche Funktion ist aber doch von diesen drei Gewalten unabhängig. Es ist wiederholt der Versuch unternommen worden, die besondere Art der obersten Finanzkontrolle als 4. Gewalt zu bezeichnen und die Kontrolle der Gesetzgebung, Verwaltung und Rechtsprechung gleichzustellen. Dr. Peuker bringt hierzu auf Seite 38 seiner „Grundfragen neuzeitlicher Finanzkontrolle" beachtliche Gedanken. Er weist insbesondere auf Folgendes hin. Es fehle z. B. in der heutigen Verfassung eine Regelung der Frage, wie zu verfahren ist, wenn die vom Rechnungshof aufgestellten Bemerkungen vom Parlament gebilligt, aber von der Exekutive nicht beachtet werden. „Hier klafft eine Lücke, die ernster als früher genommen werden muß. Nach der Weimarer Verfassung mußte jeder Minister zurücktreten, wenn ihm der Reichstag durch ausdrücklichen Beschluß das Vertrauen entzog. Das Grundgesetz enthält eine solche Vorschrift nicht. Es hat gegenüber der Reichsverfassung die Stellung des Kanzlers erheblich verstärkt und diesen zum Träger der Verantwortung gegenüber dem Bundestag gemacht. Wenn also ein Minister vom Kanzler entgegen dem Wunsche des Parlaments gehalten wird, ist dieses gegenüber einem Minister, der die Beanstandungen der Obersten Prüfungsbehörde nicht beachtet, machtlos." Die künftige Gesetzgebung wird sich mit dieser Frage eingehend beschäftigen müssen. Was die vierte Gewalt anlangt, bin ich mit Dr. Peuker der Auffassung, daß es nicht auf eine Theorie, sondern nur in der Praxis darauf ankommt, die Grundlinien der Finanzkontrolle so einwandfrei festzulegen, daß sie ihren Aufgaben und Zielen gerecht werden kann.

Die Unabhängigkeit gegenüber der Bundesregierung bedeutet, daß der Rechnungshof als Behörde weder der Dienstaufsicht der Bundesregierung noch der des Bundespräsidenten unterliegen kann. Eine oberste Bundesbehörde kann begrifflich nicht der Dienstaufsicht einer anderen Stelle unterworfen werden. Die Dienstaufsicht über die Behörde als solche und über ihre Angehörigen liegt ausschließlich beim Präsidenten, genau so wie sie bei den übrigen obersten Bundes- und Landesbehörden, den Ministerien, ausschließlich deren Leitern, den Ministern zusteht. Wenn in einigen Ländern des Bundesgebietes eine Regelung der Dienstaufsicht versucht worden oder beabsichtigt ist, so widerspricht eine solche Lösung der rechtlichen Struktur der obersten Prüfungsbehörde und ist daher abzulehnen. Wenn nur beamtenrechtliche Erwägungen oder Rücksichten auf die Bestimmung einer Einleitungsbehörde im Disziplinarrecht die Unterstellung des Präsidenten unter die Dienstaufsicht des Ministerpräsidenten veranlaßt haben sollten, so kann bei der Seltenheit dieser Fälle auch hierfür keine Notwendigkeit anerkannt werden. Mit jeder gesetzlichen Normierung einer Dienstaufsicht ist die Unabhängigkeit der Behörde und seines Präsidenten aufs schwerste gefährdet, wenn nicht überhaupt beseitigt. Auf jeden Fall sollte auch nur der Anschein hierzu in der Öffentlichkeit vermieden werden.

Die gleiche Unabhängigkeit besteht auch gegenüber dem Parlament. Die Befugnisse und Pflichten des Rechnungshofes gegenüber dem Parlament beruhen auf der Verfassung und den erwähnten Gesetzen, sie leiten sich nicht ab aus einem Auftragsverhältnis oder Unterstellungsverhältnis irgendwelcher Art gegenüber den parlamentarischen Gremien. Die Denkschrift und die Bemerkungen des Rechnungshofes zur Haushaltsrechnung geben diesen Gremien lediglich die Unterlagen für die Herbeiführung des Beschlusses über die Entlastung der Regierung. Das Parlament hat nicht die Möglichkeit, auf den Inhalt und die Gestaltung der Bemerkungen und Denkschrift Einfluß zu nehmen. Das hindert nicht, daß der Bundestag oder Bundesrat den Rechnungshof ersucht, auf die Klärung bestimmter Tatbestände sein besonderes Augenmerk zu richten und über seine Feststellungen in einer Denkschrift oder in den Bemerkungen zu berichten. Wenn der Rechnungshof immer bereitwilligst diesem Ersuchen Rechnung trägt, so ist damit in keiner Weise eine Abhängigkeit des Rechnungshofes in seinen Entscheidungen vom Parlament festgelegt oder auch nur angesprochen. Zu den Entscheidungen des Rechnungshofes, die entweder — so in 90% der Fälle — durch den zuständigen Ministerialrat und Direktor oder in Senaten oder im Großen Senat ergehen, sind nur die Mitglieder berufen, die, wie wir gehört haben, nach dem Grundgesetz richterliche Unabhängigkeit besitzen. Mitglieder des Rechnungshofes sind der Präsident, der Vizepräsident, die Direktoren und die zu Mitgliedern ernannten Ministerialräte. Die Beamten der Gutachterabteilung z. B. gehören, abgesehen vom Leiter, wenn er zum Direktor beim Bundesrechnungshof ernannt ist, nicht zu den Mitgliedern des Bundesrechnungshofes. Auf die Mitglieder finden die für die Richter des Obersten Bundesgerichts geltenden Sondervorschriften hinsichtlich der Versetzung in ein anderes Amt, der Versetzungen in den Ruhestand und bei dienstlichen Verfehlungen Anwendung. Nur die Mitglieder können der Richteranklage nach Art. 98 Abs. 2 des Grundgesetzes unterworfen werden.

Es ist heute im Gegensatz zu früher wohl Allgemeingut aller Kulturvölker des Westens, daß die Unabhängigkeit der Obersten Rechnungsprüfungsbehörde und ihrer Mitglieder notwendig ist, um sie gegen äußere Einflüsse aller Art abzuschirmen, psychologisch alle Voraussetzungen für objektive Entscheidungen nach bestem Wissen und Gewissen zu geben und sie dadurch in die Lage zu versetzen, gegen jedermann und gegen jede Stelle ohne Rücksicht auf Rang und Dienststellung die Folgerungen und Forderungen geltend zu machen, die sich aus der Kontrolle ergeben haben. Es liegt die Versuchung nahe, die rechtliche Struktur des Rechnungshofes mit der Konstruktion der obersten Prüfungs- und Kontrollinstanzen in anderen Kulturländern zu vergleichen. Da hierfür die erforderliche Zeit nicht zur Verfügung steht, darf ich mich darauf beschränken, die Interessenten auf das Werk „Das Budget“ von Dr. h. c. Kurt Heinig zu verweisen, der hier mit außerordentlichem Fleiß und seltener Akribie einen umfassenden Überblick über die Grundprobleme und ihre Lösung in den einzelnen Ländern geschaffen hat. Wenn hierbei auch der Rechnungshof in Potsdam und sein Präsident nicht immer günstig abschneiden, so können doch die von Heinig angegebenen Tatsachen nicht bestritten werden, wenn auch seine Schlußfolgerungen an manchen Stellen, wie ich ihm gegenüber schon wiederholt zum Ausdruck gebracht habe, einen kräftigen Schuß von Subjektivität und nicht immer genügenden Einblick in die Verhältnisse nach 1933 erkennen lassen.

Bevor ich auf das Aufgabengebiet des Bundesrechnungshofes selbst eingehe, darf ich zunächst den Umfang seiner Zuständigkeit abstecken.

Der Bundesrechnungshof überwacht die gesamte Haushalts- und Wirtschaftsführung der Bundesorgane und Bundesverwaltungen. Er ist auch zuständig, sofern Stellen außerhalb der Bundesverwaltung

1. Teile des Bundeshaushaltsplanes ausführen oder
2. zur Erfüllung bestimmter Zwecke Bundesmittel erhalten haben oder
3. Bundesvermögen oder Bundesmittel verwalten.

Der Bundesrechnungshof hat auch die Haushalts- und Wirtschaftsführung des Sondervermögens Bundesbahn zu prüfen, ferner die Haushalts- und Wirtschaftsführung der Träger der Sozialversicherung, wenn sie Zuschüsse aus öffentlichen Mitteln erhalten, sowie der Arbeitslosenversicherung und Arbeitslosenfürsorge.

Er hat außerdem alle diejenigen Aufgaben durchzuführen, die dem früheren Rechnungshof des Deutschen Reichs, dem Rechnungshof im Vereinigten Wirtschaftsgebiet und dem Rechnungshof für die britische Zone in anderen fortgeltenden Vorschriften, Satzungen oder Vereinbarungen übertragen sind.

Mit dieser Normierung des Aufgabengebiets des Bundesrechnungshofes in den §§ 4 und 5 des Gesetzes vom 27. November 1950 sind der obersten Prüfungsbehörde zweifellos Befugnisse übertragen worden, die sie früher in diesem Umfange nicht besaß. So hatte es z. B. die Reichsbahn im Reichsbahngesetz von 1924 verstanden, der unmittelbaren Prüfung durch den Rechnungshof sich zu entziehen. Selbst die geringe Zuständigkeit der Bilanzprüfung nach Abschnitt IVa der Reichshaushaltsordnung, die dem Rechnungshof zunächst noch verblieben war, verlor er im Jahre 1931 durch eine Vereinbarung zwischen dem Reichsverkehrsminister, dem Reichsfinanzminister und dem Präsidenten des Rechnungshofs. Hierdurch wurde die Nachprüfung der

Bilanz der Reichsbahn sowie der Gewinn- und Verlustrechnung gemeinsam dem Präsidenten des Rechnungshofs und dem Direktor der Deutschen Revisions- und Treuhand A.G. übertragen. Das Kollegium des Potsdamer Rechnungshofs hat damals einstimmig gegen seinen Präsidenten votiert und die Verbindlichkeit der Vereinbarung für den Rechnungshof abgelehnt. Eine Entscheidung des Deutschen Reichstags ist nicht mehr ergangen, da er aufgelöst wurde, bevor er sich mit dem Vorgang beschäftigen konnte. Der damalige Chefpräsident des Reichsrechnungshofs hat dem Kollegium die Antwort auf seine selbstbewußte und rechtlich in jeder Beziehung fundierte Stellungnahme in der Novelle zur Reichshaushaltsordnung vom Jahre 1933 gegeben, in der er die Einführung des Vetorechts des Präsidenten gegen Beschlüsse des Rechnungshofs veranlaßte. Heute ist durch die Vereinbarung vom 17. Juni 1951 über die Durchführung der Prüfung bei der Bundesbahn zwischen Bundesrechnungshof, dem Bundesverkehrsminister und dem Bundesfinanzminister die Voraussetzung für eine gedeihliche Zusammenarbeit geschaffen. Durch die Formulierung des § 4 des Bundesrechnungshofsgesetzes sind auch alle bisherigen Meinungsverschiedenheiten über die Tragweite des § 64 a der Reichshaushaltsordnung beseitigt. Daß auch die Vermögensrechnung des Bundes vom Bundesrechnungshof geprüft wird, ergibt sich aus Art. 114 des Grundgesetzes. Die Vorarbeiten für die bisher fehlende Sachrechnungslegungsordnung sind im vollen Gange und stehen vor dem Abschluß. Neben den eben erwähnten Aufgaben sind dem Bundesrechnungshof durch besondere Gesetze oder Vereinbarungen Prüfungsaufgaben übertragen. Ich verweise z. B. auf § 20 des 2. Überleitungsgesetzes, auf die Prüfungsvereinbarungen mit dem NWDR, auf die Prüfungspflicht gegenüber dem ERP-Sondervermögen und dem Lastenausgleich.

Als Grundsatz kann festgestellt werden, daß es im Bereich der Bundesverwaltung kein Organ, keine Einrichtung, keinen Betrieb, kein Unternehmen des Bundes in der Form der juristischen Person des öffentlichen Rechts geben kann, das nicht der Prüfung durch den Bundesrechnungshof unterliegt, es sei denn, daß der Haushaltsplan dies ausdrücklich anordnet. Davon wird zur Zeit nur bei einigen wenigen Titeln des Haushaltsplanes Gebrauch gemacht, die der Geheimhaltung bedürfen und deshalb nur der Prüfung durch den Präsidenten des Bundesrechnungshofes unterliegen.

Welche Aufgaben obliegen nun dem Bundesrechnungshof im Rahmen seines räumlichen Zuständigkeitsbereichs zur Wahrung der Wirtschaftlichkeit und Sparsamkeit in der öffentlichen Verwaltung?

1. Das älteste und umfangreichste Aufgabengebiet ist die eigentliche Rechnungsprüfung, d. h. die Kontrolle der Einnahmen und Ausgaben sowie des Vermögens und der Schulden.

Der Rechnungshof hat nach § 96 der Reichshaushaltsordnung nicht nur die gesamte Haushalts- und Wirtschaftsführung im Sinne einer rechnerischen Nachprüfung der Bücher und Belege zu überwachen — mit dieser Tätigkeit hat sich nicht einmal vor hundert Jahren die Aufgabe der obersten Prüfungsinstanz erschöpft — sondern er hat die gesamte Verwaltung in all ihren Zweigen daraufhin zu prüfen, ob sie wirtschaftlich, zweckmäßig und sparsam geführt wird. Insbesondere ist auch zu untersuchen, ob nicht Einrichtungen unterhalten, Stellen aufrechterhalten oder in sonstiger Weise Haushaltsmittel verausgabt worden sind, die ohne Gefährdung des Verwendungszwecks hätten eingeschränkt werden oder überhaupt wegfallen können. Die haushaltsmäßige und finanzielle Auswirkung von Gesetzen und Verordnungen ist unter Beachtung der großen finanzpolitischen Zusammenhänge kritisch unter die Lupe zu nehmen. Die bei dieser Prüfung festgestellten Fehler und Mängel werden der Exekutive mitgeteilt, um ihr die Möglichkeit zu geben, die Fehler zu beseitigen, die zu Unrecht ausgegebenen Bundesmittel der Bundeskasse wieder zuzuführen, etwaige Regresse gegen verantwortliche Beamte oder Angestellte durchzuführen, Mängel zu beheben, erforderlichenfalls die Änderung von Gesetzen und Verwaltungsvorschriften in die Wege zu leiten und für einheitliche Auslegung der Vorschriften Sorge zu tragen. Dieses Aufgabengebiet bezeichnen wir herkömmlicherweise als „Verwaltungskontrolle“.

Neben dieser Verwaltungskontrolle läuft eine andere Kontrolle, die „Verfassungskontrolle“ genannt wird. Es ist dies die Prüfung, ob die Verwaltung bei der Führung der Geschäfte die Gesetze, Verordnungen und Verwaltungsvorschriften beachtet und den Haushaltsplan eingehalten hat. Auch hier werden die festgestellten Fehler und Mängel der Exekutive zur Abhilfe mitgeteilt.

Leider erlaubt es die mir zur Verfügung stehende Zeit nicht, Ihnen an einigen Beispielen die weitreichende Bedeutung dieser Aufgaben zu beleuchten. Ich will nur eine herausgreifen: Vorschläge für einheitliche Auslegung der Gesetze. Das Ziel ist klar. Der Weg dorthin ist schwer, langwierig, durch die Fußangeln des Grundgesetzes gefährdet und vielfach überhaupt nicht gangbar. Wenn der Rechnungshof z. B. in der Kriegsopferversorgung oder anderen Angelegenheiten des Art. 120 GG fundamentale Unterschiede in der Auslegung der Gesetze und Vorschriften zwischen Nord und Süd oder Ost und West feststellt, so haben vielfach weder der zuständige Fachminister noch die Bundesregierung die gesetzliche Befugnis, hier ordnend einzugreifen, da die Verwaltung der erwähnten Angelegenheiten den Ländern obliegt. Die Bundesorgane haben zwar zu zahlen, sie haben auch die finanzielle Verantwortung gegenüber Bundesrat und Bundestag, die Verwaltungsverantwortung liegt aber bei den Ländern, von deren gutem Willen es abhängt, ob sie die Vorschläge der Bundesorgane Rechnung tragen wollen oder nicht. Hier sollte Wandel geschaffen und „Finanz"- und „Verwaltungsverantwortung" bei einer Stelle konzentriert werden, um eine Unsumme fruchtloser Arbeiten, ergebnisloser Besprechungen und unnützer Zeit- und Geldvergeudung zu vermeiden.

Nach Abschluß der schriftlichen oder mündlichen Verhandlungen mit der Exekutive über die Ergebnisse der Prüfung obliegt dem Rechnungshof und seinem Präsidenten die besonders wichtige Aufgabe, in den Bemerkungen und in der Denkschrift die bei der Verwaltungs- oder Verfassungskontrolle festgestellten Verfehlungen der Exekutive geordnet und entscheidungsreif — gegebenenfalls unter Beifügung entsprechender Vorschläge in dieser Richtung — zusammenzustellen. Die Denkschrift des Präsidenten und die Bemerkungen des Rechnungshofes gehen zusammen an den Bundesfinanzminister, der sie unverändert dem Bundesrat und dem Bundestag vorzulegen hat. Auf die Aufgabe dieser Gremien werde ich später zurückkommen.

Sie sehen also, meine Damen und Herren, daß der Rechnungshof grundsätzlich nicht in die Exekutive eingreift und von unmittelbar sich auswirkenden Entscheidungen absieht, es vielmehr den zuständigen Organen überläßt, aus den Prüfungsergebnissen und den Forderungen des Rechnungshofes die notwendigen Folgerungen zu ziehen. Es wird Ihnen aber auch klargeworden sein, daß die Tätigkeit des Rechnungshofes nur dann fruchtbar sein kann, wenn sich die Administrative nicht ablehnend verhält und wenn eine starke Legislative hinter ihm steht, die willig und fähig ist, Obstruktionsgelüste zu unterbinden. Wo Kraft oder Wille dazu fehlen, wird auch eine noch so gut fundierte Prüfungstätigkeit des Rechnungshofes mehr oder minder ergebnislos bleiben. Die Erfahrungen des Rechnungshofs des Deutschen Reichs in der Zeit von der Auflösung des alten Reichstags bis 1945 geben ein beredtes Zeugnis dafür ab.

Die Obstruktion der Exekutive beim Fehlen einer verantwortungsbewußten Legislative führt außerdem noch dazu, daß die so wichtige prophylaktische, vorbeugende Wirkung der obersten Prüfungsbehörde, die in ihrer bloßen Existenz liegt und deren Wirkungsgrad mit der Durchschlagskraft des Rechnungshofes steigt und fällt, verlorengeht. Alle Bemühungen der Prüfungsbeamten und des Rechnungshofes werden zur Farce, wie wir es in den letzten 6 Jahren des Hitlerregimes zur Genüge erlebt haben.

2. Neben dieser Revisionstätigkeit und den damit verbundenen Aufgaben hat der Rechnungshof aber noch ein zweites Feld der Betätigung mit erheblicher prophylaktischer Bedeutung. Ich habe hier die gestaltende Mitwirkung der obersten Prüfungsbehörde auf dem weiten Gebiet des Haushaltsrechts und den damit zusammenhängenden Angelegenheiten im Auge. So hat der Rechnungshof besondere

unmittelbare Aufgaben bei der Ordnung des Rechnungswesens. Die Rechnungslegungsordnung ist von ihm geschaffen. Er hat bei der Regelung der Kassen- und Buchführung, beim Erlaß haushaltsrechtlicher Bestimmungen und allgemeiner Verfügungen, die die Einnahmen und Ausgaben berühren, mitzuwirken. Zahlreiche Entscheidungen auf diesem Gebiete bedürfen seiner Zustimmung.

Der Rechnungshof wirkt weiterhin mit bei der Aufstellung des Haushaltsplans durch Beteiligung seiner Beamten bei den Ressortsbesprechungen mit dem Finanzminister bei der Bearbeitung des Entwurfs. Er steht dem Haushaltsausschuß bei der Beratung des Entwurfs zur Verfügung. Er beteiligt sich besonders intensiv bei den Erörterungen über den Vollzug des Haushaltsplans in allen Fragen, die zur Entscheidung über die Genehmigung über- und außerplanmäßiger Ausgaben und die zur Entlastung der Regierung für das Parlament von wesentlicher Bedeutung sind.

3. Als dritte in ihren Ausmaßen und in ihrer Wirkungsmöglichkeit nicht zu unterschätzende Aufgabengruppe tritt die umfangreiche gutachtliche Tätigkeit des Rechnungshofes zum bisherigen Aufgabenbereich hinzu. Sie kommt vor allem bei der Durchführung von Organisations- und Wirtschaftlichkeitsprüfungen in reichem Ausmaße zur Anwendung. Zweck dieser Prüfungen ist vor allem, durch Vorschläge für rationelle Gestaltung des Verwaltungsaufbaues der geprüften Behörde den optimalsten Erfolg bei der Durchführung ihrer Aufgaben zu sichern. Daneben laufen Gutachten für rationelle Büroarbeit, wirtschaftlichen Einsatz der Kraftfahrzeuge und von sonstigen Maschinen aller Art, für zweckmäßiges Beschaffungswesen in allen seinen Sparten, sachgemäßes Verwenden der Gebrauchs- und Verbrauchsmittel und anderes mehr. Verantwortungsbewußte Mitarbeit im Kuratorium für Wirtschaftlichkeit und den ihm angeschlossenen Einrichtungen fällt unter die besonderen Aufgaben des Rechnungshofes und seines Präsidenten. Hierher gehören aber vor allem die Ihnen bereits bei der Erörterung des Bundesbeauftragten für Wirtschaftlichkeit dargelegten Obliegenheiten. Hier erfordern insbesondere die Untersuchungen der vom Kabinett zu beschließenden Gesetz-Entwürfe ein reiches Maß an Arbeit, Kenntnissen und Erfahrungen und tiefes Eindringen in die einzelnen Gesetzesmaterien, wenn mit Aussicht auf Erfolg zu den Entwürfen Stellung genommen werden soll.

Diese drei Aufgabengebiete haben im Endergebnis das gemeinsame Ziel, der Legislative und der Exekutive die Mittel in die Hand zu geben, durch Vereinfachung der Vorschriften, durch Besserung der Verwaltungsmethoden, durch Abstellung von Mißständen und Fehlorganisationen für größtmögliche Wirtschaftlichkeit bei Erfüllung der Verwaltungsaufgaben zu sorgen. Der Rechnungshof ist das Auge, durch das die Exekutive wie die Legislative Einblick in die gesamte Haushalts- und Wirtschaftsführung gewinnt, er ist der objektive Kritiker, er ist für beide der ehrliche Makler, aber auch der immer wache Mahner und Warner, der die Gefahrenpunkte aufzeigt und beleuchtet. Bei sachgemäßer, gründlicher und vollständiger Auswertung der Prüfungsergebnisse des Rechnungshofes und der Verbesserungsvorschläge des Bundesbeauftragten für Wirtschaftlichkeit kann und muß es gelingen, falsche Ausgabenwirtschaft weitgehend einzuschränken und Verschwendung öffentlicher Gelder zu unterbinden. Gewiß kann der moderne Staat und die ihm heute obliegenden Aufgaben nicht unter dem Aspekt von 1914, ja nicht einmal unter dem von 1918 bis 1933 betrachtet werden. Die Tendenz zu fortdauernden Erhöhungen seiner Aufgaben und die damit verbundene wachsende Inanspruchnahme immer größer werdender Teile des Sozialprodukts sind bei allen Kulturvölkern festzustellen. Es liegt nicht mehr im Rahmen meiner Aufgabe, zu untersuchen, ob diese Tendenz als unabänderlich hingenommen werden muß. Aber über das eine müssen wir uns im klaren sein, daß alle noch so wirtschaftliche und sparsame Haushaltsführung an der Tatsache nichts ändern kann, daß ein wesentlicher Abbau der Staatsausgaben erst dann möglich ist, wenn ein wirklich wesentlicher Abbau seiner Aufgaben erfolgt.

Ich komme damit zur letzten Kontrolleinrichutng, zur „parlamentarischen“ oder „politischen Kontrolle“, die nach deutschem Verfassungsrecht dem Bundesrat und dem Bundestag obliegt, in den Ländern sind hierfür die Landtage zuständig.

Dem Parlament ist der Weg zur Überwachung der Exekutive in der Richtung auf eine sparsame und wirtschaftliche Haushaltsführung bereits bei der Beratung des Haushaltsplans eröffnet. Bei dieser Beratung stehen ihm ungezählte Möglichkeiten zur Verfügung, in den Aufbau, in die Gestaltung und Dotierung des Haushaltsplans so einzudringen, daß aus dem Ergebnis der eigenen Prüfung das Optimalste an Wirtschaftlichkeit und Sparsamkeit herausgeholt werden kann. Es kann insbesondere untersuchen, ob nicht der Abbau von Staatsaufgaben möglich ist und damit die öffentlichen Ausgaben gesenkt werden können.

Ist der Haushaltsplan festgestellt, so kann das Parlament auch noch im Laufe des Rechnungsjahres tätig werden, sei es im Wege der Einsetzung von Untersuchungsausschüssen, sei es durch Anfragen an die Regierung und Herbeiführung parlamentarischer Beschlüsse. Durch die Verpflichtung, über die über- und außerplanmäßigen Ausgaben der Exekutive im Laufe eines Rechnungsjahres

Beschluß zu fassen, ist dem Parlament die Möglichkeit gegeben, näher in die Ursachen dieser Überschreitungen einzudringen und die Notwendigkeit und das unabwendbare Bedürfnis zu prüfen. Ist die Haushaltsrechnung über ein Rechnungsjahr abgeschlossen und liegen Denkschrift und Bemerkungen der obersten Prüfungsbehörde hierzu vor, so hat das Parlament Gelegenheit, die gesamte Einnahme- und Ausgabewirtschaft der Administrative zu kontrollieren, über einzelne Posten von ihr Rechenschaft zu fordern und die Entlastung nur mit der Auflage auszusprechen, für Beseitigung der festgestellten Fehler und Mängel zu sorgen und die notwendigen Regreßansprüche durchzusetzen.

Gewiß können bei einem allzu starken Eingreifen des Parlaments in den Vollzug des Haushaltsplans Schwierigkeiten zwischen Legislative und Exekutive auftreten, da die Zuständigkeiten flüssig sind und dem freien Ermessen in der Auslegung dieser Grenzen Spielraum gegeben ist. Ein zielbewußtes Parlament und ein sachverständiger Rechnungsprüfungsausschuß werden sich immer durchsetzen können, auch gegenüber den Abgeordneten aus den eigenen Reihen, wenn es ihnen wirklich nur um die Sache zu tun ist. Die Tätigkeit der Rechnungsprüfungskommission im alten Reichstag gibt dafür ein glänzendes Beispiel. Auch hier darf ich wieder auf die Ausführungen des letzten Vorsitzenden dieser Kommission, Dr. Heinig, in seinem Werk „Das Budget“ und in seinem Aufsatz „Sparkommissar und Sparkommission im internationalen Vergleich“ verweisen.

Ob Bundesrat und Bundestag die Fülle der ihnen obliegenden Aufgaben bei der gegenwärtigen Form des Haushaltsplanes und seiner Durchführung auf die Dauer bewältigen können, steht auf einem anderen Blatt. Das die zuständigen Gremien im Vereinigten Wirtschaftsgebiet und im Bund die Haushaltspläne nicht ein einziges Mal vor Beginn des neuen Rechnungsjahres verabschieden konnten, gibt Veranlassung zu der Überlegung, ob der Grund für diese Verzögerung nicht auch in der bisherigen Gestaltung und Formung der Haushaltspläne liegt. Es wird von allen beteiligten Stellen, insbesondere auch von den Parlamenten eingehend zu prüfen sein, ob nicht auch bei uns, genau so wie in anderen Kulturländern, die bisherige Form des institutionellen Etats aufgegeben werden muß und der Übergang zum Realsystem erforderlich ist, um Legislative und Exekutive zu entlasten. Die Grundgedanken hierzu, die Dr. Weichmann und Dr. Wawrczeck in ihrer „Neuordnung der öffentlichen Haushalte“ zur Diskussion stellen und die in Professor Neumark, Frankfurt/M., in der „Zeit“ einen warmen Befürworter gefunden haben, werden von allen beteiligten Stellen eingehendst auf ihre Durchführbarkeit zu prüfen sein. Der Abschluß der Arbeiten der hierzu vom Bundesfinanzminister, von den Länderfinanzministern und

7 Dungern, Die Wirtschaftlichkeit in der öffentlichen Verwaltung.

Finanzsenatoren, sowie vom Präsidenten des Bundesrechnungshofes berufenen Kommission bleibt abzuwarten.

Meine Damen und Herren, ich habe Ihnen nur in groben Umrissen und unter Hervorhebung markanter Punkte einen Überblick über die Kontrolleinrichtungen im Bund und in den Ländern geben können. Ich mußte es mir versagen, auf die entsprechenden Einrichtungen im kommunalen Sektor näher einzugehen, auf die vielen Gegebenheiten fruchtbarer Zusammenarbeit zwischen Bund und Ländern hinzuweisen, Ihnen von dem hierfür geschaffenen Vereinigten Senat im Bundesrechnungshof zu erzählen — eine für das Verhältnis zwischen Bund und Ländern besonders interessante Konstruktion. Ich habe auch Prüfungsmethoden und die damit verbundenen Erfordernisse und vieles andere nicht behandeln können. All das hätte den Rahmen dieses Vortrages weit gesprengt. Zum Abschluß möchte ich Ihnen aber ein Urteil aus amerikanischem Munde über unsere Arbeit nicht vorenthalten. Professor Hilhouse, ein früheres Mitglied der Finanzabteilung der amerikanischen Kontrollkommission und der bizonalen Besatzungsbehörde, hat im Oktober 1952 in „The Accounting Review" einen längeren Aufsatz über die obersten Prüfungsbehörden in Westdeutschland veröffentlicht. Unter Zusammenfassung der wichtigsten Merkmale der obersten Deutschen Kontrollbehörde, die kein entsprechendes Gegenstück im U.S. General Accounting Office haben, gibt er folgendes Werturteil über den Bundesrechnungshof ab:

„Die Stärke des Rechnungshofes beruht auf seiner Unabhängigkeit, dem Ansehen seiner Beamten und seiner Konzentration auf nachträgliche Prüfungen und Prüfungen der Wirtschaftsführung in der Verwaltung. Seine ganze Arbeit dient einem einzigen Zweck: in verbindlicher, aber bestimmter Form die Bundesfinanzen zu hüten."

Dieses Ziel verfolgen auch alle obersten Prüfungsbehörden der Länder und alle von mir erwähnten Kontrolleinrichtungen in ihrem Bereich. Ihrer aller Arbeit verläuft in der Stille und tritt nur wenig in das Licht der Öffentlichkeit, sie ist nicht Selbstzweck, sie dient einzig und allein dem Besten der Allgemeinheit, dem Besten unseres deutschen Vaterlandes.

Einschränkung der Ausgaben und Reformen der Verwaltung in Frankreich

Von Francis Raison, Paris*

Eingesetzt durch Dekret vom 9. August 1946 und einige spätere Gesetze[1] hat der zentrale Untersuchungsausschuß für Herabsetzung der Kosten der öffentlichen Dienste seinen Bericht vorgelegt. In diesem Bericht gibt der Ausschuß einen Plan für die Reform der französischen Verwaltung. Der Plan ist entstanden aus der Prüfung einer großen Anzahl verschiedener Verwaltungsstellen, beginnend mit dem Jahre 1946 und fortgeführt bis heute. Die Prüfung verband die traditionellen Grundsätze der Kontrolle mit neuen Untersuchungsmethoden hinsichtlich der Wirtschaftlichkeit des Systems. Das heißt, es wurden die Kosten und die Ergebnisse für jeden einzelnen Verwaltungszweig analysiert.

Diese Untersuchungen haben den Ausschuß veranlaßt, eine Anzahl Reformen für jede Verwaltung vorzuschlagen, wie es seinen Aufgaben und seiner Organisation entspricht. Diese Vorschläge, eingeteilt nach den verschiedenen Ministerien, bilden den größten Teil seines Berichtes.

Aber diese Einzelvorschriften führten auch zu einer gewissen Zahl allgemeiner Schlußfolgerungen, die in der nachfolgenden Synthese zusammengestellt sind. Die erste dieser Schlußfolgerungen betont, daß die Reform der Verwaltung umfaßt einmal eine Reform des Verfahrens, also der Methode und sodann eine Reform der Organisation, also der Struktur.

1. Die Reform des Verfahrens der Arbeit

Die Änderung des Verfahrens setzt voraus eine genauere Unterrichtung und Kenntnis der öffentlichen Verwaltungen, durch die ein richtiges Budget über den Wert der Leistungen erstrebt wird, die Aufstellung von Programmen, die über die laufenden Verwaltungsgeschäfte

---

* Übersetzt von E. Weyer.

[1] Insbes. Dekret Nr. 47 vom 9. Juli 1947. Troisième rapport du Comité central d'enquète sur le coût et le rendement des Services publics, Paris. Vgl. auch v. Dungern, Rechnungshof und Sparsamkeit in Frankreich, Schmollers Jahrbuch 72. Jahrg. 1952, S. 63 ff.

hinausgehen, eine wirkungsvollere Kontrolle, eine Veröffentlichung klarer Richtlinien, eine bessere, d. h. zweckmäßigere Verwendung des materiellen Bedarfs.

Der erste Teil des Berichtes enthält zahlreiche Beispiele, durch die Fehlerquellen aufgedeckt werden und Mittel vorgeschlagen werden, sie zu beseitigen.

Die ungenaue und unzureichende Kenntnis der Ergebnisse der Verwaltungstätigkeit müßte verbessert werden durch ein wahrhaftes Budget des zahlenmäßigen Wertes der Leistungen, aufgebaut auf den Methoden, die der Ausschuß selbst in seiner Untersuchung ausgebildet hat, und zwar hinsichtlich jeder einzelnen Ausgabe und der jeweiligen ihr entsprechenden Leistung: Kosten je t und km des Transportes mit jedem Transportmittel, Kosten der einzelnen Arbeiten der Verwaltung, Kosten von jeder gerichtlichen oder sonstigen Entscheidung usw.

Es handelt sich also darum, weit über das sogenannte funktionelle Budget hinauszugehen, die Regierung zu unterrichten, desgleichen das Parlament, die Verwaltungen selbst, die Kenntnis, die die Öffentlichkeit davon erhält, und zwar auf jedem Gebiet der Verwaltung gegenübergestellt den Kosten, die der Staat aufwendet. Der Ausschuß hat ein Gesetz vorgeschlagen unter einer sehr weitherzigen Form, die auch die Übergänge beachtet und die allgemeine Fassung des Budgets berücksichtigt. Das Fehlen oder die Mangelhaftigkeit von Programmen ist schwerer zu berichtigen, denn es ist tatsächlich erforderlich, den Charakter der gegenwärtigen Verwaltungsarbeit zu verändern. Die Verbesserung der gegenwärtigen Lage kann aber durch gewisse Maßnahmen technischer Art, die vom Ausschuß vorgeschlagen sind, erreicht werden. Vor allem kommt es darauf an, daß die Verwaltung selbst sich der schweren Folgen bewußt wird, die eingetreten sind, weil sie sich nicht genügend auf die wichtigsten Fragen eingestellt hat und weil sie nicht genügend darauf Bedacht genommen hat, die einzelnen Arbeiten in der erforderlichen Weise zu bewerten.

Die Umständlichkeit der Gesetze, die Kompliziertheit der Ausführungsbestimmungen und übermäßige Ausdehnung der Formulare ist eine und nicht die geringste Ursache der ungenügenden Leistungen der Verwaltung. Sie ist nicht nur für den täglichen Verkehr hinderlich. Allein die Zeit, die erforderlich ist, um alle die Bestimmungen, die angewendet werden müssen, kennenzulernen, beschäftigt die Beamten in übermäßiger Weise und erfordert einen viel zu großen Teil ihrer Arbeitskraft. Es folgt daraus ein Übermaß an Kosten, das weit größer ist, als man im allgemeinen annimmt. Die vorgeschlagene Abhilfe besteht in einer vollständigen Kodifikation der Gesetze, Ausführungsbestimmungen und Richtlinien, eine Arbeit, die bisher noch niemals in Angriff genommen wurde. In dieser Hinsicht sind die Vorschläge des Ausschusses auch nicht unbeachtet geblieben. Ein weiterer Ausschuß, eingesetzt im Jahre 1948, ist damit beauftragt worden, diese Arbeit einer vollständigen Kodifikation in die Wege zu leiten und durchzuführen. Trotz der großen Schwierigkeiten, die man sich leicht denken kann, sind wesentliche Ergebnisse erzielt worden. Inzwischen sind bereits mehrere zusammenfassende Gesetzestexte veröffentlicht worden oder dafür vorbereitet. Ebenso zusammenfassende Durchführungsbestimmungen und andere Ausführungserlasse sind in Arbeit. Im übrigen zeigt sich, daß, wie groß auch der Umfang der zu leistenden Arbeit ist, man doch durchgreifende Reformen durchführen kann, wenn nur die Bedeutung der Frage wirklich erkannt und wenn eine ernste Arbeit darauf verwendet wird.

Die Verwendung und der Gebrauch der Materialien bildet eine andere Fehlerquelle vieler Verwaltungen. Der Untersuchungsausschuß hat hierüber bezeichnende Beispiele angeführt in bezug auf die benutzten Gebäude, Fahrzeuge und die Büromaschinen. Die in dieser Hinsicht vorgeschlagene Verbesserung soll durch eine bessere Organisation, die wirtschaftlichere Verwendung solcher Materialien und Gebäude, sowie Transportmittel, die häufig sehr kostspielig sind, sichern.

2. Die Reform in organisatorischer Hinsicht

Der Prüfungsausschuß hat nicht versäumt, die verschiedenen Möglichkeiten von Ersparnissen und Verbesserungen im einzelnen hinsichtlich der Organisation zu untersuchen. Ihre Vielseitigkeit erklärt die Länge des zweiten Teiles des Berichtes. Es wurde erkannt, daß einfache Verbesserungen nicht genügen. Die ganze Struktur der Verwaltung muß einer Prüfung unterzogen werden. Die ursprüngliche Organisation, die im Jahre VIII nach der großen Revolution geschaffen wurde, muß durch eine Neubildung ersetzt werden, die das Ergebnis der Verwaltung berücksichtigt, die alle überflüssigen Ausgaben vermeidet, die Verwaltungen mit unzureichender Leistung beseitigt, die unnötige Verwendungsstufen aufhebt, die kleinere Büros zusammenlegt, die ferner eine allzu große Spezialisation durch Zusammenfassung gleicher Dienste aufhebt, die systematisch unnötige Formalismen feststellt usw. usw.

Sie umfaßt eine ganze Reihe von Kapiteln, von denen jedes einem Ministerium oder mehreren Ministerien gewidmet ist und die solche allgemeinen Regeln auf bestimmte Vorschläge und Verbesserungen anwendet.

In einigen Punkten sind die Vorschläge des Prüfungsausschusses nichts anderes als eine Anwendung früher schon versuchter Reformen. Wenn vorgeschlagen wird, manche Gerichtshöfe oder Schulen und Ausbildungsstellen, die wenig benutzt werden, aufzulösen, bewegt sich der Ausschuß auf derselben Linie, die schon früher in Aussicht genommen wurde. Was er neu vorbringt in diesem Punkt, das sind die Feststellungen und Tabellen über die Kosten und die zahlenmäßigen Erfolge der einzelnen Verwaltungsarbeit, die dauernd auf die Notwendigkeit von Verbesserungen hinweisen sollen.

Die Erhöhung der Wirtschaftlichkeit beruht ferner auf noch tiefergreifenden Reformen. Der Prüfungsausschuß hat auch darauf hingewiesen, daß überhaupt zuviel einzelne Verwaltungen vorhanden sind. Die Doppelarbeit und der Leerlauf, die so viele unnötige Kosten verursachen, sind nicht die einzigen Folgen einer zu weitgehenden Verteilung der Arbeit. In einigen Fällen kann durch eine Verbesserung der Organisation geholfen werden. Hierfür ist eine große Anzahl von Vorschlägen gemacht worden, jedoch läßt sich auf diesem Gebiet noch mehr erreichen. Z. B. sind in der landwirtschaftlichen Verwaltung zu viele örtliche Stellen mit Verbesserungen und Lehrtätigkeit, auch Verbreitung von technischen Fortschritten befaßt. Die Pferdezucht und Forstverwaltung sind andere Beispiele. Es wird eine Neuorganisation der Forstverwaltung vorgeschlagen. Das gleiche gilt im Erziehungswesen, im Gesundheitswesen und in den Mitteln, die hinsichtlich der Bevölkerungspolitik angewendet werden.

In derselben Weise sind Vorschläge für eine bessere Verteilung der Arbeit in verschiedenen Ministerien gemacht worden.

Allgemein gesprochen will der Ausschuß nicht eine starre Organisation durch eine ebenso starre ersetzen. Er sieht vielmehr in einer dauernden Fortsetzung des Strebens nach Verbesserungen einen richtigeren Weg.

3. Reform einiger Verwaltungszweige

In dieser Hinsicht wird eine Vereinfachung vor allem bei der Finanzverwaltung vorgeschlagen. Die Buchführung, die Abrechnung und die Prüfung darf nicht umständlicher werden, sondern muß dauernd auf Vereinfachungen Rücksicht nehmen.

Ganz besonders notwendig erscheint die Herabsetzung der Kosten für Wiederaufbau. Die finanziellen Lasten für die neuen Bauten sind so groß, daß der Ausschuß hierauf ganz besonders eingehen mußte. Zweifellos müssen Einrichtungen getroffen werden, um Überzahlungen wirkungsvoll zu vermeiden, um allzu hohe Anforderungen und allzu weitherzige Lieferungsverträge in geeigneter Weise auf das Notwendige zurückzuführen. Hier ist es mitunter die Gesetzgebung selbst, die genauere Untersuchungen und ein vorsichtigeres Verfahren behindert. Die Bestimmung z. B., daß beim Wiederaufbau einer während des Krieges zerstörten Fabrik ohne weiteres der Wert eines vollständigen Neubaues in Rechnung gestellt wird, wobei höchstens ein Abzug von 20 % wegen Überalterung der zerstörten Gebäude zugelassen ist, geht offenbar zu weit.

Jedenfalls kann man annehmen, daß die genaue Darstellung der Lage und die Feststellung überflüssiger Ausgaben allmählich zu Verbesserungen führen wird. Je genauer man die Lage feststellt, desto mehr ergibt sich, daß tiefgreifende Reformen notwendig sind, wie sie der Ausschuß fordert.

Die gleiche Bemühung um größere Wirtschaftlichkeit hat den Ausschuß veranlaßt, in einem weiteren Teil seines Berichtes, dem dritten seiner Art, festzustellen, welche Erfolge auf Grund seiner bisherigen Tätigkeit bereits erreicht wurden. Das Ergebnis ist, daß vieles bereits erreicht wurde, daß aber noch mehr in der Zukunft zu leisten bleibt.

Die Kontrolle der öffentlichen Ausgabenwirtschaft

Von Ursula K. Hicks, M. A. Nuffield College, Oxford[1]

Für die Staatsbürger einer jeden Regierungsform ist es selbstverständlich von wesentlicher Bedeutung, dafür zu sorgen, daß die Ausgabenwirtschaft der öffentlichen Hand richtig geordnet ist. Man kann noch weitergehen und sagen, daß auch eine jede Art von Regierung in ihrem eigensten Interesse Sorge tragen sollte, daß ihre Ausgabenwirtschaft gut überwacht wird. In einer Demokratie liegt das auf der Hand. Aber auch eine absolute Regierung, die diese elementare Vorsicht nicht walten läßt, wird früher oder später herausfinden, daß sie aus Mitteln der Allgemeinheit in Gang gehalten wird. Sie muß dann mit drastischen Maßnahmen ihr Haus in Ordnung bringen, wenn sie an der Macht bleiben will.

Die Kontrolle der Ausgaben kann nun auf drei verschiedene Arten ausgeübt werden, die nicht alle gleichermaßen für eine jede Art von Volkswirtschaft geeignet sind. Das hängt ab 1. von der Größe des öffentlichen Sektors (und damit seiner Fähigkeit, eine umfassende Kontrolle auszuüben), und 2. von dem Vorhandensein oder dem Fehlen des Wunsches nach einer positiven Regierungspolitik.

Wir können also drei Arten der Kontrolle unterscheiden:

An erster und grundlegender Stelle steht in jeder Staatsform die Kontrolle der Rechnungslegung. Sie erfordert Einrichtungen, die sicherstellen, daß einerseits das für einen bestimmten Zweck bereitgestellte Geld nicht je nach Belieben der Verwaltung für einen anderen Zweck verwendet wird, und daß andererseits keine Unterschlagungen seitens der für die Ausgaben Verantwortlichen vorkommen.

An zweiter Stelle steht die Kontrolle der Wirtschaftlichkeit. Ihr Ziel ist es, zu gewährleisten, daß die Fonds in der wirtschaftlichsten Weise zur Durchführung von bereits beschlossenen Maßnahmen verwendet werden.

An dritter Stelle kommt die volkswirtschaftliche Kontrolle. Sie hat dafür zu sorgen, daß in einer Volkswirtschaft der Gesamtaufwand für gegenwärtige und zukünftige Bedürfnisse — über laufende Rechnung und über den Kapitalmarkt — nicht die Mittel übersteigt, die für diese beiden Zwecke jeweils verfügbar gemacht werden können.

---

[1] übersetzt von Frau Dr. U. Schroth

Nicht jede Staatsregierung hat offiziell die Verantwortung für die volkswirtschaftliche Kontrolle übernommen. In jedem fortschrittlichen Land jedoch (und ebenso in einer Reihe von keineswegs fortschrittlichen Ländern) werden die Regierungen wahrscheinlich heute in mehr oder weniger großem Ausmaß erkennen, daß sie indirekt für die Aufrechterhaltung der Stabilität einer kaufkräftigen Nachfrage sowie eines hohen Beschäftigungsstandes verantwortlich sind.

Diese Verantwortlichkeit wurde beispielsweise offiziell von der britischen Regierung mit dem Weißbuch der Nationalen Regierung von 1944 über Vollbeschäftigung und von der Bundesregierung der Vereinigten Staaten mit dem Gesetz von 1946 über Vollbeschäftigung übernommen. Seit Kriegsende ist die britische Regierung praktisch über dies hinausgegangen. Sie hat es übernommen, eine optimale Verwendung aller Hilfsquellen als Instrument für eine Politik der Entwicklung wie auch der Stabilität zu gewährleisten.

Die Kontrolle der Rechnungslegung wie auch der Wirtschaftlichkeit sind beide auf Länder- bzw. Gemeinde-Ebene ebenso zweckmäßig und notwendig wie auf Staatsebene. Dagegen ist die Wirtschaftspolitik im wesentlichen eine Aufgabe der Staatsregierungen, die allein Gesetzgebung und Überwachung im Hinblick auf die gesamte Volkswirtschaft ausüben können. Es ist jedoch wichtig, daß sich Länder- und Gemeindeverwaltungen ihrer Verantwortlichkeit in dieser Beziehung völlig bewußt sind — sonst können sie die Bestrebungen der Staatsregierung gänzlich zunichte machen.

Ein eindringliches Beispiel hierfür: Während der Depression zu Anfang der 30er Jahre durchkreuzte die Politik der einzelnen amerikanischen Bundesländer die auf eine Steigerung der kaufkräftigen Nachfrage durch zusätzliche Aufträge gerichteten Anstrengungen ihrer Bundesregierug dadurch, daß sie ihrerseits die Haushaltsausgaben senkten und somit die Gesundung der amerikanischen Volkswirtschaft verzögerten.

Es ist beachtenswert, daß die Kontrolle der Rechnungslegung ebenso wie die der Wirtschaftlichkeit eigentlich der teil-wirtschaftlichen (mikro-ökonomischen) Ebene entstammen. Sie gehen aus von einer detaillierten Untersuchung der einzelnen Gebiete und Arten von Haushaltsausgaben.

Diese Untersuchungen sollten natürlich auf die gesamte Volkswirtschaft ausgedehnt werden, jedoch genügen in der Regel auch Stichproben. Es ist ein Prüfstein für die Wirksamkeit der Kontrolleinrichtungen, wenn diese Stichprobenuntersuchungen indirekt eine zutreffende Darstellung des Ganzen abgeben. Dagegen geht die volkswirtschaftliche Kontrolle von der gesamtwirtschaftlichen (makro-ökonomischen) Ebene aus. Sie hat sich in erster Linie mit der Höhe von öffentlichem und privatem Verbrauch, von Spareinlagen und geplanten Investierungen zu befassen, die für die Größe des Volkseinkommens dem Geldwert nach bestimmend sind. Die volkswirtschaftliche Kontrolle kann jedoch nur wirksam sein, wenn sie ihre Wurzeln auch hinab bis in die teilwirtschaftliche (mikro-ökonomische) Ebene senkt und hier etwa Untersuchungen anstellt über die Anforderungen von bestimmten Arten von Haushaltsmitteln, oder über die Auswirkungen von bestimmten Steuern, die in gleicher Weise wichtig sind für solche Untersuchungen — ferner über das Ausmaß, in dem Schatzanweisungen unmittelbar zur Kapitalbildung oder nur zur Erhöhung der Kassenbestände benutzt werden.

Als erste Art einer Haushaltskontrolle fand natürlich die Kontrolle der Rechnungslegung Beachtung. Sie ist, wie bereits gesagt, für jede Regierungsform wesentlich. Die Kontrolle der Rechnungslegung erhält jedoch eine besondere Bedeutung, wenn der volkswirtschaftlichen Kontrolle ein starkes Gewicht beigemessen wird — d. h., wenn die Regierung schwierige Aufgaben der Staatspolitik übernimmt —, denn man kann unmöglich mit Pfunden den angestrebten Erfolg erzielen, wenn man die Pennies nicht bereits unter Aufsicht hat. So kann z. B. Nachlässigkeit bei der Bewilligung von Haushaltsmitteln bewirken, daß der öffentliche Haushalt einmal volkswirtschaftlich unangemessen hoch ist, und daß er zum andern unwillkommene oder unbeabsichtigte Auswirkungen erzielt.

Zweifellos ist eine volkswirtschaftliche Kontrolle viel leichter in einem Einheitsstaat als in einem Bundesstaat zu erreichen. Trotzdem sollten die Schwierigkeiten ihrer Durchführung in einem Bundesstaat nicht überschätzt werden, sofern zwischen Bund und Ländern eine verständnisvolle Zusammenarbeit besteht. Auch zwischenstaatliche gemeinsame Einrichtungen können zu diesem Zweck entwickelt werden. Klassische Beispiele derartiger Einrichtungen sind der Australische Anleiherat (Australian Loan Council) — der für genehmigte Zwecke die bewilligten Gesamtmittel den einzelnen Bundesländern zuteilt — sowie der Bewilligungsausschuß (Grants Commission), der die Anweisung von Zahlungen durch das Bundesschatzamt an die Bundesländer verfügt. Im allgemeinen wird auch die volkswirtschaftliche Kontrolle sehr erleichtert, wenn normalerweise das Bewilligungssystem von der Zentralregierung an die Bundesländer läuft.[1] Dies ist durch kanadische Erfahrungen besonders gut beleuchtet worden, die ebenfalls zeigen, wie wichtig die Wahl eines zweckmäßigen Bewilligungsverfahrens ist. Es ist ferner sehr wünschenswert und vielleicht von wesentlicher Bedeutung, daß die Regierung eines Bundesstaates die oberste Kontrolle — nicht notwendigerweise auch die ausschließliche Rechtsprechung — über Einkommen- und Gewinnsteuern ausübt.

[1] Siehe D. N. Chester, Central and Local Government, Financial and Administrative Relations.

Die Kontrolle der Wirtschaftlichkeit sowie die volkswirtschaftliche Kontrolle werden beide sehr erleichtert, wenn die politischen Grundeinrichtungen gleichartig sind. In diesem Zusammenhang möchte ich zwei Einrichtungen herausstellen, die in Großbritannien entwickelt und von da auf alle britischen Länder übertragen wurden.

Es ist dies erstens die Kabinettregierung, die bis zum letzten Ressort ihren Einfluß auf die Gesetzgebung geltend machen kann, und die nicht nur für die Einführung unpopulärer Maßnahmen verantwortlich gemacht werden kann, sondern auch für deren Folgen auf lange Sicht. Das Kabinettsystem, wie es in einigen anderen Staaten verstanden wird, ist hiervon natürlich verschieden. In den USA ist es beispielsweise sehr schwer, ein gegen-inflatorisches Budget unversehrt durch den Kongreß zu bringen, weshalb die Feststellung nicht überrascht, daß sich die US-Staatsschuld zwischen beiden Weltkriegen verdoppelt hat.

An zweiter Stelle möchte ich in diesem Zusammenhang die parlamentarische Regel nennen, die es jedem Abgeordneten außerhalb der Regierung unmöglich macht, Haushaltsausgaben zu beantragen, welche die Erhebung von zusätzlichen Steuern erfordern würden. Dies ist ein sehr wichtiger Schutz, denn, da die Regierung bereits ihren Ausgabenplan mit den ihr angemessen erscheinenden Steuern in Einklang gebracht hat, wird sie kaum zu überreden sein, den Voranschlägen in letzter Minute noch Nachträge einzufügen.

In Großbritannien dürften die Voraussetzungen für eine Ausgabenkontrolle in vieler Hinsicht ungwöhnlich günstig sein. Wir sind nicht nur ein Einheitsstaat, sondern während der letzten 25 Jahre bestand in der Verwaltung eine wachsende Neigung zur Zentralisierung. Die Gemeindebehörden sind jetzt bei der Bewilligung von Haushaltsmitteln stark abhängig von der Zentralregierung, und zwar im Interesse einer wohlerwogenen Politik von ausgleichenden Leistungsnormen, die dem ganzen Land zugute kommt. Nach 1945 wurden wichtige öffentliche Dienste, wie Elektrizität, Gas, Straßenbahnen und Autobusse aus der Zuständigkeit der Gemeindebehörden in große nationale Versorgungsbetriebe übergeführt. Diese Veränderungen sind keineswegs ein reiner Segen; durch den teilweisen Verlust der finanziellen Selbständigkeit seitens der Gemeindebehörden sind wir vielmehr in beträchtlicher Gefahr, einen wertvollen politischen Bestandteil einer verantwortungsbewußten Demokratie zu verlieren. Aber immerhin wird dadurch die volkswirtschaftliche Kontrolle der Haushaltsausgaben wesentlich erleichtert.

Großbritannien hatte ferner das Glück, daß der lebenswichtige Apparat für die Kontrolle der Rechnungslegung bereits sehr früh — im dritten Viertel des 19. Jahrhunderts — von dem unvergleichlichen Finanzminister Gladstone begründet worden war. Sicher verdanken wir es dieser langen Tradition strenger Regelmäßigkeit, wenn wir volles

Vertrauen in die Sauberkeit und Unbestechlichkeit auf allen Stufen des Staatsdienstes setzen können. Ohne diese Tradition hätten wir die langen Jahre der Überwachung und Rationierung nicht ohne das Aufkommen eines Schwarzmarktes überstehen können. Es genügt jedoch nicht, lediglich einen Kontrollapparat zu schaffen und dann zu erwarten, daß er ohne jede Änderung unbegrenzt weiterläuft. Er bedarf vielmehr einer fortlaufenden Anpassung, um neuen Vorhaben und Leistungen im öffentlichen Sektor Rechnung zu tragen. Insbesondere hat die Bedeutung der Öffentlichen Hand in der Volkswirtschaft einen ungeheuren Umfang angenommen, wodurch viele neue Probleme entstanden sind. So verschlingt die Öffentliche Hand jetzt 42 v. H. des Volkseinkommens, und sie ist zu etwa 49 v.H. an der Bruttokapitalbildung beteiligt — wogegen in der Zeit zwischen beiden Weltkriegen der öffentliche Sektor nicht mehr als 25 v. H. des Volkseinkommens in Anspruch nahm.[2] Es scheint, daß einige dieser Probleme, wenn auch keineswegs alle, einer Lösung entgegengehen.

Bevor der Apparat der Ausgabenkontrolle einer näheren Prüfung unterzogen wird, ist im voraus auf einen Punkt besonderer Nachdruck zu legen. Es ist oft und zu Recht gesagt worden, daß „Haushaltsausgaben von der Politik abhängen". In Großbritannien können vielleicht mehr als in den meisten Ländern alle großen und bedeutungsvollen Veränderungen in der Höhe der öffentlichen Haushaltsausgaben auf ausgesprochen politische Entscheidungen zurückgeführt werden. Gegen solche politischen Entscheidungen ist der normale Kontrollapparat machtlos.

Unser traditioneller Schutz vor der Annahme von unausführbaren oder sehr teuren politischen Entscheidungen liegt — abgesehen von den Debatten über Gesetzesvorlagen zur Schaffung neuer öffentlicher Einrichtungen — in der knapp bemessenen Zeit für die Verhandlung von Haushaltsvoranschlägen über „Gelder, für die das Parlament verantwortlich ist", die in das Budget und das Haushaltsgesetz (Appropriation Act) aufgenommen werden sollen. Die sehr umfangreichen, detaillierten Voranschläge werden im dritten Viertel des Finanzjahres von den Ministerial-Abteilungen (Departments) in Verbindung mit dem Finanzministerium (Treasury) aufgestellt. Im letzten Viertel werden sie dem Parlament vorgelegt und im „Ausschuß des gesamten Hauses" (bekannt als Haushaltsausschuß) an 34 „Haushaltstagen" (Supply Days) verhandelt; diese Tage müssen vor Ablauf des 4. Monats des Finanzjahres, auf das sich die Voranschläge beziehen, abgewickelt sein. Voranschläge, die bis zu diesem Zeitpunkt nicht verhandelt wurden, gelten automatisch als angenommen.

Das britische System der Ausgabenkontrolle ist also nicht mit den öffentlichen Verhandlungen des Amerikanischen Abgeordnetenhauses

[2] Siehe National Income and Expenditure, 1946 bis 1951.

und des Senats vergleichbar. Das amerikanische System wurde nämlich mehr zur Kontrolle der Rechnungslegung eingerichtet als zur politischen Kontrolle, für welche ein Sonderausschuß (Select Committee) in beratender Eigenschaft eindeutig zuständig ist.

Seit Kriegsende sind in Großbritannien eine Reihe von politischen Entscheidungen getroffen worden, die, wie es die Amerikaner nennen, „offen gelassene" (open ended) Haushaltsausgaben zur Folge hatten. D. h., es wird eine grundsätzliche Entscheidung gefällt, nach der eine bestimmte politische Linie zu verfolgen ist, ungeachtet der Tatsache, daß — sofern bestimmte, keineswegs unwahrscheinliche Ereignisse eintreten — die Regierung sich zusätzlichen Ausgaben gegenübersehen wird, die sie weder überwachen noch ablehnen kann, ohne ihre ursprüngliche Entscheidung umzustoßen. Typisch hierfür waren die neu eingeführten Ausgleichszuweisungen (Equalisation Grant), die an Gemeindebehörden mit unterdurchschnittlichen Mitteln bewilligt wurden. Der Zuweisungsbetrag errechnete sich für jede Gemeindebehörde aus ihren gesamten Haushaltsausgaben, multipliziert mit dem Betrag, um den ihre Mittel unter dem Durchschnitt lagen. Der vom Finanzministerium bereitzustellende Gesamtbetrag hängt mithin von den Entscheidungen der Gemeindebehörden ab und steht außerhalb der Kontrolle durch Regierung und Parlament.

Weit bedeutungsvoller der Höhe der erforderlichen Mittel nach war der Beschluß, die während des Krieges eingeführten Lebensmittel-Subventionen weiterzuzahlen, und zwar noch lange nach Beendigung der Kampfhandlungen. Als die Vorlage hierfür auf 4 v. H. des Volkseinkommens stieg, bekam es die Regierung mit der Angst, so daß diese Politik schrittweise aufgegeben wird. Am meisten „offen gelassen" war die Einführung des allgemeinen, kostenlosen Gesundheitsdienstes. Auch in diesem Fall mußte der Beschluß nachträglich durch die Einführung von kleinen Gebühren für bestimmte Leistungen abgeändert werden, was jedoch gleichfalls erst geschah, als der Gesundheitsdienst 4 v. H. des Volkseinkommens verschlang.

Ohne Zweifel ist der normale Kontrollapparat ebenso wie das Verfahren der Haushaltsbewilligung gegenüber „offen gelassenen" Ausgaben praktisch machtlos, wenn einmal die politische Entscheidung gefallen ist. Trotzdem könnten Einrichtungen geschaffen werden, die es der Regierung zur Auflage machen, für die einen bestimmten Betrag überschreitenden Kosten von neuen Arbeitsvorhaben und Dienstleistungen einen begründeten Voranschlag aufzustellen und zu veröffentlichen. In Indien wird etwas Derartiges bereits praktisch durchgeführt.

Immerhin ist das britische Verfahren der Haushaltsbewilligung keineswegs völlig außer stande, der Politik Zügel anzulegen. Vielmehr hat das Parlament kürzlich erst seine Geschäftsordnung geändert, um sich mehr auf allgemeine politische Fragen konzentrieren zu können, wie etwa die Gehälter in bestimmten Stufen des öffentlichen Dienstes oder Bezinzuteilungen an Regierungsstellen. Solche Parlamentsverhandlungen können einmal direkte Wirkungen haben, zum anderen können sie den Weg aufzeigen zu genaueren Nachprüfungen durch den normalen Kontrollapparat.

Dieser Schutz des Parlaments gegen unbedachte politische Entscheidungen wird schon von vornherein (ex ante) bei den Haushaltsvoranschlägen ins Auge gefaßt. Die vollständigen, geprüften Abrechnungen werden ebenfalls dem Parlament vorgelegt, jedoch werden sie nicht ausführlich (in extenso) durchgesprochen. Eine wichtige Frage bei der Ausgabenkontrolle ist es, wann diese Kontrolle im Verlauf von Planung und Verwendung am wirksamsten ausgeübt werden kann. Ein scharfer Unterschied wird oft zwischen der Voraus-Kontrolle der Voranschläge und der nachträglichen Kontrolle der Ausgaben, z. B. durch Rechnungsprüfung, gemacht. Diese Unterscheidung ist zweifellos grundlegend — jedoch zeigt die Entwicklung des britischen Kontrollapparates gegenwärtig eine gewisse Neigung, mit dieser Unterscheidung zu brechen und statt dessen die Kontrolle als einen fortlaufenden Prozeß anzusehen, von der ersten Vorbereitung der Voranschläge bis zu der abschließenden Stellungnahme zu dem Bericht des Rechnungshofes (Auditor General). Es wurden ernsthafte Vorschläge zur Vereinigung der beiden Parlamentsausschüsse (Estimates Committee und Public Accounts Committee) gemacht, die — wie wir später sehen werden — jeweils mit der vorherigen bzw. der nachträglichen Kontrolle befaßt sind. Dies würde jedoch ein Fehler[3] sein, weil einer nachträglichen Überprüfung etwas von einem Gericht anhaftet, wogegen eine vorherige oder laufende Untersuchung notwendigerweise einen beratenden Charakter trägt. Der Versuch, beides einem einzigen Ausschuß zu übertragen, könnte die Verantwortlichkeit derjenigen Beamten schwächen, die für die Durchführung der Haushaltsausgaben zuständig sind.

Im allgemeinen haben wir jedoch festgestellt, daß eine Kontrolle unwirksam ist, die nur einseitig auf den Vorgang der Planung oder der Verwendung von Haushaltsmitteln beschränkt bleibt. Es können nämlich sehr einleuchtende Begründungen für fehlerhafte Voranschläge gegeben werden, die noch keiner Prüfung unterzogen wurden. Im Gegensatz hierzu ist die Gewohnheit, die Stalltür erst dann zu schließen, wenn das Pferd ausgebrochen ist, bekanntermaßen unwirksam; das ist es aber gerade, worauf eine Rechnungsprüfung sozusagen post mortem hinausläuft! Wenn überdies die Ergebnisse dieses post mortem — wie es in der Regel geschieht — erst eine beträchtliche Zeit nach Tätigung

[3] Für seine Kritik zu diesem und anderen Punkten bin ich Herrn B. Gottlieb, S., einem Beamten des Ministeriums für Kraftstoffe und Energie, sehr zu Dank verpflichtet.

der Haushaltsaufgaben bekannt werden, dann wird ihnen wahrscheinlich weder auf administrativer noch auf legislativer Ebene irgend jemand viel Beachtung schenken. Aus diesem Grunde ist es wünschenswert, die Ausgabenkontrolle — so wie die Ausgaben selbst es ja sind — zu einem fortlaufenden Vorgang zu machen.

Wie gut oder schlecht ein bestehender Kontrollapparat arbeitet, hängt in hohem Maße von dem behördlichen Rahmen ab, in dem er seine Tätigkeit auszuüben hat. Vieles hiervon wird streng in der Verfassung festgelegt sein — es sei in diesem Zusammenhang etwa auf das Bestehen einer Kabinettsregierung verwiesen sowie auf das Fehlen oder das Vorhandensein eines Föderalismus. Einige der wichtigsten Einrichtungen leiten sich jedoch lediglich aus der Tradition her, weshalb sie einer Neuordnung zugänglich sein sollten. Ich halte einige von ihnen für so wichtig, daß ich sie kurz erläutern möchte.

1. Als erstes möchte ich betonen, wie wichtig es ist, ein umfassendes Jahresbudget für jede Regierungsstelle auf Staats-, Landes- oder Gemeindeebene zu haben. Dieses sollte alle Ausgabenposten umfassen, für die die betreffende Dienststelle verantwortlich ist. Ferner sollte es in einer klaren Gegenüberstellung die Ausgaben des abgelaufenen Finanzjahres sowie die dazugehörigen Voranschläge und die Ansätze für das neue Finanzjahr bringen.

Es scheint mir im allgemeinen erwünscht, daß der Haushaltsplan erst möglichst kurz vor Beginn des Finanzjahres vorgelegt wird. Denn wird er zu früh vorgelegt, dann sind weder die Zahlen für das auslaufende noch die für das neue Finanzjahr genügend stichhaltig, um die Grundlage für eine kritische Aussprache abzugeben. Wird der Haushaltsplan dagegen zu spät vorgelegt, dann entstehen auf der Hand liegende Schwierigkeiten für die Finanzlage der Behörde, bis die Voranschläge durchgebracht sind. In Großbritannien wird das Budget normalerweise schon etwa 2 Wochen nach Beginn des Finanzjahres vorgelegt, wobei die Ausgaben des abgelaufenen Finanzjahres und die des gerade begonnenen ausgewiesen werden. Immerhin läßt sich auch vieles zugunsten eines dreijährigen Haushaltsplanes sagen, wie er z. B. in Indien und den Niederlanden eingeführt ist. Dieser enthält nebeneinander die abgeschlossenen Ausgaben des Vorjahres, die berichtigten Voranschläge für das gerade endende Jahr und die neuen Vorschläge für das in Kürze beginnende Finanzjahr.

Zweck eines umfassenden Budgets ist es, zu gewährleisten, daß die gesamten Ausgaben und die gesamten Einnahmen einer jeden Regierungsstelle zusammen zu sehen sind. Das enthebt nicht der Notwendigkeit von Sonderbudgets, die die besonderen Ausgaben von anderen öffentlichen Einrichtungen, wie Körperschaften oder Stiftungen, enthalten. Es genügt jedoch, daß die Nettobeträge dieser Sonderbudgets in dem Staatsbudget zusammengefaßt sind, sofern die Sonderbudgets gleichzeitig ohne Schwierigkeiten eingesehen werden können.

Es ist überraschend, wie unterschiedlich in dieser Beziehung die Praxis in den verschiedenen Ländern ist. In Großbritannien haben wir eine hervorragende Tradition für ein zusammengefaßtes Staatsbudget. Als einziges Hauptbudget kommt das der Sozialversicherung hinzu — und das lediglich aus historischen Gründen. Der Abschluß der Sozialversicherung ist sehr einfach; er ist in dem Staatsabschluß enthalten, der vom Statistischen Zentralamt vorbereitet wird, und der gleichzeitig mit dem Budget vorliegt. Demgegenüber haben wir bisher noch nicht das Problem gelöst, wie die Haushaltspläne oder das Abrechnungswesen der neueren Einrichtungen im öffentlichen Sektor einzuordnen sind — so die Wirtschaftsunternehmen von Regierungsstellen, wie das Ernährungs- und das Handelsministerium und die nationalisierten Industrien.

In den Vereinigten Staaten scheint es zahllose Sonderbudgets von Dienststellen zu geben, die den Haushaltsabschluß sehr unübersichtlich machen, es sei denn bei ganz summarischer Zusammenstellung. In Frankreich sind die Verhältnisse noch verwirrender. Wahrscheinlich hat Schweden das beste System der Budgetvorlage. Dort faßt ein sogenannter „Kapitalhaushalt" die verschiedenen Fonds, für die die Regierung verantwortlich ist, zusammen.

2. An zweiter Stelle möchte ich die Bedeutung unterstreichen, die der Zusammenfassung der Finanzgesetzgebung eines Jahres in nur zwei Gesetzen zukommt. In Großbritannien geschieht dies äußerst wirksam durch das Bewilligungsgesetz (Appropriation Act) auf seiten der Haushaltsausgaben, und durch das Finanzgesetz (Finance Act), das die Steuereinnahmen zusammenfaßt. Wenn Haushaltsausgaben und Steuern einzeln in einer Reihe von Gesetzen beschlossen werden — wie es z. B. in den Vereinigten Staaten geschieht —, ist keine Gewähr gegeben, daß das richtige Gleichgewicht zwischen Ausgaben und Einnahmen im Sinne der volkswirtschaftlichen Kontrolle hergestellt wird, oder — was oft ebenso wichtig ist — daß dieses Gleichgewicht innerhalb des richtigen Zeitabschnittes erreicht wird.

In Großbritannien haben wir schon zur Tradition gewordene Vorkehrungen getroffen, die dieses Ergebnis gewährleisten. Erstens muß die überragend wichtige Einkommensteuer jedes Jahr erneut beschlossen werden. Geschieht dies nicht termingerecht, so würden die Öffentlichen Dienste zum Stillstand kommen, da der Präsident des Rechnungshofes (Comptroller and Auditor General) keine Vorschußanweisungen des Chefs der Auszahlungsbehörde (Paymaster General) gegenzeichnen würde. Hieraus folgt zweitens, daß die Regierung die Haushaltsdebatte über Ausgaben und Einnahmen schließen kann, damit die zwei Gesetze innerhalb der ersten vier Monate des Finanzjahres, für das sie gelten, beschlossen werden. Bis zu diesem Termin — jedoch nicht länger — sichern einfache Vorschriften die nötigen Mittel zur Aufrechterhaltung der Öffentlichen Dienste.

Natürlich können Nachtragshaushalte im Laufe des Jahres erforderlich werden, um veränderten Verhältnissen Rechnung zu tragen. Es kann wohl notwendig sein, diese im Sinne der volkswirtschaftlichen Kontrolle zu bewilligen; sehr viel öfter jedoch sind Nachtragshaushalte die Folge davon, daß nicht von vornherein mit der nötigen Sorgfalt verfahren wurde, und in diesem Falle sollten sie natürlich abgelehnt werden.

3. Als drittes möchte ich die Notwendigkeit eines umfassenden, einheitlichen Abschlußschemas für alle mit gleichartigen Arbeiten befaßten Kreise unterstreichen — also einerseits für die Verwaltung, andererseits für Handel und Industrie. Dies würde natürlich nicht den Gebrauch von zweckmäßigen, unterschiedlichen Abschlußmethoden für die verschiedenen Zweige der Volkswirtschaft ausschließen — z. B. Kassenabschluß[4] für Verwaltungszweige und kaufmännischer Abschluß für den Handel. Für Zwecke der volkswirtschaftlichen Kontrolle ist es jedoch erforderlich, auch für alle öffentlichen Verwaltungen Abschlüsse mit einem einheitlichen Abriß zur Verfügung zu haben, die für Volkseinkommensberechnungen brauchbar sind — also auf der Basis des Zuwachses, das ist der Gewinn- und Verlustrechnung. Erst seit kurzem sind die Verwaltungszweige in Großbritannien hierzu in der Lage. Die nationalisierten Industrien machen ihre Abschlüsse nicht in völlig einheitlicher Weise, aber unter diesem Gesichtspunkt ist das nicht so wichtig, da sie alle für Volkseinkommensberechnungen gleichartig aufgegliedert werden können. Größere Probleme ergeben sich im Zusammenhang mit der wirtschaftlichen Betätigung von Verwaltungsstellen, wobei bisher auf der Ministerialebene noch kein zufriedenstellendes Ergebnis erzielt worden ist hinsichtlich der Frage: Kassenabschluß oder Gewinn- und Verlustrechnung, insbesondere im Hinblick auf die Behandlung von Kapitalkonten.

Wie immer das System der Rechnungslegung von Verwaltungsstellen sein mag, es muß ferner klare Vorschriften darüber geben, wie weit es dem Ermessen einer bestimmten Verwaltungsstelle überlassen ist, die für eine bestimmte Verwendung bewilligten Fonds einem anderen Zwecke zuzuführen, oder auch Fonds als Kassenbestände zu halten, die für die bewilligte Verwendung nicht benötigt werden. In Großbritannien sind die Vorschriften über die Übertragung von Haushaltsmitteln (virement) sehr streng. Eine Ausnahme bildet das Verteidigungsministerium, wo die zusätzlich gewährte Beweglichkeit wahrscheinlich den damit verbundenen Verlust an Kontrolle aufwiegt. In

[4] Zur Erörterung dieser Frage siehe: Hicks, S.R.: The Problem of Budgetary Reform.

gleichem Sinne müssen nicht verwendete Mittel am Ende des Finanzjahres grundsätzlich an das Finanzministerium zurückgegeben werden. In den Vereinigten Staaten sind die Verhältnisse offenbar freier und leichter. Ich kenne einen Fall, wo für das Auswärtige Amt bewilligte Mittel einer Universität — allerdings in Übersee — zum Bau einer Bücherei für deren volkswirtschaftliche Fakultät angeboten wurden. Wenn etwas Derartiges offen erlaubt ist, wird nicht nur die Ausgaben-a r t des Voranschlages verfälscht, sondern es wird auch äußerst schwierig, chronisch überhöhte Voranschläge der Verwaltungsstellen zu verhindern, die dem Wunsche entspringen, am Ende des Jahres etwas zum Jonglieren zu haben.

In gleicher Weise sollte das Abschlußverfahren klare Richtlinien für die Behandlung von sogenannten Nebeneinnahmen (Appropriations in Aid) geben: das sind Mittel, die einer Verwaltungsstelle aus der Öffentlichkeit oder von einer anderen Verwaltung zufließen (z. B. als Gebühren, Geldstrafen oder Dienstleistungen), und die zweckdienlich dazu benutzt werden sollten, die Kosten der betreffenden Verwaltungsstelle zu bestreiten. In den britischen Haushaltsplänen ist klar festgelegt, in welcher Höhe die Ausgaben von Verwaltungsstellen durch bewilligte Mittel oder durch Nebeneinnahmen gedeckt sind. Ein ähnliches Problem wird durch die Gewinne von Handelsdienststellen aufgeworfen. Wenn diese nicht als Nettogewinne ausgewiesen werden, findet man oft sehr schwer in den veröffentlichten Abschlußrechnungen Angaben darüber, ob überhaupt und mit welchen Nettobeträgen diese Dienststellen zu den Staatseinkünften beitragen. Ich habe festgestellt, daß das Fehlen einer genauen Rechnungslegung über Nebeneinnahmen und Nettogewinne von Handelsdienststellen sehr erheblich den Versuch erschwert, den Nettoausgaben- und -einnahmenstand von verschiedenen Ländern zu ermitteln, deren Haushaltsabschlüsse sonst durchaus befriedigend sind.

4. Als viertes möchte ich betonen, daß eine völlige Aufgabentrennung zwischen Haushaltsausgaben und deren Nachprüfung absolut notwendig ist. Das klingt so einfach, daß ich fast zögern würde, es zu erwähnen, wenn man nicht so überraschend häufig feststellen müßte, daß dieser Grundsatz falsch ausgelegt wird. Besonders auf Länder- und Gemeindeebene findet man in der Praxis, daß die gleichen Beamten sowohl für die Ausgaben als auch für die Prüfung — und damit gegebenenfalls die Aufstellung — der Abrechnungen verantwortlich sind. Gerade im Hinblick auf das System der Rechnungsprüfung ist ein hoher Grad von Zentralismus besonders erwünscht. Für die Zentralverwaltungen ist das leicht zu erreichen, wenn alle Einnahmen und Ausgaben durch eine einzige Abrechnungsstelle laufen. (Die Abrechnungsstelle des britischen sogenannten „konsolidierten Fonds“ — Consolidated Fund — bei der Bank von England ist hierfür ein Beispiel.)

In Großbritannien werden alle Abrechnungen der Zentralverwaltungen durch den Rechnungshof (Department of Exchequer and Audit) geprüft. Seine Errichtung im Jahre 1866 stellte eine der wichtigsten Reformen dar, durch die Gladstone die Grundlage für unser System der Ausgabenkontrolle legte. Das Ansehen dieser Behörde wurde von vornherein gesichert durch die bedeutende Rolle, die bei ihrer Errichtung das Finanzministerium (Treasury) spielte, das schon damals die äußerst wichtige Zentralbehörde für Finanzen und — leicht anachronistisch, wie man sagen muß — für Planung war. Das Ansehen wurde weiter gefestigt durch die Einsetzung des Leiters des Rechnungshofes als eines dem Parlament verantwortlichen Beamten, der als solcher nur durch einen übereinstimmenden Beschluß beider Häuser des Parlaments aus seinem Amt entfernt werden kann. Es ist interessant, daß in Indien trotz der föderativen Verfassung der Bundes-Rechnungshof auch für die Rechnungsprüfung der Länderhaushalte verantwortlich ist.

Man sollte hier vielleicht betonen, daß die für die Abschlüsse von Verwaltungsbehörden angewandte Methode der Rechnungsprüfung ihrer Art nach völlig verschieden von einer kaufmännischen Wirtschaftsprüfung ist; ebenso ist der Abschlußbericht des Leiters des Rechnungshofes ganz verschieden von dem eines Wirtschaftsprüfers. Auf der einen Seite ist die Rechnungsprüfung hauptsächlich eine Kontrolle von Kassengeschäften — nicht dagegen ein Versuch, die wirtschaftliche Lage der Behörde zu bewerten, die dafür ohne Bedeutung ist. Andererseits fühlt sich der Leiter des Rechnungshofes frei, die Aufmerksamkeit auf verschiedene Fragen der Finanzpolitik zu lenken — was er häufig tut —, und zwar in einer Weise, die für einen kaufmännischen Wirtschaftsprüfer unstatthaft erscheinen würde. Die Abschlüsse der Öffentlichen Gesellschaften, die die nationalisierten Industrien verwalten, werden durch kaufmännische Wirtschaftsprüfer geprüft, die von dem Minister des jeweils zuständigen Ministeriums ernannt wurden — das Ministerium für Brennstoffe und Kraft z. B. für Kohle, Elektrizität und Gas —, und diese Prüfungsberichte werden dem Parlament vorgelegt.

Nach Untersuchung der verschiedenen grundlegenden Hilfsmittel der Ausgabenkontrolle wollen wir uns dem Kontrollverfahren selbst zuwenden. Ich möchte mit der volkswirtschaftlichen Kontrolle beginnen und diese Frage zunächst abtun, weil das in Großbritannien angewandte Verfahren sehr neu und mehr versuchsweise gewonnen ist als jedes andere. Man muß auch sagen, daß bisher noch keine grundsätzliche Übereinstimmung besteht, welcher ständige oder doch langfristige Gebrauch aus dieser Einrichtung zu machen wäre. Trotzdem ist festzustellen, daß die für Zwecke der volkswirtschaftlichen Kontrolle entwickelten statistischen Grundlagen — die durch ständig erweiterte und vertiefte Querverbindungen zwischen Regierungsstellen sowie Öffentlichem Sektor und Privatunternehmungen fortlaufend verbessert werden — von bleibendem Wert sind, auf welches Ausmaß der volkswirtschaftlichen Kontrolle man sich auch schließlich einigen mag.

Während des Krieges gab es in Großbritannien eine sehr dichte, wirkungsvolle Kontrolle des gesamten Wirtschaftslebens der Nation. Bei Kriegsende wünschte die Labourregierung, einen guten Teil dieses Apparates weiter in Gang zu halten. Dies geschah erstens wegen der Unvermeidlichkeit von Rationierungsmaßnahmen, sowie von Prioritätszuteilungen in der Mangelwirtschaft der ersten Nachkriegsjahre, und zweitens wegen des ausdrücklichen Zieles, eine wirklich soziale Wirtschaftspolitik durchzuführen.

Man kam jedoch überein, daß es zweckmäßig sei, nach Beendigung des Notstandes eine Reihe von stark einschränkenden Kontrollen — so vor allem die umfassende Arbeitsmarktlenkung — nicht weiterzuführen. Die in dieser und anderer Hinsicht veränderte Lage — insbesondere die fortschreitende Nationalisierung der Grundstoff-, Kraft- und Transportindustrien — machte es bald augenscheinlich, daß beträchtliche Veränderungen in dem Kontrollapparat zu treffen waren. Nach vielen Versuchen mit der Ausarbeitung und Formulierung von Plänen ist jetzt eine ziemlich gleichbleibende Methode von statistischen Erhebungen für kurzfristige Wirtschaftsprognosen sowie für die Auswertung der Ergebnisse entwickelt worden. Allgemein gesprochen betreffen die Pläne drei Arten von wirtschaftlicher Tätigkeit:

I. Export und Import
II. Investitionen (öffentliche und private), und
III. Die Aufgaben der Zentralregierung einschließlich ihrer Verpflichtung, für wirtschaftliche Stabilität zu sorgen.

Den Planungsablauf stellt man sich in 4 Stufen vor:

1. Aufstellung eines Wirtschaftsplanes (Schätzung von Bedarf und Angebot, wie sie in den verschiedenen Sektoren und Industrien der Volkswirtschaft auftreten),
2. Aufstellung eines Entwicklungsprogramms (Planung und Entwicklungsprognose für jeden Sektor),
3. Wirtschaftslenkung (Planerfüllung oder Bemühungen, die Entwicklung in die gewünschte Richtung zu lenken), und schließlich
4. Auswertung der Ergebnisse — ein fortlaufender Vorgang, der häufige Anpassung der Pläne und Prognosen erfordert.

Das am Anfang des Krieges errichtete Statistische Zentralamt ist verantwortlich für die Aufstellung von Schätzungen des Sozialproduktes (Estimates of National Income and Expenditure), sowie für die Volkswirtschaftlichen Gesamtrechnungen (Social Accounts), die — soweit sie geschätzt werden können — die wirtschaftliche Lage der gesamten Volkswirtschaft gegenüber der übrigen Welt ebenso darlegen, wie die Einkommensströme zwischen den volkswirtschaftlichen Sektoren, und die Aufteilung der Investitionen. Die Wirtschaftsabteilung der Kabinetts-Ministerien, die zur selben Zeit wie das Statistische Zentralamt errichtet wurde, ist in der Hauptsache für den Wirtschaftsbericht (Economic Survey) verantwortlich, der den Fortschritt auf wirtschaftlichem Gebiet verzeichnet und eine allgemeine Voraussage der wirtschaftlichen Entwicklung versucht. Diese beiden Dokumente (die Schätzungen des Sozialproduktes und der Wirtschaftsbericht) erscheinen jährlich im Frühjahr zur selben Zeit, wenn der Haushaltsplan vorgelegt wird. Das Statistische Zentralamt ist für die Zusammenfassung und Veröffentlichung der statistischen Unterlagen für die Planung verantwortlich, obgleich das eigentliche Zahlenmaterial direkt von den betreffenden Ministerien stammt — nämlich von dem Handelsministerium, dem Versorgungsministerium, dem Ministerium für Rohstoffe, dem Ministerium für Brennstoffe und Kraft, dem Ernährungsministerium, ferner von den 3 „Sozialministerien" für Arbeit, für Gesundheit und für Wohnungswesen, und schließlich von dem Aufbauministerium. Bei ihnen handelt es sich um Zahlenmaterial für „reale" Vorgänge, wogegen das Finanzministerium Zahlen über „unsichtbare" Vorgänge und Finanztransaktionen liefert, einbegriffen klare Schätzungen über Sparabsichten, die es zu verwirklichen lohnen würde. Diese zusammengefaßten Unterlagen werden sodann von sachverständigen Zentralausschüssen der Ministerialebene beraten und soweit wie möglich zu einem zusammenhängenden Ganzen vereint.

Hinsichtlich der Investitionen in den nationalisierten Industrien und in denjenigen Industrien des privaten Sektors, die nur von einem oder von wenigen Unternehmen beherrscht werden, können verhältnismäßig genaue Prognosen gestellt werden, zumindest solange, wie die entscheidenden Grenzen dieser Prognosen mehr auf der Angebotsseite (wegen unzulänglicher Rohstoffversorgung) als auf seiten der Nachfrage liegen. Es bleibt jedoch ein wesentlicher Sektor der Volkswirtschaft — einschließlich der nicht dem Wohnungsbau dienenden Unternehmen von Gemeindebehörden —, wo die Investitionsprognosen einer erheblichen Fehlerspanne unterliegen.

Auf letzterem Gebiet war es aber meist möglich, die Gesamtinvestitionen durch direkte Maßnahmen zu kontrollieren, insbesondere durch:

1. Zuteilung von Baulizenzen,
2. Kontrolle von Emissionen an der Börse durch den Ausschuß für Kapitalemissionen (Capital Issues Committee), oder
3. Importlizenzen für Dollar-Materialien.

In diesem Zusammenhang ist jetzt jedes Ministerium verantwortlich für das Gleichgewicht in seinem Einfuhrplan, wobei es seine eigenen Anforderungen mit den Anforderungen von Unternehmungen im Bereich seiner Zuständigkeit entsprechend abstimmen muß. Die letzte Aufgabe ist die Abstimmung des Zentralbudgets, das einen Ausgleichsfaktor für die gesamte Volkswirtschaft darstellt.

Zwei Erscheinungen in dem britischen Apparat der Wirtschaftskontrolle sind beachtenswert.

1. Als erstes sind die Planung und ihre statistische Grundlage völlig interne Aufgaben der Verwaltung und der Regierung. Es gibt keine halbamtliche Organisation, wie das Niederländische Planungsbüro oder der Amerikanische Beratungsausschuß für Volkswirtschaft. Die britische Methode erleichtert wahrscheinlich die Übereinstimmung bei dem endgültigen Programm; sie hat aber den Nachteil, daß es für außenstehende Sachverständige schwierig oder unmöglich ist, die Schätzungen der Regierung zu prüfen und sodann einer Kritik zu unterziehen.

2. Zweitens gibt es — abgesehen von den Einzelprogrammen der nationalisierten Industrien — nichts von der Art eines langfristigen Planes. Die britische Planung ist im wesentlichen kurzfristig. Ausfuhr und Einfuhr sind durch Pläne gelenkt, die alle 6 Monate festgelegt werden, und das Zentralbudget ist gänzlich auf nur ein Finanzjahr beschränkt. Der Investitionsplan rechnet zwar mit einem 3jährigen Zeitraum, jedoch wird für das letzte dieser Jahre wenig mehr als eine Liste der mutmaßlichen Anforderungen seitens der verschiedenen Sektoren der Volkswirtschaft in Betracht gezogen. Es gibt also nichts in der Art eines allgemeinen Fünfjahresplanes, oder etwa einen so umfassenden Investitionsplan wie den Monnet-Plan in Frankreich.

Ich möchte abschließend noch betonen, daß — unabhängig von der Verwendung, die der inzwischen entwickelte Kontrollapparat künftig finden mag — das für ihn zusammengetragene statistische Material einen dauernden, noch ständig wachsenden Wert hat. Es ermöglicht der Regierung, eine wirksame Rolle bei der wirtschaftlichen Stabilisierung und bei der Ausgleichsfinanzierung zu spielen.

Wenn wir uns nunmehr der Betrachtung des gut eingespielten Apparates zur Kontrolle der Rechnungslegung sowie der Wirtschaftlichkeit zuwenden, so befinden wir uns auf einem weit sichererem Grunde. Ich glaube wohl, daß die hier entstandene britische Überlieferung mit in erster Linie dazu beigetragen hat, daß die volkswirtschaftliche Kontrolle so erfolgreich werden konnte, wie es der Fall war. Wie bereits ausgeführt, haben wir hier mit Kontrollen zu tun, die von der wirtschaftlichen Ebene ausgehen, die aber natürlich den gesamten Bereich der Regierungstätigkeit umfassen sollen. Diese zu Gladstones Zeit eingerichteten und dann fortentwickelten Kontrollen bewegen sich auf zwei Ebenen:

a) auf der Ebene der Verwaltung — ausgeübt durch Beamte der zentralen Finanzbehörden, in erster Linie des Finanzministeriums und des Rechnungshofes —, und

b) auf der Ebene der Gesetzgebung — durch die Untersuchungen von Sonderausschüssen des Abgeordnetenhauses, die dem Parlament Bericht erstatten. Diese Berichte bilden häufig die Grundlage von besonderen Aussprachen sowie von Kommentaren in der Presse.

Um mit der Kontrolle der Rechnungslegung auf der Verwaltungsebene zu beginnen, so scheinen mir feste Dienstanweisungen folgerichtig das erste Erfordernis zu sein. Es muß erreicht werden, daß die einzelne Diensthandlung — z. B. ein Dienst- oder ein Kaufvertrag — ihre Einmaligkeit verliert, um nicht für jede Verhandlung das Feilschen, wie auf einem orientalischen Basar, sowie vor Abschluß eine Entscheidung auf höchster Ebene erforderlich zu machen. Statt dessen müssen solche Verhandlungen nach im voraus gegebenen Anweisungen abgewickelt werden, z. B. sind für einen bestimmten Dienst X — Angestellte zu X — im Jahr erforderlich, oder für ein bestimmtes Projekt ist der durch Erfahrung bereits festgestellte geringste Betrag anzusetzen.

Beim Fehlen allgemeingültiger Regeln dieser Art besteht die Gefahr einer ständigen Erhöhung der Ansätze für Gehälter und zweitens der erheblichen Verzögerung durch das, was die Amerikaner „up and over and down" nennen, entsprechend etwa dem deutschen Ausdruck des „Tauziehens". Um in dieser Beziehung die Arbeit zu erleichtern, ist es sehr vorteilhaft, eine zentrale Personalabteilung zu haben, die für Personalausgaben mitverantwortlich ist, wie eine solche im englischen Finanzministerium (Treasury) besteht. Verhandlungen mit Organisationen der Angestellten und Beamten sind sehr nützlich. Die genannte Personalabteilung ist in Sektionen eingeteilt, die jeweils für verschiedene Verwaltungen einschließlich der der Wehrmacht verantwortlich sind. In dieser Hinsicht ist es wesentlich, klare Regeln über den Aufgabenbereich zu besitzen.

Ich gehe jetzt zu dem Gesichtspunkt der Ordnung in Einnahmen und Ausgaben oder der eigentlichen Kontabilität über. Das Ziel ist, die Sicherheit dafür zu erreichen, daß ordnungsmäßig ausgezahlt wird und weder Irrtümer noch Fehler vorkommen, so daß alle Angestellten oder Gläubiger für Leistungen regelmäßig und pünktlich bezahlt werden, damit die wirklich besten Persönlichkeiten gewonnen werden können. Ohne diese elementare Sicherung kann Korruption nicht vermieden werden. Es ist zu leicht, in den Pfennigen kleinlich zu sein und die Übersicht über die Taler zu verlieren. Ich möchte gerade die Methode erwähnen, die wir in dieser Hinsicht als zweckmäßig empfinden sowohl bei Ausgaben als auch bei der Überprüfung durch das Mittel von Verbindungsbeamten zwischen den Fachressorts und dem Finanzministerium.

Der Verbindungsbeamte hinsichtlich der Ausgaben ist der Haushaltsbearbeiter. Er ist in vollem Sinn ein Mitglied des Fachministeriums, dem er angehört. Gewöhnlich ist er der Chef seiner Abteilung, so daß im britischem System eine Fachabteilung definiert werden kann als eine Organisation mit eigenen Haushaltsbeamten. Aber seine Anstellung ist dadurch hervorgehoben, daß sie einer besonderen Zustimmung des Finanzministers bedarf. So besitzt er eine fortdauernde Verantwortlichkeit für die finanziellen Maßnahmen seiner Fachbehörde und weiß, daß ihm diese Verantwortlichkeit obliegt. Der Zweck der Einrichtung ist der, daß die Verantwortlichkeit klargelegt wird und daß das Finanzministerium dauernd in Verbindung mit der fortschreitenden Gebarung der Ausgaben steht. Das System beseitigt die Methode der pauschalen Bereitstellung von Mitteln für bestimmte Zeitabschnitte, wie es, soweit mir bekannt, in den Vereinigten Staaten üblich ist. Ein solches Verfahren kann nämlich niemals befriedigend arbeiten, weil notwendigerweise die Ausgaben dadurch ungleichmäßig über das Jahr verteilt werden. Die Einrichtung des besonders verantwortlichen Haushaltsbeamten (abgesehen von den seltenen Fällen einer Meinungsverschiedenheit mit seinem Minister, der ihn dann vorübergehend von seiner Verantwortlichkeit entbinden kann) ist jetzt in den Fachministerien der zivilen und der militärischen Verwaltung gut eingeführt. Es wäre wohl nicht zuviel gesagt, wenn man diese Einrichtung als den Angelpunkt des Kontrollsystems bezeichnet.

Ein entsprechendes Verfahren bei den verstaatlichten Unternehmen ist noch nicht ausgebildet. Jedoch ist auch dort nach den letzten Gerichtsentscheidungen die Verantwortlichkeit der leitenden Angestellten in finanzieller Hinsicht klargestellt.

Der Verbindungsbeamte für die Kontrolle befindet sich notwendigerweise in einer anderen Lage. Der größte Teil der Beamtenschaft des Rechnungshofs arbeitet dauernd in den Fachbehörden, deren Rechnungen geprüft werden, bleiben aber dem Rechnungshof unterstellt. Dies ist notwendig, um den Grundsatz der Teilung von Ausgaben und Prüfung aufrechtzuerhalten. Da die Haushaltsbearbeiter dauernd in Verbindung sind mit dem Finanzminister und die Prüfungsbeamten dauernd in Verbindung mit der Fachbehörde sind, ist in der Praxis die Gebarung der Ausgaben und damit die Grundlage für die Bearbeitung des Haushaltsplanes und die Prüfungstätigkeit in dauernder Wechselwirkung. Anders ausgedrückt, die Prüfung ist eine gleichzeitige und nicht erst post mortem. Dieses Verfahren macht es unnötig, die Rechnungen und ihre Unterlagen zu verschicken, eine Umständlichkeit, die mit Recht von der Hoover-Kommission in Amerika getadelt wurde. Es ist aber die Frage, ob der weitere Vorschlag, die Rechnungsprüfer von der Zentrale loszulösen, zu dezentralisieren, ein besseres Ergebnis erbringen würde, wie es das britische System bietet.

Wenn ich nun übergehe zu der Rechnungsprüfung auf der Seite der Gesetzgebung, so ist sie in Großbritannien und in einigen Ländern des Commonwealth getroffene Einrichtung, wie früher ausgeführt,

Sache der Rechnungsausschüsse des Parlaments. Der Rechnungsausschuß (Rechnungsprüfungsausschuß) wurde 1861 eingerichtet, mithin 5 Jahre vor der Schaffung des Rechnungshofs, und bei seiner Geburt spielten der Ausschuß und das Finanzministerium die Rolle von Hebamme und Arzt. Der Ausschuß hat 15 Mitglieder, gewählt von den Parteien im Verhältnis ihrer Vertretung im Parlament. Der Rechnungshof hat von Beginn an ein nützliches, erfolgreiches und geachtetes Leben geführt, und dies gilt auch heute noch, obgleich seine Stellung in den letzten Jahren sich etwas verändert hat.

Der Erfolg des Rechnungsausschusses kann insbesondere 3 Umständen zugeschrieben werden: 1. der dauernden Unterstützung des Finanzministeriums, 2. dem Umstand, daß der Vorsitzende immer ein Mitglied der Opposition ist, in der Regel der Finanzminister oder Staatssekretär der letzten Wahlperiode. Dies ist höchst wichtig, um eine durchgreifende Prüfung zu erreichen. In Canada, wo die Regierungspartei den Vorsitzenden stellt, war die Arbeit des Prüfungsausschusses ein völliger Mißerfolg.[5] 3. Am allerwichtigsten ist die dauernde und enge Zusammenarbeit mit dem Rechnungshof, dessen Beamte wie Sekretäre des Rechnungsausschusses arbeiten. Die Untersuchungen des Rechnungsausschusses gelten ausschließlich solchen Fragen, die aus der Prüfungstätigkeit des Rechnungshofes hervorgetreten sind und die von ihm vorgelegt werden. Bei der öffentlichen Verhandlung stehen dem prüfenden Beamten oder Haushaltsbearbeiter nicht nur die Abgeordneten des Rechnungsausschusses, sondern auch die Beamten des Finanzministeriums gebenüber, eine sehr nützliche Zusammenarbeit.

Die erste Aufgabe des Rechnungsausschusses war es, Ordnung und Gleichförmigkeit in Rechnungen und Verträgen herzustellen. Dies war etwa 1886, also nach 25 Jahren einer ständigen Bemühung. Danach griff der Ausschuß schwierigere Fragen auf wie die Bewertung von Vorräten und Beständen bei den Fachbehörden. Bedauerlicherweise kann nicht behauptet werden, daß in dieser Beziehung ein zufriedenstellender Erfolg erreicht wurde, zumindest dann nicht, wenn man die schnell wechselnden Preise berücksichtigt.[6]

Zuerst versuchte der Ausschuß, die Rechnungen im einzelnen durchzusehen. Als die Rechnungen immer größeren Umfang annahmen, mußte solches unterbleiben. Auch war eine so ins einzelne gehende Arbeit von dieser Seite nicht notwendig, da inzwischen die Arbeit der Prüfungsbehörden sehr verbessert worden war. Seit 1921 hat der Rechnungsausschuß seine Aufmerksamkeit auf einen Teil der Ausgaben beschränkt. Für diese aber versucht er eine sehr eingehende Prüfungsmethode, ohne allerdings hierfür die geeignete Erfahrung zu besitzen. Obwohl der Ausschuß (P.A.C.) eine sehr geachtete Stellung hat, hat

[5] Siehe A. E. Buck, Financing Canadian Government.
[6] siehe Chubb, The Control of Public Expenditure.

man doch das Gefühl, veranlaßt durch die weniger große Aufmerksamkeit seiner Mitglieder in letzter Zeit, daß seine Arbeit von der Ordnungsprüfung übergeht zur Prüfung der Wirtschaftlichkeit. Es besteht aber nicht weniger als früher die Notwendigkeit der Sparsamkeit in jeder Hinsicht, und für diese ist die Arbeit des Rechnungsausschusses unentbehrlich.

Bevor ich zur Arbeit des Haushaltsprüfungsausschusses übergehe, möchte ich einige Ausführungen zur Kontrolle der Wirtschaftlichkeit auf der Ebene der Verwaltung machen. Ich glaube, daß hierfür weniger Möglichkeiten bestehen als für die Ordnungsprüfung, weil hier Maßnahmen der Sparsamkeit nahe an politische Entscheidungen grenzen, die das Vorrecht des Parlaments bilden. Auch ein Ausschuß des Parlaments kann nicht die Rechte des ganzen Hauses übernehmen. Er kann nur Bericht erstatten, wenn es sich um politische Entscheidungen handelt. So weit zu gehen, würde für Beamte nicht zulässig sein. Abgesehen von geringeren oder von weniger bedeutungsvollen Änderungen in der Art der Berichte des Rechnungshofes in Verbindung mit solchen des Rechnungsausschusses seit 1921 ist in letzter Zeit eine recht wichtige Entwicklung auf der Ebene der Verwaltung eingetreten: Die Einrichtung einer Abteilung für Organisation und Methode im Finanzministerium mit Verbindungsbeamten in den Fachministerien, deren Aufgabe es ist, die Verwaltungsmethode dauernd zu beaufsichtigen und zu beraten hinsichtlich möglichst wirtschaftlicher und sparsamer Methoden bei ihrer Geschäftsführung. Seit seiner Einrichtung während des Krieges hat diese Abteilung (die O- und M-Abteilung) die Fachministerien vor viel Verschwendung bewahrt.

Nach vielen Versuchen, die sich als unwirksam herausstellten, hat man jetzt in dem Haushaltsprüfungsausschuß ein neues Verfahren, das sich als wirksam erwiesen hat, gewählt. Dieses enstand erst 1947, hatte aber während des Krieges den Erfolg, eine Reihe von Verfahren auszuarbeiten, die jetzt in Gebrauch sind. Dieser Haushaltsunterausschuß wurde viel größer gestaltet als der Rechnungsprüfungsausschuß (34 Abgeordnete z. Z.) so daß er in Unterausschüsse eingeteilt werden kann, von denen jeder eigene Aufgaben übernimmt. Dadurch kann er 10mal soviel Untersuchungen anstellen als der Rechnungsprüfungsausschuß. Dieses System der Aufgabenteilung ist sehr wünschenswert.

Für den gegenwärtigen Ausschuß sind die „Schätzungen“ gleichbedeutend mit „laufenden Ausgaben“. Früher haben die Haushaltsprüfungsausschüsse deshalb keinen Erfolg gehabt, weil sie versuchten, zwischen der Vorlage und der Verhandlung im Parlament zu berichten, ein Verfahren, für das viel zuwenig Zeit gelassen ist. Der Ausschuß sieht jetzt zunächst eine Art dauernden Ausgabenstopps vor, und der Bericht ist mehr zeitnahe als die Berichte des Prüfungsausschusses, die normalerweise erst 2 Jahre nach der Ausführung der Ausgaben fertiggestellt werden.

Immerhin hat der Haushaltsprüfungsausschuß Schwierigkeiten zu überwinden, die dem Rechnungsprüfungsausschuß immer erspart geblieben sind. Der Rechnungsprüfungsausschuß genoß stets doppelten Vorteil von dem Bestehen des Prüfungsamtes im Ministerium. Dieses Amt stellte ein Sekretariat und es lieferte dem Ausschuß das Material. Bis vor kurzem hat der Haushaltsprüfungsausschuß kein Sekretariat gehabt. Der Ausschuß muß selbst herausfinden, welche Gegenstände er erfolgversprechend untersuchen will. Er arbeitet mehr laienhaft im Vergleich zu der volldurchorganisierten Arbeit des Rechnungsausschusses. Gelegentlich waren verschwenderische Maßnahmen so offensichtlich, daß die Gegenstände dem Ausschuß durch die Presse nahegelegt wurden. Aber es kann nicht erwartet und erhofft werden, daß dies häufiger geschieht.

Der Ausschuß hat versucht, die Frage seines Materials durch das System der Unterausschüsse zu lösen. Er ist geteilt in 7 Unterausschüsse, von denen der eine damit beauftragt ist, die Gegenstände für die Untersuchung auszuwählen und an die übrigen Unterausschüsse zu verteilen. Sobald jeder der Unterausschüsse seine Untersuchung beendet hat, wird der Bericht von dem ganzen Ausschuß geprüft, und der Ausschuß berichtet dann dem Parlament, das darüber verhandelt. Gewöhnlich wird er in der Presse ausführlich besprochen. Inzwischen wird das Steering committee einen neuen Fall für die Untersuchung zugewiesen haben, so daß keine Zeit verlorengeht. Es gibt nicht eine allgemeine Verteilung der Aufgaben auf die Unterausschüsse. Immerhin scheint üblich, daß ein Unterausschuß für die Dauer mit Angelegenheiten der Verteidigung befaßt ist, einem Gegenstand, bei dem die Untersuchungen für das Parlament besonders nützlich sein können. Ich glaube, daß wohl unsere Verwaltung unter besserer Kontrolle steht als die der meisten Länder, und für diesen Erfolg kann sich der Haushaltsprüfungsausschuß mit Recht einen großen Teil des Verdienstes anrechnen.

Diese Darlegung des britischen Verfahrens der Kontrolle der Ausgaben hat unvermeidlich alle mehr oder weniger erfolgreichen Kontrollen miterwähnt. Es ist klar, daß die Größenordnung des öffentlichen Sektors zunimmt und damit auch die Tätigkeit der Behörden wächst, sowohl hinsichtlich der Notwendigkeit als auch der Schwierigkeiten einer Kontrolle der Ausgaben. In Britannien haben wir in den letzten Jahren eine sehr große Ausdehnung sowohl hinsichtlich des Wesens als auch des Umfanges des öffentlichen Sektors erlebt; obwohl wir vielleicht einige nicht unerhebliche Änderungen der traditionellen Methode vorgenommen haben, um uns den neuen Verhältnissen anzupassen, ist die Entwicklung doch noch in keiner Weise abgeschlossen.

IV. Wirtschaftlichkeit

Wirtschaftlichkeit in der öffentlichen Verwaltung

Von Konrad Mellerowicz, Berlin-Charlottenburg

I. Allgemeines

Die Behandlung des Problems der Wirtschaftlichkeit in der Öffentlichen Verwaltung in einem kurzen Vortrag läßt wegen der Fülle der offenen Fragen nur zwei Wege zu:

der 1. Weg ist der der Behandlung von Teilproblemen in allen Einzelheiten. In Betracht kämen: das Rechnungswesen der Öffentlichen Verwaltung, seine Formen und seine Erkenntniskraft, insbesondere die Auswertung der Ergebnisse zu Zwecken der Disposition, der Organisation und der Erstellung von Richtzahlen für die Etataufstellung, oder: die Registratur der Öffentlichen Verwaltung, die Grundsätze ihrer Organisation, die Gliederung der Bearbeitungsvorgänge, Einheitsverzeichnis der Akten und ähnliches,

oder: Refa-Arbeit im Büro in ihrer Anwendung auf die Öffentliche Verwaltung und viele andere.

Der 2. Weg, der möglich ist, beschränkt sich auf das Grundsätzliche; er zeigt die Probleme auf und entwickelt wirtschaftliche Verfahren.

Den 2. Weg will ich gehen, zugleich mit der Absicht, Anregungen zu Forschungsarbeiten auf dem Gebiet der Wirtschaftlichkeit der Öffentlichen Verwaltung zu geben.

Die Wirtschaftlichkeit ist das oberste Gesetz der Betriebswirtschaft. Dieses Gesetz bestimmt das Verhalten des Betriebswirts in erster Linie. Seine Schulung geht vor allem dahin, ihm ein sicheres Gefühl für wirtschaftlichen Arbeitsvollzug, ein ausgesprochenes Störungsgefühl für Unwirtschaftlichkeit zu geben, in ihm gleichsam einen sechsten Sinn zu erzeugen für Ökonomität, Intensität und Produktivität der Werkverrichtung.

Anwendung fand dieses nach Wirtschaftlichkeit strebende Arbeiten vor allem im privaten Wirtschaftsbetrieb, den Kalkulieren, Organisieren und Kontrollieren auszeichnen, und der Unwirtschaftlichkeit, schon des scharfen Konkurrenzkampfes wegen, gar nicht ertragen könnte, wenigstens keine über den Branchendurchschnitt hinausgehende Unwirtschaftlichkeit. Der private Betrieb muß so aus Existenzgründen wirtschaftlich handeln, muß ständig nach wirtschaftlicheren Verfahren suchen und sie rechenhaft beweisen durch einen Verfahrensvergleich. Wirtschaften ist Wählen, Wählen ist Vergleichen, ist Werten und Bewerten. Zum Vergleichen gehört aber Rechnen, gehören jene Rechenverfahren mit höchster Erkenntniskraft, die der Betriebswirt aus sich heraus entwickelt hat, um das Gesetz zu erfüllen, nach dem er angetreten: das Gesetz der Wirtschaftlichkeit.

Ein Betrieb ist nun auch die Öffentliche Verwaltung; auch sie ist eine Veranstaltung zum Zwecke dauernder Werkverrichtung. Daher unterliegt auch sie dem Gesetz der Wirtschaftlichkeit, auch bei ihr kommt es auf wirtschaftlichen Arbeitsvollzug an, oder sie verbraucht mehr Mittel als nötig, verbraucht mehr Steuergelder, als sie vertreten kann. Wer aber fremdes Geld verbraucht, hat die Pflicht zur größten Sparsamkeit. Ähnlich ist es beim Bankier, der auch fremdes Geld verwaltet, der mindestens zu 90% mit fremdem Geld arbeitet. Er steht dafür auch im Rufe, der vorsichtigste Mensch zu sein. Er muß es auch sein, denn er verwaltet ja fremdes Geld und darf es daher nicht riskieren.

Der Mann der Öffentlichen Verwaltung verwendet auch nur fremdes Geld. Er müßte daher im Rufe stehen, der wirtschaftlichste, der sparsamste Mann zu sein. Aber in diesem Rufe steht er nicht, ganz im Gegenteil. So ökonomisch er mit seinem persönlichen Einkommen zu haushalten versteht, so wenig eignet der ganzen Institution, die wir Öffentliche Verwaltung nennen, diese Eigenschaft der Ökonomität, die aber doch ihre hervorstechendste sein müßte, natürlich neben der Korrektheit und der Wirksamkeit und Schnelligkeit der Durchführung der Arbeit.

Woran liegt das, daß man die Öffentliche Verwaltung geradezu mit Unwirtschaftlichkeit identifiziert, Bente[1] sie sogar eine organisierte Unwirtschaftlichkeit nennt? Und was müßte geschehen, um auch die Öffentliche Verwaltung wirtschaftlich zu führen?

Das sind die Fragen, an die ich als Betriebswirt herangehen möchte, als Vertreter jener Disziplin, deren Kernproblem die Wirtschaftlichkeit des Arbeitsvollzuges ist, aber auch die Wirtschaftlichkeit der Aufgabenstellung und des Disponierens; denn Wirtschaftlichkeit ist nicht nur ein technisches, sondern zugleich ein ökonomisches Problem.

Wirtschaftlichkeit verlangt ein Denken in Leistungen und Kosten: die Leistung muß mit minimalen Kosten erstellt werden, und gegebene Kosten müssen maximale Leistungen ergeben.

Das Denken in Leistungen und Kosten, nicht in Ausgaben und Einnahmen, wie in der Öffentlichen Verwaltung, besitzt nun seine Schwierigkeiten, weniger bei den Kosten, wohl aber bei den Leistungen. Kosten sind produktionsbedingter Güterverzehr, und mit den neuzeitlichen Methoden der Kostenrechnung sind sie relativ leicht zu messen. Leistung zu messen ist dagegen viel schwieriger, weil es häufig am Maßstab fehlt. Und wiederum liegt es bei der Gesamtleistung, dem absatzbereiten Betriebsprodukt, anders als bei den Teilleistungen in den

[1] Bente, H., Organisierte Unwirtschaftlichkeit, Jena, 1949.

einzelnen Kostenbereichen, vor allem in den Bereichen, die nicht, wie die Fertigungsabteilungen, am Werkstück arbeiten, also vor allem in der Betriebsverwaltung.

Die Gesamtleistung hat einen Maßstab: den Marktpreis, dem man die verursachten Gesamtkosten leicht gegenüberstellen und so die Wirtschaftlichkeit messen kann, durch die Verhältniszahl Ertrag: Kosten.

Bei den Teilleistungen liegt es anders: sie können an einem so guten Maßstab wie dem Preis nicht gemessen werden. Dies gilt vor allem von der Betriebsverwaltung, die, besonders in Großbetrieben, der Öffentlichen Verwaltung so ähnlich ist wie ein Ei dem anderen. Fast schien es eine Zeitlang, als ob der private Großbetrieb, der Großkonzern und die Großunternehmung, an der Unwirtschaftlichkeit der Verwaltung die Grenze seiner Größe finden würde, da wegen der betrieblichen Verwaltung die wirtschaftlich-optimale Betriebsgröße mit der technisch-optimalen nicht mehr übereinstimmte.

Diese Zeiten sind vorüber; man hat gelernt, auch mit dem Problem der großbetrieblichen Verwaltung fertig zu werden, und der Vorwurf der Unwirtschaftlichkeit ist verstummt. Die Verwaltung bestimmt nicht mehr die optimale Betriebsgröße.

Um so mehr fordern die Erfahrungen mit der Betriebsverwaltung zu Vergleichen mit der Öffentlichen Verwaltung heraus und schreien nach Anwendung gleicher arbeits- und kostensparender Methoden und nach gleichem wirtschaftlichkeitsbeherrschtem Denken und Disponieren.

Die Methode der Öffentlichen Verwaltung ist die bürokratische Methode der direkten Anweisung, der unmittelbaren innerbetrieblichen Lenkung, im Gegensatz zur indirekten, pretialen Lenkung, der Lenkung durch Wirtschaftlichkeitszahlen, wie sie der moderne private Betrieb an vielen Stellen, vor allem für die Leitungsfunktion so erfolgreich anwendet.

Zur bürokratischen Methode gehört die Linienorganisation, die Beamtenhierarchie, der Instanzenweg, die Kompetenzabgrenzung.

Was ist nun die Ursache für die Unwirtschaftlichkeit der Öffentlichen Verwaltung und ihrer Methode? Ist erst die Ursache der Unwirtschaftlichkeit erkannt, ist der erste Schritt zu ihrer Beseitigung getan.

II. Ursachen der Unwirtschaftlichkeit der Öffentlichen Verwaltung

1. Aus dem Wesen der Öffentlichen Verwaltung heraus.

Die bürokratische Öffentliche Verwaltung im eigentlichen Sinne ist durch das Anwachsen der Staatsaufgaben entstanden: in Ägypten im Zusammenhang mit der Regulierung der Wasserverhältnisse, in späteren Jahrhunderten mit der Schaffung stehender Heere und der damit verbundenen Finanzverwaltung. Schließlich führten die sozialen Aufgaben des Staates zu einem sehr starken Anwachsen der Staatsaufgaben und damit zu einer verstärkten Ausweitung der Öffentlichen Verwaltung.

Die bürokratische Verwaltung hat sich als die einzige und beste Möglichkeit erwiesen, die öffentlichen Ordnungsaufgaben zu meistern. Ihre technische Überlegenheit gegenüber anderen Verwaltungsformen beruht auf dem sachlichen Charakter ihrer Funktionsweise.

a) Es ist zunächst die Amtshierarchie und der Instanzenzug, die ein festgefügtes System von Über- und Unterordnungen schaffen und die Kontinuität der Öffentlichen Verwaltung sicherstellen. Der Betrieb der Öffentlichen Verwaltung — und das ist ein sehr charakteristisches Merkmal — hat nicht, wie der Privatbetrieb, nur durchschnittliche Lebensdauer. Er ist für die Ewigkeit gegründet und überdauert wirtschaftliche Katastrophen genau so wie Zusammenbrüche des Staatsregimes.

b) Aber nicht nur der Behördenaufbau ist festgefügt, dies gilt auch, und vielleicht in noch höherem Maße, von der Organisation des Arbeitsablaufs; auch sie ist weitgehend versachlicht. „Die moderne Amtsführung beruht", so schreibt Max Weber, „auf Schriftstücken (Akten) und auf einem Stab von subalternen Beamten und Schreibern aller Art". An die Stelle des konkreten Falles tritt der abstrakte Vorgang, an die Stelle der persönlichen Inaugenscheinnahme die sachliche Entscheidung nach den Akten. Der Mensch wird durch das Formular ersetzt.

c) Das höchste Maß sachlicher Rationalität erreicht dieses System gegenüber seinen eigenen Angestellten durch das Prinzip der Kompetenzverteilung: es ist die Zuweisung bestimmter Pflichten und Befehlsgewalten, verbunden mit einer eingehenden sachlichen Regelung dieser Tätigkeit in internen Anweisungen, Geschäftsordnungen usw. Es ist die Anweisung, die herrscht.

Diese Versachlichung des Arbeitsprozesses ist es vor allem, die, nach der technischen Seite gesehen, die Lebensdauer, aber auch die Leistungsfähigkeit der Bürokratie so unendlich gesteigert hat.

d) Noch aus einem anderen Grunde ist die bürokratische Verwaltung von sehr starker Wirksamkeit. Der moderne Staat — gleich welcher Form der Staatsverfassung — benötigt in zunehmendem Maße den sorgfältig ausgebildeten eingearbeiteten Fachmann. Es ist ganz bestimmt nicht richtig, wenn dem politischen Element bei der Behandlung öffentlicher Verwaltungsfragen eine so große Bedeutung beigemessen wird, denn der bürokratische Apparat als solcher läßt auf die Dauer politische Zielsetzungen nur in seinen höchsten Spitzen zu, während sich die Arbeit nach unten in zunehmendem Maße versachlicht, so daß der Unterbau bleibt, auch wenn sich die Menschen, persönlich und sachlich gesehen, d. h. in den Aufgaben wandeln. Sogar Bismarck mußte es erleben, daß der Apparat intakt geblieben war, als der Meister von der Bühne der Politik abgetreten war.

So nimmt es keineswegs wunder, daß die Bürokratie im Bewußtsein ihrer großen Leistung und ihrer Unentbehrlichkeit über ihren legitimen Bereich herausgreift, wuchert und ihre Herrschaft auch dort aufrichtet, wo Elastizität des Vollzuges, Freizügigkeit und das Laisser-faire geeignetere Formen staatlicher und kommunaler Arbeitsweisen wären. So dehnt sich die Öffentliche Verwaltung, „ihre eigenen Grenzen mißachtend", immer weiter aus: durch Expansion nach außen und Erstarrung, Versachlichung und Entpersönlichung nach innen. „Die einmal voll durchgeführte Bürokratie gehört", so schreibt Max Weber, „zu den am schwersten zu brechenden sozialen Gebilden".

Diese Entartung der Bürokratie, ihre Erstarrung nach innen und ihre Expansion nach außen, ist die eigentliche Quelle der auftretenden Unwirtschaftlichkeit.

Werfen wir einen Blick auf des Wesen der entarteten Wirtschaftlichkeit der bürokratischen Arbeitsweise.

2. Aus der Entartung der Wirtschaftlichkeit heraus.

a) In der Öffentlichen Verwaltung gibt es, wie in jedem Betrieb, unwirtschaftliche Maßnahmen, die auf Unkenntnis und Indolenz der Mitarbeiter zurückzuführen sind. Und überall sind es dieselben Maßnahmen, die man dagegen trifft: Schulung, Ausbildung, Streben nach Erweckung von Initiative und Verantwortungsbewußtsein und ähnliches.

b) Aber wichtiger als diese Gruppe der Unwirtschaftlichkeit ist jene, die ihre Ursache in der Arbeitsorganisation selbst hat; denn diese Unwirtschaftlichkeit ist relativ unabhängig von dem guten Willen einzelner. Da sie im System der Arbeitsorganisation begründet ist, muß sich jeder diesem System einordnen, wenn er seine Aufgaben erfüllen will, und in diesem Zusammenhang spricht Bente von „organisierter Unwirtschaftlichkeit". Er schreibt weiter: „Ihr Kennzeichen ist die Orientierung an falschen Werten; sie ist fremdwert- oder mittelbezogen". Natürlich sind Organisationsmaßnahmen und Regelung der Arbeitsabläufe durch Arbeitsanweisungen notwendig, denn sie sind ja Mittel des Leistungsvollzuges. Die Entartung aber beginnt dort, wo sie nicht mehr als Mittel, sondern als Selbstzweck angesehen werden.

Wirtschaftlichkeit als solche ist nie Selbstzweck, sondern stets nur Mittel zum Zweck. Daher gibt es kein Verfahren, das „an sich" wirtschaftlich wäre, denn die Wirtschaftlichkeit läßt sich nur in Beziehung zu einer gestellten Aufgabe erkennen. Nicht ein Verfahren als solches ist das wirtschaftlichste, sondern ein spezifisches Verfahren in Beziehung gesetzt zu einem Ziel. Und nicht das billigste Verfahren ist das wirtschaftlichste, sondern das ergiebigste. Wie ja auch bei der Ausschreibung nicht das billigste Angebot das beste ist, sondern das Angebot, das die relativ beste Leistung vollbringt.

Alle die bisher angeführten Ursachen der Unwirtschaftlichkeit der Arbeitsorganisation der Öffentlichen Verwaltung lassen sich auf zwei Grundformen zurückführen:

1. auf die Vernichtung des betrieblichen Wertbewußtseins.
2. auf die Erhebung des Mittels zum Zweck.

Zu 1.: Die Vernichtung des wirtschaftlichen Wertbewußtseins ist der eigentliche Grund der organisierten Unwirtschaftlichkeit. Sie führt dazu, daß die Gegenstände des Leistungsvollzuges nicht nach ihrem wirtschaftlichen Wert, sondern nach äußeren technischen Gesichtspunkten geordnet werden. Alle Vorgänge werden nach dem gleichen Schema erledigt, und so wird an nebensächliche Dinge der gleiche Arbeitsaufwand verwendet wie an wichtige. Es fehlt die Bewertung der Vorgänge nach ihrem Gewicht. Es sind vor allem zwei Formen, die sich aus dem Verlust des Wertbewußtseins regelmäßig ergeben:

a) die grundsätzlich gleiche Verteilung der Bearbeitungsvorgänge,

b) der Verlust des Bewußtseins für den Wert des Arbeitsaufwandes als solchem.

Zu a): Die gleichmäßige Verteilung der Bearbeitungsvorgänge beruht bereits auf der Unmöglichkeit, zwischen wichtigen und unwichtigen Vorgängen zu unterscheiden. Es ist diese Egalisierung der Vorgänge, die wohl die am häufigsten anzutreffende Form der Unwirtschaftlichkeit ist. Und diese Egalisierung der Vorgänge setzt sich durch alle Arbeitsstufen durch. So vor allem die Sucht, alles in Schriftform abzuwickeln, alle Eingänge, gleich welcher Art, zu Vorgängen zu machen und abzulegen, die Sucht, alles einen genau vorgeschriebenen Amtsweg durchlaufen zu lassen. Man sieht: wenn schon bei der ersten Handlung, z. B. beim Posteingang, die gleiche Behandlung beginnt, wächst die Unwirtschaftlichkeit wie eine Lawine: der Instanzenzug wird mit überflüssigen Dingen belastet, und die Registratur wird so aufgebläht, daß man nichts mehr findet.

Es ist eine Unsitte, alles schriftlich zu erledigen, wo eine mündliche Besprechung mehr angebracht wäre. Geradezu tragikomisch wirken die „Tagebücher“, in denen jede, aber auch jede, und sei es die unwichtigste Arbeit festgehalten wird, vielleicht nur, um die Vollbeschäftigung der eigenen Person zu beweisen. Jene Aktennotizen über jedes Telefongespräch, über jede mündliche Besprechung sind es, die den Schriftgutumlauf und die Registraturen anschwellen lassen, aber auf diese Weise eine große Arbeitslast vortäuschen, während dadurch tatsächlich eine Behörde nur sicht selbst beschäftigt.

Zu b): Eine weitere Gruppe der Unwirtschaftlichkeit beruht auf dem Mangel an Wertbewußtsein für den Arbeitsaufwand. Aber das ist vielleicht die Folge der Vergütung, die für alle Arbeiten die gleiche ist. Natürlich ist ein gewisses Gleichmaß der Entlohnung notwendig, um einem so großen Betrieb, wie ihn eine Behörde darstellt, ein gerechtes Gleichmaß der Arbeitsbedingungen zu geben. Aber gerecht ist nicht eine gleiche Entlohnung für gleiche Anwesenheitszeit oder gleiches Dienstalter, sondern nur eine gleiche Entlohnung nach gleicher Leistung. Es ist kein Wunder, wenn den Beamten oftmals mit Recht mangelndes Interesse an der Arbeit und bürokratische Arbeitsweise vorgeworfen wird, da es ja unterlassen wird, diese Arbeit entsprechend der Leistung zu bewerten.

Mit der gleichen Entlohnung ist es zudem auch noch nicht getan. Hinzu kommt die Egalisierung der Aufstiegsmöglichkeiten nach dem Anciennitätsprinzip und Egalisierung der Dienstzeit. Sie tun ihr übriges, um den Leistungswillen mindestens zu schwächen. Damit nicht genug, halten aber gerade derartige Arbeitsbedingungen in vielen Fällen die Fleißigen und Tüchtigen von der öffentlichen Verwaltung fern, da sie natürlich an einer Entlohnung nach ihrer höheren Leistung interessiert sind.

So zieht eine Unwirtschaftlichkeit die andere nach sich: wer nicht nach seiner Leistung entlohnt wird, von dem kann man nicht erwarten, daß er ein Bewußtsein bekommt von dem Wert des eigenen Arbeitsaufwandes.

Etwas anderes, was aber gleichfalls zur Unwirtschaftlichkeit führt, ist das Streben, möglichst viel Arbeit bei sich zu häufen, um gleichermaßen Vollbeschäftigung und Unentbehrlichkeit nachweisen zu können. Aus Prestigegründen oder auch einfach zur Verdeckung von Mangel an Arbeit findet eine Doppelarbeit statt, die namentlich, wenn sie sich auf höchste Verwaltungsspitzen erstreckt, phantastische Formen annehmen kann. Es handelt sich hierbei keineswegs nur um das so oft zitierte Beispiel der Zusammenarbeit von Straßenbau-Behörde und Tiefbau-Amt. Jede Öffentliche Verwaltung kennt solche Fälle der Doppelarbeit, sei es auch nur, daß aus politischen Gründen Ministerien geschaffen, Funktionen aus ihrem natürlichen Zusammenhang herausgerissen werden und nun jedes Ministerium oder jeder Senat beweisen muß, daß er unentbehrlich ist. So besteht eine Fülle von Doppelarbeit, die nicht vorhanden wäre, wenn die einzelnen Abteilungsleiter, Dezernenten oder Sachbearbeiter über ihre Arbeitskraft nach wirtschaftlichen Gesichtspunkten disponieren würden und wenn sie ein Interesse daran hätten, es zu tun.

Aber nicht nur gleichmäßige Behandlung verschiedenwertiger Arbeit und Doppelarbeit erzeugen Unwirtschaftlichkeit, hinzu kommt noch falsche Arbeitsverteilung, wenn z. B. hochbezahlte Stellen Arbeit verrichten, die niedriger bezahlte ebensogut oder noch besser erledigen können.

Hinzu kommt ferner Vergeudung von Sachaufwand: von Büromaterial, Papier, Vordrucken, Arbeitsräumen usw. Alle diese Unwirtschaftlichkeiten beruhen auf einem Fehlen des wirtschaftlichen Wertungsdenkens, wie es dem Betriebswirt von Anfang an und ständig zum Bewußtsein gebracht wird und das auf den Erfolg hin kurzfristig kontrolliert wird.

3. Form-Fetischismus.

Die Unwirtschaftlichkeit wird weiter verstärkt durch den Form-Fetischismus. Die Form wird dann zum Selbstzweck, zum Fetisch, wenn das Bewußtsein für den Inhalt, für den wirtschaftlichen Wert, verlorengegangen ist. Diesen Form-Fetischismus finden wir auf beiden Gebieten der innerbetrieblichen Organisation:

1. dem behördlichen Aufbau,
2. dem innerbetrieblichen Ablauf.

Zu 1.: Beim behördlichen Aufbau finden wir eine Starrheit, eine Gleichförmigkeit, die keinesfalls mit der Verschiedenheit der Aufgaben in Zusammenhang gebracht werden kann. Es ist insbesondere die übermäßige Zentralisation des Geschäftsablaufs, die zwar der Leitung ein größtmögliches Maß an Autorität sichert, zugleich aber zu einer derartigen Überlastung der Verwaltungsspitzen mit nebensächlicher Arbeit führen kann, daß eine produktive Arbeit einfach unmöglich wird. Es ist nun nicht gesagt, daß Dezentralisation immer besser ist als Zentralisation, aber noch weniger kann gesagt werden, daß die Zentralisation besser als Dezentralisation und ihr überlegen ist. Es kommt auf den einzelnen praktischen Fall an, wie organisiert werden muß. Aber auch im behördlichen Arbeitsvollzug sollte die Initiative der einzelnen Persönlichkeit die Starrheit der Organisation möglichst oft durchbrechen, und das ist nur noch möglich bei dezentralisierter Organisation. Es wird aber gerade bei diesen Organisationsarbeiten ein stark ausgeprägtes Wertungsbewußtsein benötigt, wenn man die richtige Wahl treffen soll, und dieses fehlt nur zu oft.

Diese Starrheit der Organisation, vor allem in der Zentralisation, führt ferner zu einer starren Arbeitsteilung, und zwar durch zu starre Festlegung des Instanzenzuges. Diese starre Arbeitsteilung zieht wiederum andere Unwirtschaftlichkeiten nach sich: werden die unteren Stellen überlastet, so wird die Arbeit verschleppt; die Arbeit einer ganzen Behörde kann ins Stocken geraten. Wird aber die Arbeit nicht in ausreichendem Maße zugeteilt, so vollbringen untergeordnete Stellen, um ihre Existenzberechtigung zu beweisen, unproduktive Arbeiten: sie veranstalten An- und Umfragen, Erhebungen usw. und können auf diese Weise den ganzen Behördenbetrieb beeinträchtigen. So wird die

Unwirtschaftlichkeit von einer Behördenstufe auf die andere kumulativ weitergeführt. Was mögen jene 293 Beamten des Wohnungsamtes einer Großstadt getan haben, die im Jahre 1951 an von draußen Zugezogene nur 7 Wohnungen vermittelt haben?

Eng zusammen mit den Fragen der Instanzengliederung und der Kompetenzverteilung hängt die Frage der richtigen Instanzenhöhe und Instanzenbreite. Von der Instanzenhöhe hängt die Zahl der Stufen ab, die ein Vorgang durchlaufen muß, mit allen Folgen für die Schnelligkeit der Erledigung, von der Instanzenbreite die Übersichtlichkeit für die Abteilungsleitung, mit allen Auswirkungen auf Anleitung zur Arbeit und Kontrollmöglichkeit. Auch hier ist das richtige Maß nur zu finden, wenn ein Wertbewußtsein bei allen Gliedern vorhanden ist.

Zu 2.: Die zweite große Gruppe von Mängeln betrifft den Arbeitsablauf. Hier ist es wiederum die Starrheit des Arbeitsablaufs, die zu einer Quelle der Unwirtschaftlichkeit wird. Couvé sagt hierzu: „Überall, wo bei der Arbeit Vorschriften und Dienstanweisungen beachtet werden müssen, ist der Bürokratie der Boden bereitet". Aber auch hier ist es wiederum nicht die Vorschrift an sich, die ein wirtschaftliches Arbeiten verhindert, sondern deren unsachgemäße Anwendung. Stets kommt es auf den Geist an, von dem die einzelnen Vorschriften erfüllt sind, ob sie zum Verlust des Wertungsdenkens und zum Verzicht auf Initiative führen oder umgekehrt.

Die Entartung der Wirtschaftlichkeit in der öffentlichen Verwaltung ist ein weites Feld, unübersehbar ist die Fülle, unzählbar ist die Zahl der Formen, in denen uns diese Abweichungen vom Rationalprinzip entgegentreten. Will man hier zur Rationalisierung schreiten, so kann es sich niemals um Teillösungen handeln, sondern um eine Reform im Ganzen; denn die Wirtschaftlichkeit ist unteilbar.

Aus meinen Ausführungen soll nicht der Eindruck entstehen, als ob die Verwaltung an der häufig zu findenden Unwirtschaftlichkeit allein schuld sei; ein gerüttelt Maß Schuld trägt auch die Gesetzgebung, von der man wirklich nicht sagen kann, daß sie nach dem Prinzip der Einfachheit ihre Gesetze formuliert. Was nicht einfach ist, ist nicht durchdacht, das hat die letzte Form noch nicht gefunden. Und weiter: bei welchem Gesetz hat man den Eindruck, daß man bei seiner Fassung an die Technik der Durchführung gedacht hat? Ein gutes Beispiel hierfür: Das Gesetz über den Lastenausgleich, das mit seinen 400 Paragraphen und seinen etwa 60 Durchführungsverordnungen doch wohl zu dem Kompliziertesten gehört, was je als Gesetz erlassen worden ist.

Sehr gute Beispiele liefert auch die Steuergesetzgebung, die so kompliziert ist, daß heute nicht einmal gute Fachleute sich mehr zurecht finden können. Warum müssen alle Steuerarten ihre besonderen Erfassungs- und Bewertungsgrundlagen haben, daß man die Unterlagen für eine Steuerart auch nicht einmal für eine zweite, sehr verwandte verwenden kann? Und welchen Sinn haben Steuern, die nicht einmal ihre Verwaltungskosten decken? Wie dadurch die Finanzverwaltung aufgebläht wird, sieht man an folgendem Beispiel: Das Finanzamt für Aktiengesellschaften und GmbHs in einer großen Stadt hatte im Jahre 1924 einen Bestand von 28 Bearbeitern, 1952 hat dasselbe Finanzamt für Körperschaften bei nur etwa zwei Drittel der Anzahl der Gesellschaften 140 Beamte und Angestellte. Wer ist hier mehr daran schuld, die Gesetzgebung oder die Verwaltung? Solcher Beispiele gibt es eine Unzahl.[2]

An das bisher Gesagte möchte ich noch eine Bemerkung anschließen, um nicht mißverstanden zu werden: In meiner Kritik meine ich nicht die reguläre, ordnungsmäßig durchgeführte Öffentliche Verwaltung, sondern ihre Auswüchse; die aber mußten dargelegt werden, weil sie die Entartung der Wirtschaftlichkeit herbeiführen und zur organisierten Unwirtschaftlichkeit werden. Es liegt mir fern, irgend jemandem zu nahe treten zu wollen.

III. Wirtschaftliche Öffentliche Verwaltung

Wie sieht nun eine wirtschaftliche bürokratische Verwaltung aus und wie ist sie zu erreichen. Auch hier kann es sich nur um Grundsätzliches handeln, also nicht um Einzelheiten, wie die einzelnen Arbeitsgänge, Funktionen, Kontrollen usw. den Erfordernissen eines Behördenbetriebes angepaßt werden können.

Grundsätzlich sei gesagt, daß die Wirtschaftlichkeit der Öffentlichen Verwaltung nur erreichbar ist, wenn es gelingt, in ihr das Bewußtsein für den wirtschaftlichen Wert zu wecken und zu erhalten; wenn sie in ihren Funktionen und ihrem Aufbau so gestaltet wird, daß dieses Bewußtsein sich frei entfalten kann, und wenn es gelingt, die Funktionsträger für diesen wirtschaftlichen Wert zu interessieren.

Es sind hierzu nicht völlig neuartige Methoden notwendig. Auch für den Fall der Öffentlichen Verwaltung gilt, was Taylor für den privaten Betrieb bereits 1905 zur Forderung erhoben hat:

> „Betriebs- und Arbeitsmethoden auf wirtschaftlicher Grundlage verlangen nicht notwendigerweise große Erfahrungen oder die Entdeckung von neuen, epochemachenden Tatsachen. Sie verlangen jedoch eine Kombination einzelner Momente, wie sie früher existierten: nämlich alt ererbtes Wissen, so gesammelt, analysiert, gruppiert

---

[2] In diesem Zusammenhang sei auf die Rede des Innenministers Dr. Franz Meyers in Bonn zur Eröffnung des Sommersemesters der Mittelrheinischen Verwaltungs- und Wirtschaftsakademie, wo er von der Notwendigkeit einer durchgreifenden „Entrümpelung" der Verwaltung und ihren Aufgaben sprach und eine volksnahe und billige Verwaltung forderte (Bonner Rundschau v. 4. Mai 1953) hingewiesen.

und in Gesetze und Regeln gebracht, daß eine richtige Wissenschaft daraus wird. Dazu ein vollständiger Wechsel in der Auffassung von Pflicht, Arbeit und Verantwortlichkeit . . ."

Es ist die Verwissenschaftlichung der Öffentlichen Verwaltung, die hier mit Recht gefordert wird, und in Ergänzung hierzu die Anwendung betriebswirtschaftlicher Methoden der Organisation, in abgewandelter Form auch des Rechnungswesens und seiner Auswertung, ja des betriebswirtschaftlichen Denkens, das im Kern ein Wertungs- und Wirtschaftlichkeitsdenken ist.

1. Die organisatorischen Maßnahmen.

Die organisatorischen Maßnahmen, um das erstrebte Ziel zu erreichen, sind innerbetriebliche und überbetriebliche. Die innerbetrieblichen haben das Ziel, den Arbeitsgeist und das Bewußtsein für den wirtschaftlichen Wert beim Funktionsträger zu heben.

Die überbetrieblichen Maßnahmen sollen hierfür die Voraussetzung schaffen, indem sie die Isolierung der einzelnen Behörden aufheben und einen möglichst weitgehenden Erfahrungsaustausch und eine Rationalisierung von zentraler Stelle aus ermöglichen. Hier ist das Gebiet des Betriebsvergleichs, der, so schwierig er zunächst zu sein scheint, in der Praxis durchaus möglich ist. Neben dem zentralen Betriebsvergleich müssen von dieser zentralen Stelle auch die einzelnen Arbeitsvorgänge arbeitswissenschaftlich untersucht werden. Desgleichen ist eine zentrale Stelle für Fragen der Büroreform notwendig. Alle diese inner- und übertrieblichen Maßnahmen greifen das Problem der Wirtschaftlichkeit der Öffentlichen Verwaltung von drei Seiten an:

1. von den Funktionen,
2. von dem Aufbau und
3. von dem Arbeitsablauf der Öffentlichen Verwaltung.

Zu 1.: Bei den Funktionen handelt es sich vor allem um die drei Funktionen:

a) der Arbeitsausführung,
b) der Leitung,
c) der Kontrolle.

Die rein ausführende Funktion ist von geringerer Problematik. Nach den heutigen Erfahrungen ist es relativ leicht möglich, ausführende Arbeit zu messen und ihr einen Normcharakter mit Normanforderungen zu geben. Hier besteht eine völlige Gleichheit mit den Büroarbeiten privater Betriebe, die in hohem Maße rationalisiert sind, vor allem durch Arbeitsstudien. Die REFA-Arbeiten im Büro sind bereits so weit fortgeschritten, daß auch Behördenbetriebe von ihnen Gebrauch machen sollten.

Nur einzelne Beispiele will ich nennen, ohne sie weiter auszuführen:

1. Steigerung der Wirtschaftlichkeit der Schreibmaschinenarbeiten. Hier sind Normen erarbeitet worden, die die Arbeitszuteilung und die Arbeitsbewertung absolut rational gestalten lassen.

2. Steigerung der Wirtschaftlichkeit im inneren Postumlauf. Hier sind aus praktischen Beispielen Fälle bekannt, wo nicht nur die Kosten fast um die Hälfte gesenkt, sondern auch die Leistungen in ihrer Güte verdoppelt wurden.

Hierzu folgendes Beispiel:[3]

Es handelt sich um ein Bürohaus mit 11 Stockwerken; der Botendienst ist so geregelt, daß

a) die Post in jedem Stockwerk durch 3 Boten (zusammen 33) in gewissen Zeitabständen, etwa viertelstündlich, eingesammelt, verteilt und wieder ausgetragen wird;
b) von einer Botenmeisterei (mit 1 Botenmeister und 11 Boten) der Verkehr zwischen der Hauptverteilstelle und den Stockwerken vermittelt wird;
c) für besondere Gänge 5 weitere Boten (in der Botenmeisterei) zur Verfügung stehen.

Der Botendienst hat den Mangel, daß durch Einsammeln, Verteilen und Austragen des Schriftguts erhebliche Zeitverluste entstehen. Außerdem erhalten mehr Personen Einsicht in den geschäftlichen Briefwechsel, als erwünscht ist. Schließlich sind auch die Kosten zu hoch. Deshalb soll (nach vorangegangener Prüfung) durch eine Wirtschaftlichkeitsberechnung ermittelt werden, ob nicht eine Fördereinrichtung, eine Seilpost oder eine Rohrpost am Platze ist.

I. Ermittlung der Kosten des neuen Verfahrens.

A. Einmalige Anlagekosten (Anschaffungskosten)

1. Maschinen mit Zubehör	
a) 32 Empfangs- und Sendestellen, mit Aufbau, Maurer- usw. Arbeiten	21 200 RM.
b) Maschinenanlage (Motor u. Gebläse)	7 950 RM.
c) Fahrrohr	16 840 RM.
Summe A 1	45 990 RM.
2. Geräte	
a) Sondergeräte	
200 Rohrpostbüchsen. (Summe A 2 a).	7 000 RM.
b) Allgemeine Geräte	— RM.

[3] Entnommen RKW-Veröffentlichung Nr. 82. Wirtschaftlichkeitsberechnungen in Büro- und Verwaltungsbetrieben. Suttgart 1941, S. 44 ff.

3. Zusätzliche Bürohilfsmittel		— RM.
4. Andere Kosten		— RM.
Gesamtanlagekosten		
Summe A 1	45 990 RM.	
Summe A 2 a	7 000 RM.	
zusammen		52 990 RM.

B. Jährliche Betriebskosten

1. Kapitalkosten		
Abschreibung[4]		
a) 21 200 RM. (Summe A 1 a) zu 10 v.H.		2 120 RM.
b) 7 950 RM (Summe A 1 b) zu $13^1/_3$ v.H.		1 060 RM.
c) 16 840 RM. (Summe A 1 c) zu 5 v.H.		842 RM.
d) 7 000 RM. (Summe A 2 a) zu 20 v.H.		1 400 RM.
Verzinsung		
a) 21 200 RM. (Summe A 1 a) zu 4,4 v.H.		933 RM.
b) 7 950 RM. (Summe A 1 b) zu 4,5 v.H.		358 RM.
c) 16 840 RM. (Summe A 1 b) zu 4,8 v.H.		808 RM.
d) 7 000 RM. (Summe A 2 a) zu 4,8 v.H.		336 RM.
2. Sachkosten		
a) Raum		
Maschinenraum (56 qm zu 18 RM.)	1 008 RM.	
Botenraum (25 qm zu 22,50 RM.)	563 RM.	1 571 RM.
b) Instandhaltung und Pflege der Anlage 2 v.H. v. 29 150 RM. (Summe A 1 a und b)	583 RM.	
$^1/_2$ v.H. der Summe A 1 c	84 RM.	
10 v.H. v. 7000 RM. (Summe A 2 a)	700 RM.	1 367 RM.
c) Stromkosten		
1,5 kW-Motor bei 10stündiger Arbeitszeit für 300 Tage 4500 kWh zusammen 5000 kWh zu 13 Rpf.		650 RM.
3. Personalkosten		
1 Bediener und 1 Botenmeister (je 2400 RM. einschl. Zuschlägen)		4 800 RM.
29 Boten (zu 1200 RM. einschl. Zuschlägen)		34 800 RM.
4. Sonderkosten der Verwaltung		
$^3/_4$ v.H. der Gesamtanlagekosten (52 990 RM.)		397 RM.

[4] Abschreibungszeitraum: Zu A 1a 10 Jahre, zu A 1b $7^1/_2$ Jahre, zu A 1c 20 Jahre und zu A 2 5 Jahre.

5. Andere Kosten	
Versicherungkosten (4 v.T. der Gesamtanlagekosten)	212 RM.
Jährliche Betriebskosten	51 654 RM.
Kosten des alten Verfahrens:	
49 Boten (zu 1200 RM. mit Zuschlägen)	58 800 RM.
1 Botenmeister (zu 2400 RM. mit Zuschl.)	2 400 RM.
Raum (50 qm zu 22,50 RM.)	1 125 RM.
Jährliche Betriebskosten	62 325 RM.
Ergebnis:	
Alte Betriebkosten	62 325 RM.
Neue Betriebskosten	51 654 RM.
Mithin Überschuß	10 671 RM.

Die Ersparnisse sind so hoch, daß die Anlagekosten bald hereingeholt werden, Befürchtungen, daß die Anlage vielleicht einmal wegen Geschäfts- usw. Rückgangs stillgelegt werden müßte, brauchen deshalb nicht von der Herstellung der Anlage abzuhalten.

3. Verbesserungen der Organisation der Registratur. Auch hier sind Fälle aus der Umstellung von Behördenregistraturen bekannt, die die Kosten stark gesenkt und die Leistungen entsprechend erhöht haben. Ich selbst habe einmal die Registratur eines Reichsministeriums begutachtet und dann umgestaltet mit der Wirkung, daß die Kosten stark gesenkt wurden, die Schnelligkeit des Schriftgutumlaufs fast verdoppelt wurde und man wirklich imstande war, jedes Aktenstück leicht zu finden. Auf das Finden kommt es bei der Registratur aber an.

Auch hierfür ein ausgeführtes Beispiel:[5]

Bei einer Verwaltung[6] mit 50 Bearbeitern besteht eine Sammelaktei von rd. 2000 Aktenstücken. Sie wird durch 6 Akteibeamte (mit Leiter) verwaltet, denen 1 Amtsgehilfe zum Aktenheften beigegeben ist. Den inneren Botendienst erledigen 3 Amtsgehilfen. Die Akteibeamten haben neben dem eigentlichen Akteidienst die Führung des Tagebuchs, Heraussuchen der Vorgänge, Verteilung der Schriftstücke auf die Sach-

---

[5] RKW-Veröffentlichung Nr. 82, S. 47 ff.

[6] Das Beispiel ist dem Behördenbetrieb entnommen. Die Schilderung des alten Arbeitsverfahrens (in der Sammelaktei) trifft heute nur noch in Ausnahmefällen zu, da wenigstens alle größeren Verwaltungen ihren Akteibetrieb schon seit längerer Zeit umgestellt haben. Die Fachausdrücke haben folgende Bedeutung:

Sammelaktei = Hauptablage, Zentralregistratur
Fachkartei = Platzablage, Bearbeiter, Registratur
Sachbearbeiter = Referent, Dezernent
Bürobeamter = Expedient
Amtsgehilfe = Bote
Sachgebiet = Referat, Dezernat

gebiete, Fortführung der Akteninhaltsverzeichnisse, Führung von Aktenausgabebüchern, Überwachung von Fristen, Behandlung der Wiedervorlagen zu erledigen.

Diese Arbeitsregelung mit der mehrfachen Überwachung und dem Hin- und Hersenden der Schriftstücke beschäftigt nicht nur viele Arbeitskräfte, sondern verzögert auch die Erledigung der Eingänge. Deshalb kommt in Frage, die Aktenverwaltung nach einem zweckmäßigeren Verfahren einzurichten. Dazu soll geprüft werden, ob die Einrichtung von Fachkarteien möglich und wirtschaftlich ist. (Andere Vereinfachungs- und Verbilligungsmöglichkeiten bleiben hier außer Betracht). Die Prüfung ergibt, daß sich die Umstellung durchführen läßt.

Wegfallen würden 5 Akteibeamte, der Helfer und 1 Amtsgehilfe. Der 6. Akteibeamte (bisher Leiter) würde auch künftig für die Bearbeitung der Akteiangelegenheiten usw. gebraucht. Die Bürobeamten könnten die Akteiarbeiten, die infolge der Vereinfachung täglich nur wenige Minuten dauern, nebenher leisten, zumal da die neue Arbeitsregelung sie in anderer Beziehung entlasten würde.

Folgende Vorarbeiten wären zu leisten:

a) Aufstellung des Aktenplanes (planmäßiges Aufteilen des Stoffes);

b) Durchsicht der Akten auf Inhalt und Notwendigkeit der Beibehaltung. (Es soll sich hier zeigen, daß mit 1500 Aktenstücken — statt bisher 2000 — auszukommen ist. Zur Unterbringung des Schriftgutes genügen dann 1000 Ordner und 500 Einhängehefter);

c) Aufstellung der Aktenliste (Verzeichnis der den Fachkarteien zuzuteilenden Akten) und der Aktenlistenauszüge (für jeden Fachakteiverwalter);

d) Beschaffung von Ordnern, Einhängeheftern und Aktengestellen, Beschriftung der Ordner usw.;

e) Abschluß der bisherigen (Heft-)Akten. Nur oft gebrauchte ältere Schriftstücke, Verträge usw. werden in die Ordner übernommen. Die abgeschlossenen Akten kommen möglichst bald zur Altablage.)

Diese Vorarbeiten würden 1 Sachbearbeiter für 1 Monat, 1 Bürobeamten für 1 Jahr und 1 Akteibeamten für $^1/_4$ Jahr beanspruchen.

I. Ermittlung der Kosten der Sammelkartei

A. Einmalige Anlagekosten (Anschaffungskosten)

1. Maschinen und Zubehör		— RM.
2. Geräte		
a) Sondergeräte		
Aktengestelle für 2000 Aktenstücke		400 RM.
3. Zusätzliche Bürohilfsmittel		
4000 Aktendeckel (1000 St. 33,25 RM.)	133 RM.	
2000 Aktenschwänze (1000 St. 60 RM.)	120 RM.	253 RM.

4. Andere Kosten (Einrichtungskosten sind nicht anzusetzen. Die Aktei ist allmählich entstanden)		— RM.
Gesamtanlagekosten		
Summe I (A 2 a)	400 RM.	
Summe II (A 3)	253 RM.	
zusammen:		653 RM.
B. Jährliche Betriebskosten		
I. Kapitalkosten		
Abschreibung		
Summe I = 400 RM. (Abschreibungssatz $33^{1}/_{3}$ v.H.)		133 RM.
Verzinsung		
a) Summe I = 400 RM. (mittl. Zinssatz = 5,33 v.H.)		
b) Summe II = 253 RM. (Zinssatz = 8 v.H.)		42 RM.
2. Sachkosten		
Raum (250 qm zu 22,50 RM.)		5 625 RM.
Allgemeiner Bürobedarf		
400 Aktendeckel	13 RM.	
200 Aktenschwänze	12 RM.	
Nadeln, Heftzwirn, Bücher, Vordrucke usw.	85 RM.	110 RM.
3. Personalkosten		
a) Durchschnittseinkommen für		
1 Leiter	4 400 RM.	
5 Akteibeamte (je 3200) RM.	16 000 RM.	
1 Hefter	2 000 RM.	
3 Amtsgehilfen (je 2000 RM.)	6 000 RM.	28 400 RM.
b) Zuschlag für Sozialbeiträge usw. und für allgemeine Verwaltungskosten ($33^{1}/_{3}$ v.H. der Summa a)		9 467 RM.
4. Sonderkosten der Verwaltung		— RM.
5. Andere Kosten		— RM.
Jährliche Betriebskosten		43 777 RM.

II. Ermittlung der Kosten der Fachkarteien

A. Einmalige Anlagekosten (Anschaffungskosten)

1. Maschinen und Zubehör	— RM.

2. Geräte		
a) Sondergeräte		
40 eiserne Aktengestelle (St. 22,30 RM.)		892 RM.
3. Zusätzliche Bürohilfsmittel		
a) 1000 Ordner (Durchschn. Preis 1,06 RM.)	1 060 RM.	
b) 40 Locher (St. 1,20 RM.)	48 RM.	
c) 500 Einhängehefter (100 St. 11 RM.)	55 RM.	1 163 RM.
4. Andere Kosten		
Umstellungskosten		
a) Durchschnittseinkommen für		
1/12 Sachbearbeiter (7716 RM.)	643 RM.	
1 Bürobeamter (4400 RM.)	4 400 RM.	
1/4 Akteibeamter (3200 RM.)	800 RM.	
	5 843 RM.	
b) Zuschlag für Sozialbeiträge usw. und für allgemeine Verwaltungskosten (33 1/3 v.H. der Summe a)	1 948 RM.	7 791 RM.
Gesamtanlagekosten		
Summe I (A 2, A 4)	8 683 RM.	
Summe II (A 3)	1 163 RM.	
zusammen		9 846 RM.

Jährliche Betriebskosten	
1. Kapitalkosten	
Abschreibung	
Summe I = 8683 RM. (Abschreibungssatz 33 1/3 v.H.)	2 894 RM.
Verzinsung	
a) Summe I = 8683 RM. (mittl. Zinssatz = 5,33 v.H.,	
b) Summe II = 1163 RM. (Zinssatz = 8 v.H.)	556 RM.
2. Sachkosten	
a) Raum	
b) Bürohilfsmittel (20 v.H. d. Summe A 3)	233 RM.
3. Personalkosten	
a) Durchschnittseinkommen für 1 Bürobeamten (4400 RM.), 2 Amtsgehilfen (je 2000 RM.)	8 400 RM.
b) Zuschlag für Sozialbeitr. usw. für allg. Verwaltungskosten (33 1/3 v.H. der Summe a)	2 800 RM.
Jährliche Betriebskosten	14 883 RM.

c) Ausgleichsbeträge[7]		
als entbehrlich angesetzt:		
5 Registraturbeamte (je 3200 RM.)	16 000 RM.	
1 Hefter (2000 RM.)	2 000 RM.	
1 Amtsgehilfe (2000 RM.)	2 000 RM.	
zusammen	20 000 RM.	
dazu $33\frac{1}{3}$ v.H. Zuschlag	6 667 RM.	
zusammen	26 667 RM.	
Wirklich freigegeben werden:		
7 Arbeiter mit je 2700 RM. Einkommen (mit Zuschlägen)	18 900 RM.	
Mithin Ausgleichsbetrag		7 767 RM.
Vergleichskosten		22 650 RM.
Ergebnis:		
Alte Betriebskosten		43 777 RM.
Vergleichskosten		22 650 RM.
Mithin Überschuß		21 127 RM.

Dieser Überschuß reicht aus, um die Einführung der Fachkarteien zu rechtfertigen, selbst wenn man berücksichtigt, daß die in der Rechnung enthaltene Ersparnis an Raumkosten vielleicht nicht eintritt. Bei diesem Beispiel zeigen sich besonders die nicht in Geld erfaßbaren Vorteile (vgl. I. unter 1), die den Wunsch zur Umstellung hervorrufen und den Entschluß dazu erleichtern.

Diese Vorteile sind:

a) Der Geschäftsgang wird vereinfacht und beschleunigt; die Schriftstücke gehen unmittelbar zum Bearbeiter, der Weg zur Sammelaktei und zurück fällt weg;

b) Die Akten sind leichter greifbar und besser zu überwachen, die Verantwortung wird enger eingegrenzt;

c) Der Bearbeiter wird mit seinen Akten besser vertraut, da er sie stets zur Hand hat.

Allen diesen Fällen ist gemeinsam, daß hier nicht nur die Kosten, sondern auch die Leistungsseite zahlenmäßig erfaßbar sind; Anzahl der

[7] Werden Mehrkosten und Ersparnisse verglichen, so ist als Ersparnis nur das Durchschnittseinkommen (mit den Zuschlägen) der Kräfte anzusetzen, die tatsächlich ausscheiden oder in dem Betriebszweig nicht mehr verwandt werden. Abkehrgelder (Abgangsentschädigungen) vermindern die Ersparnis; sie werden auf den Abschreibungszeitraum verteilt.

Bei Behörden können Ersparnisse an Beamteneinkommen nur selten wirksam werden; statt der freiwerdenden Beamten gehen regelmäßig Angestellte oder Arbeiter ab. An Ersparnissen erscheinen daher gewöhnlich nur Vergütungen, Löhne usw. für Angestellte und Arbeiter.

beförderten Briefe, Anzahl der abgelegten Schriftstücke, Anzahl der geschriebenen Seiten usw. Eine etwas größere Schwierigkeit bietet die Besucherabfertigung im Schalterverkehr. Doch lassen sich auch hierfür für die einzelnen Ressorts Durchschnittssätze ermitteln, an Hand deren die Leistung der betreffenden Beamten beurteilt werden kann.

Es ließen sich fast beliebig Beispiele nennen, wie man die ausführende Arbeit rationalisieren, d. h. die Kosten senken und die Leistungen erhöhen kann.

Die Leitungsfunktion, auf die ich jetzt kurz eingehen möchte, ist schon schwieriger rational zu gestalten. Sie zerfällt in eine Planung-, eine Dispositions- und eine Kontrollfunktion. Im Gegensatz zu privaten Betrieben hat die Leitung der Öffentlichen Verwaltung nicht die Aufgabe, das Betriebsziel festzulegen, da dieses durch staats- und kommunalpolitische Funktionen bestimmt ist. Auf diesem Sektor kann die Wirtschaftlichkeit nicht ohne weiteres gemessen werden. Aber es kann die Fähigkeit zur Leitung an ihrem Erfolg festgestellt werden, die Fähigkeit des Behördenleiters, die Unteraufgaben zu der politischen Oberaufgabe so zu wählen, daß das Ziel schnell, sicher und mit den vergleichbar geringsten Kosten erreicht wird.

Der Vergleich gleichartiger Verwaltungsbetriebe gibt einen Maßstab für die Fähigkeit des betreffenden Leiters, im Rahmen der ihm zustehenden Entscheidungsfreiheit so zu planen, seine Arbeit mit der anderer Abteilungen so abzustimmen, daß das ihm vorgeschriebene Ziel auf wirtschaftlichem Wege erreicht wird.

Ein noch größeres Problem ist die Dispositionsfunktion, die vor allem drei Punkte umfaßt:

1. die Auswahl der richtigen Mitarbeiter,
2. Wahl des richtigen Behördenaufbaus und
3. zweckgerechte Organisation des Arbeitsablaufs.

Einzelheiten muß ich mir auch hier versagen, aber feststellen möchte ich doch dies: nicht der Leiter ist der tüchtigste, der die meisten Konferenzen, Besprechungen usw. pro Tag abhält, der die meisten Briefe unterschreibt und am meisten telefoniert, sondern der, bei dem am meisten mit geringstem Aufwand herauskommt.

Aber nicht einmal der Aufwand entscheidet, sondern der Erfolg. Und daher ist die Leitungsfunktion nur symptomatisch, d. h. an der Leistungsfähigkeit und am Leistungswillen der ihr untergeordneten Stellen zu beurteilen. Nicht der Leiter ist der beste, der am meisten arbeitet, sondern der, dem es gelingt, durch zweckmäßige organisatorische Maßnahmen die Arbeit auf seine Untergebenen zu verteilen, um sich auf diese Weise einen Blick für die wirklich wesentlichen Dinge freizuhalten.

Die dritte Art der Leitungsfunktion, die Kontrollfunktion, ist eine überbetriebliche und eine innerbetriebliche. Die überbetriebliche Funktion wird von einer zentralen Instanz ausgeführt. So entstanden in Deutschland frühzeitig unabhängige Kontrollstellen für das gesamte Gebiet der Staatsverwaltung und betrafen die Rechnungskontrolle und die Verwaltungskontrolle. Darüber steht noch die von den Parlamenten, ausgeübte Staats- und Verfassungskontrolle.

Die innerbetriebliche Kontrolle tritt in zwei Formen auf: als Kontrolle durch den Leiter und als Kontrolle durch eine besondere Kontrollstelle, die man allerdings in Behördenbetrieben nur selten findet.

Gerade die Kontrolle muß in Betrieben der Öffentlichen Verwaltung möglichst wirtschaftlich gestaltet werden:

1. Eine Kontrolle hat nur dort zu erfolgen, wo sie unbedingt erforderlich ist,
2. die Durchführung einer Kontrolle und Auswertung ihrer Ergebnisse muß planmäßig festgelegt werden, um Doppelarbeit zu vermeiden.

Genau wie in privaten Betrieben sollten Organisations- und Revisionsabteilungen eingegliedert werden, deren einzige Aufgabe es ist, die Organisation rational zu gestalten und die Wirtschaftlichkeit zu erzwingen.

2. Ausgliederung von Funktionen.

Eine weitere organisatorische Maßnahme betrifft die Ausgliederung von Funktionen. Sie ist ein durchaus wichtiges Mittel der Rationalisierung. Man darf hierbei nicht davon ausgehen, daß alle Arbeiten, die vorgeschrieben sind, auch notwendig sind. Entscheidend ist der Nutzen einer Arbeit. Es mag sein, daß eine Arbeit interessante Ergebnisse erzielt, ist sie aber nicht notwendig, ist sie abzuschaffen.

Es ist beispielsweise möglich, durch Schaffung von Zentralabteilungen an Stelle von gleichen Funktionsstellen auf allen Stufen des Behördenaufbaues die unteren Instanzen von solchen überall vorkommenden Arbeiten zu entlasten und Planstellen einzusparen. In den Zentralabteilungen kann man dann auch viel leichter Arbeiten abschaffen, die unnötig sind; die einzelnen Stellen werden sich immer gegen Abbau einzelner Funktionen sträuben (als Beispiel für eine Zentralabteilung die Zentral-Schreibstube).

So sieht Couvé in den Personaleinschränkungen dieser Stellen einen der wesentlichsten Punkte der innerbetrieblichen Rationalisierung.

Die Ausgliederung, ja Abschaffung von Funktionen durch geeignete Kontrollmaßnahmen betrifft aber nicht nur einzelne Funktionsträger und Abteilungen, sondern die Auflösung ganzer Behörden. Einst galt es als Kriterium einer guten Staatspolitik, wenn diese darauf gerichtet war, den Staat möglichst überflüssig zu machen. Heute besteht zweifellos eine umgekehrte Tendenz. Die öffentliche Verwaltung dehnt sich auf immer mehr Gebiete aus, auch auf solche Gebiete, auf denen die private Wirtschaft besser angebracht wäre. Oder sie übernimmt in Zeiten der Not Funktionen, die sie auch dann nicht aufgibt, wenn normale Verhältnisse eingekehrt sind.

Ganz besonders gilt das von der Betätigung der öffentlichen Hand in der Wirtschaft. Grundsätzlich sollte die Öffentliche Verwaltung nur Aufgaben staatspolitischen und sozialpolitischen Charakters übernehmen. Eine Betätigung des Staates auf Gebieten, die auch der privaten Wirtschaft zugänglich sind, d. h. alle Bereiche der Wirtschaft, sofern nicht staats- oder sozialpolitische Fragen eine besondere Rolle spielen, sollten grundsätzlich der privaten Wirtschaft vorbehalten werden. Das sogar in dem Fall, in dem die öffentliche Wirtschaft scheinbar in der Lage ist, dieselbe Leistung zu geringeren Kosten zu erbringen. Denn auf lange Sicht wird sich die private Wirtschaft der öffentlichen infolge des Konkurrenzprinzips und des Gewinnmotivs überlegen zeigen.

Auch innerhalb der Staatsverwaltung ist darauf zu achten, daß sich der Aufbau der Verwaltung den Staatsaufgaben elastisch anpaßt. Das ist vornehmlich eine Frage der Etataufstellung unter wirtschaftlichen Gesichtspunkten.

3. Der Behördenaufbau.

Er ist in vierfacher Weise zu beurteilen:

1. organisatorisch,
2. personell,
3. finanziell,
4. sachlich, räumlich.

Der organisatorische Aufbau ist eine Frage der richtigen Wahl der Instanzenbreite und der Instanzenhöhe. Durch Rationalisierung ist es häufig möglich, die Stufen der Bearbeitung gewaltig zu vermindern. Glaser weist an einem Beispiel nach, wie durch Dezentralisierung der Instanzenzug von 12 auf 7 Stufen herabgesetzt wurde.

Der personelle Aufbau ist eine Frage

1. der Einstellung geeigneter Kräfte,
2. der Schulung und Ausbildung des Personals,
3. der Schaffung günstiger Arbeitsbedingungen.

Der finanzielle Aufbau ist eine Frage der Etat-Aufstellung, der Schaffung wirtschaftlicher Richtsätze für seine Aufstellung und endlich der Durchführung und der Kontrolle des Etats, Fragen, auf die ich noch zurückkommen muß.

Der sachliche Aufbau betrifft:

1. die richtige räumliche Verteilung der Amtsstellen, der Lagerräume usw.,
2. die richtige Ausstattung mit Material und mit Arbeitsgerät.

In Betracht kommen hierbei auch Maschinen! Gerade die letzteren sind bei der öffentlichen Verwaltung viel zuwenig benutzt. Hierüber sind in der modernen Betriebswirtschaftslehre derart eingehende Darstellungen vorhanden, daß ich hierzu keine Ausführungen zu machen brauche. Ich habe nur festzustellen, daß die Behörden im allgemeinen von diesen Erkenntnissen nur wenig Gebrauch gemacht haben.

Auch beim Arbeitsablauf sind die Verhältnisse in privaten Betrieben und in der Öffentlichen Verwaltung derart gleich, daß geradezu eine Übertragung der Verfahren zur Rationalisierung des Arbeitsablaufs möglich ist. Insbesondere sind Arbeitsablaufpläne und ihre graphische Darstellung von Bedeutung. Da aber die Arbeitsablaufsfragen in der Betriebswirtschaftslehre bereits sehr gründlich behandelt worden sind, kann ich es mir versagen, ins einzelne zu gehen. Im Anschluß an Glaser will ich nur ein Beispiel für den Gang der Rationalisierung des Arbeitsablaufs geben:

Der Gang der Rationalisierung ist hier folgender:

1. Analyse des Arbeitsvorganges,
2. Ausarbeitung eines Bestverfahrens, Ausscheidung von unnötigen Arbeiten und Doppelarbeiten,
3. Abstimmung der einzelnen Arbeitsgänge innerhalb eines Arbeitszyklus und der Arbeitszyklen untereinander,
4. Vorgabe des Bestverfahrens.

Bei dieser Rationalisierung des Arbeitsvollzuges ist wieder zu unterscheiden zwischen der reinen Ausführungsfunktion und der Leitungsfunktion.

Bei der Ausführungsfunktion können die für den Industriebetrieb entwickelten Methoden völlig angewendet werden, wie insbesondere:

1. arbeitswissenschaftliche Untersuchungen der einzelnen Arbeitsgänge,
2. Aufstellung von Arbeitsablaufsplänen und Arbeitsverteilungsplänen,
3. Normierung und Festlegung von Arbeitszeiten,
4. Vorgabe und Kontrolle des festgelegten Arbeitsablaufs und der Arbeitszeiten, Festsetzung von Prämien für seine Einhaltung und Unterschreitung der vorgegebenen Zeiten.

Einer solchen Analyse und Rationalisierung sind alle ausführenden Arbeiten zugänglich.

4. Die Vergleichsrechnung.

Alle diese Maßnahmen können zur Erhöhung der Wirtschaftlichkeit der Öffentlichen Verwaltung beitragen. Etwas muß aber noch hinzukommen: Die Messung der erreichten Wirtschaftlichkeit. Wie bereits zu Beginn meiner Ausführungen gesagt, ist die Wirtschaftlichkeit an dem Verhältnis von Kosten und Leistung zu messen. Aber gerade bei der Eigenart der Leistungen der Öffentlichen Verwaltung wirft die Messung der Wirtschaftlichkeit ein besonderes Problem auf, weil die Leistung in vielen Fällen nicht direkt, auch nicht am Marktpreis, wie im Wirtschaftsbetrieb, meßbar ist. Nun ist die Möglichkeit und die Gefahr des Abweichens von dem schmalen Pfad höchster Wirtschaftlichkeit immer schon dann gegeben, wenn eine der beiden Größen der Wirtschaftlichkeitsmessung — Ertrag oder Aufwand — nicht exakt bestimmbar sind. Noch schlimmer ist es natürlich, wenn eine der beiden Seiten überhaupt nicht bestimmt werden kann, wie es bei den dispositiven Leistungen der Verwaltung ist, vor allem der leitenden Stellen.

Zur Messung der Wirtschaftlichkeit muß man sich bestimmter Vergleichsmaßstäbe bedienen, deren die Betriebswirtschaft drei kennt:

Es sind zu vergleichen:

1. Kosten mit Kosten,
2. Nutzen mit Kosten,
3. Nutzen mit Nutzen,

und dazu gibt es wiederum drei Vergleichsmethoden:

den Zeitvergleich,
den Soll/Ist-Vergleich und
den Betriebvergleich.

Der Zeitvergleich ist der, der in den meisten Fällen zur Verfügung steht: Kosten einst und Kosten heute, Ausgaben einst und Ausgaben heute. Aber beim Zeitvergleich kann man Schlendrian und Schlendrian vergleichen, wie Schmalenbach sagt.

Weit besser ist der Soll/Ist-Vergleich, in der Öffentlichen Verwaltung also der Vergleich der Ist-Ausgaben mit dem Soll des Etats. Aber hier hängt alles davon ab, wie die Etatziffern gebildet wurden, ob sie nur auf Grund früherer Etats oder aber auf Grund genauer Kosten- und Leistungsanalysen erstellt worden sind, also sachlich wirklich gerechtfertigt sind. Selbstverständlich haben die einzelnen Ämter Richtzahlen, die die Grundlage für ihre Etatsaufstellung bilden. Aber sind diese alten Richtwerte richtig? Wer hat sie jemals auf ihre Wirtschaftlichkeit untersucht, die Kosten analysiert und auf ihre Berechtigung geprüft? Was man tut, ist die Gegenüberstellung der neuen Etatzahlen mit den vorjährigen, und auch das Parlament bekommt sie in dieser Form vorgelegt. Aber damit ist eine Wirtschaftlichkeit nicht garantiert. Das, was im Privatbetrieb so überaus wirkungsvoll ist, der Soll/Ist-Vergleich auf Plankostengrundlage — wobei die Plankosten mit wissenschaftlichen Methoden und äußerster Gründlichkeit berechnet werden —, das fehlt im Soll/Ist-Vergleich der Öffentlichen Verwaltung. Der private Betrieb kann dann die Abweichungen auf ihre Ursachen zurückführen: auf Preis-, Beschäftigungs- oder Wirtschaftlichkeitsabweichungen. Diese intensive Form des Soll/Ist-Vergleichs ist in der öffentlichen Verwaltung leider nicht möglich, obwohl gerade auf dem Gebiet der Richtsätze schon Methoden bekannt sind, die man, sinnvoll angewandt, zur Rationalisierung der öffentlichen Verwaltungen benutzen könnte. Aber es geschieht nun einmal nicht in ausreichendem Maße.

Neben dem Soll/Ist-Vergleich ist auch der Betriebsvergleich — das sei noch einmal gesagt — in der Öffentlichen Verwaltung durchaus anwendbar. Er ist von größter Erkenntniskraft.

Schluß

Eine vollständige Behandlung des Problems der Wirtschaftlichkeit in der Öffentlichen Verwaltung ist im Rahmen eines kurzen Vortrages unmöglich. Das liegt nicht nur an der Fülle der Probleme, sondern noch mehr daran, daß dieses Gebiet vom Standpunkt der Betriebswirtschaftslehre fast eine terra incognita ist. Aber es ist höchste Zeit, daß mit wissenschaftlichen Untersuchungen auf diesem Gebiete Ernst gemacht wird, denn auch die Öffentliche Verwaltung steht unter dem gleichen Gesetz der Wirtschaftlichkeit wie der private Betrieb. Es gibt keine Einschränkung des wirtschaftlichen Prinzips, auch keine Ausnahmen von ihm, aber auch keine verschiedenen Arten: es gibt nur Wirtschaftlichkeit und Unwirtschaftlichkeit.

Um auch in der Öffentlichen Verwaltung das wirtschaftliche Prinzip zum obersten Grundsatz des Arbeitsvollzugs zu machen, kommt es viel darauf an, hier Menschen einzusetzen, die kein Interesse an bürokratischer Tradition haben, dafür aber ein unbeirrbares Störungsgefühl für Unwirtschaftlichkeit besitzen.

Die Arbeit, die auf diesem Gebiet zu leisten ist, ist riesengroß. Der zu erwartende Erfolg ist es aber nicht minder, weswegen man nicht mehr zögern sollte, vor allem die notwendigen Forschungsarbeiten über die Wirtschaftlichkeit der Öffentlichen Verwaltung ernsthaft in Angriff zu nehmen.

Betriebswirtschaftliche Aspekte der öffentlichen Ausgaben

Von Karl Schwantag, Mainz

Ich habe den Auftrag, die öffentlichen Ausgaben unter betriebswirtschaftlichem Aspekt zu betrachten.

Als ich die Aufgabe vor längerer Zeit übernahm, bestand die Absicht, das Phänomen „öffentliche Ausgaben" im Rahmen dieser Vortragsreihe von einem Nationalökonomen, einem Soziologen, einem Philosophen und eben auch einem Betriebswirt behandeln zu lassen. Das Thema und der Rahmen, in den meine Ausführungen gestellt werden sollten, forderten von mir die Beschränkung auf grundsätzliche Ausführungen. Bitte, verstehen Sie daher, wenn ich Ihnen im folgenden nicht ein System von Einzelmaßnahmen zur Rationalisierung, zur Steigerung der Sparsamkeit und Wirtschaftlichkeit in der öffentlichen Verwaltung vortrage. Dies zu tun liegt nicht nur nicht in meiner Absicht; ich halte mich dafür auch nicht für zuständig. Eine praktische Wirtschaftslehre der öffentlichen Verwaltung besteht — soweit ich sehe — als geschlossene Wissenschaft noch nicht. Wir haben sehr bemerkenswerte Ansatzpunkte zu ihrer Entwicklung in den Arbeiten des Veranstalters dieser Tagung, in denen der Rechnungshöfe, in denen des Ausschusses für wirtschaftliche Verwaltung und in den Veröffentlichungen weiterer wissenschaftlicher Schriftsteller. Aber eigenartigerweise ist zwar die staatsrechtliche und die finanzwirtschaftliche Seite der öffentlichen Verwaltung von der Staatsrechtslehre und der Finanzwissenschaft von jeher und mit bestem Erfolg wissenschaftlich bearbeitet worden. Das spezifisch Wirtschaftliche der Betriebsführung öffentlicher Dienststellen dagegen ist seit den Zeiten der Kameralistik kaum mehr systematisch zum Gegenstand wissenschaftlicher Erforschung gemacht worden. Es bestehen dafür — und dies mag ein Grund für diese Erscheinung sein — an deutschen Hochschulen auch keine Lehrstühle.

Die Ergebnisse der Betriebswirtschaftslehre aber — und hierauf werde ich noch zurückkommen — lassen sich nur in Analogie auf die öffentliche Verwaltung übertragen. Dies gilt schon für die theoretische oder reine Betriebswirtschaftslehre, noch mehr aber für die praktische oder angewandte, die sich um ein System von Verfahrensregeln für die Betriebsführung bemüht. Damit wird selbstverständlich nicht bestritten, daß gewisse Tätigkeiten öffentlicher Verwaltungsstellen auch in den Betrieben der Wirtschaft vorkommen und damit Gegenstand betriebswirtschaftlicher Untersuchungen waren. Es sind dies vor allem aber untergeordnete Hilfs- und Nebentätigkeiten, nicht aber diejenigen, die den eigentlichen Gegenstand der öffentlichen Verwaltung bilden.

Der Gegenstand meines Referats deckt sich damit weitgehend mit denjenigen meiner verehrten Kollegen Mellerowicz und Mey. Sie könnten nun mit Recht die Frage aufwerfen, ob ich nicht selbst gegen das Grundprinzip des Betriebswirts — die Wirtschaftlichkeit — verstoße, wenn ich die Zeit einer so hochansehnlichen Versammlung für eine nochmalige Abhandlung desselben Gegenstandes — der uns schon in so ausgezeichneter Art vorgetragen worden ist — beanspruche, zumal unsere Ansichten, wie Sie bemerken werden, weitgehend übereinstimmen und — wenn überhaupt — nur in Nuancen divergieren. Wenn ich trotzdem wage, Ihre Aufmerksamkeit für meine Ausführungen zu erbitten, so leitet mich die Überzeugung, daß gerade der betriebswirtschaftliche Aspekt der öffentlichen Ausgaben in den letzten Jahrzehnten in Wissenschaft und Praxis zu kurz gekommen ist, so daß eine besondere Betonung in diesem Kreise gerechtfertigt sein mag.

Lassen Sie mich nun bitte in wenigen Worten darlegen, was ich unter „betriebswirtschaftlichem Aspekt“ verstehen will.

Der Standpunkt des Betriebswirts ist ein anderer als der etwa des Politikers, des Juristen, des Volkswirts oder des Finanzwissenschafters.

Unter einem Betriebswirt werden Sie sich einen akademisch gebildeten Kaufmann vorstellen, insbesondere einen Fachmann auf dem Gebiete des kaufmännischen Rechnungswesens, des Jahresabschlusses, der Kostenrechnung, des betrieblichen Steuerwesens, der Betriebsorganisation und der Betriebsverwaltung.

Nun — eine Gleichsetzung des Betriebswirts mit dem Fachmann des Rechnungswesens ist heute zwar üblich, ist aber bei weitem zu eng. Wir müssen das Wesen des Betriebswirts etwas eingehender charakterisieren. Und dazu fragen wir zunächst, was der Betriebswirt als Wissenschafter tut. Die Betriebswirtschaftslehre, dieser — wenn man von ihrem altehrwürdigen Vorläufer, der Kameralistik, absieht — verhältnismäßig junge Zweig der Wirtschaftswissenschaften, befaßt sich mit der Erforschung des Wirtschaftsprozesses der Betriebe, und zwar ganz überwiegend mit dem der sogenannten kaufmännischen Betriebe, zu denen die Betriebe der Industrie, des Bergbaus, der Energieerzeugung, des Handels, der Bankgeschäfte, der Versicherungsgeschäfte, des Verkehrs, gehören. Für die land- und forstwirtschaftlichen Betriebe sind seit langer Zeit selbständige Schwesterdisziplinen entwickelt.

Während demnach heute wohl die meisten Betriebswirte als Wissenschafter das Objekt ihres Faches aus Grundsatz oder mindestens rein tatsächlich bei ihrer Arbeit auf die kaufmännischen Betriebe beschränken, gibt es eine Reihe von Vertretern des Faches, die das Objekt der Wissenschaft erheblich weiter ziehen. Sie verstehen unter Betrieb nicht nur diejenigen Gliedgebilde der Gesamtwirtschaft, die der Hervorbringung und Verteilung von Sachgütern und Dienstleistungen sowie dem Geld- und Kapitalverkehr dienen, sondern auch diejenigen Zellen, die als private Haushalte oder als Dienststellen des Staates — letztere auch als öffentliche Haushalte bezeichnet — neben oder über den Produktionsbetrieben stehen.

Nun kann man zwar zwischen einem kaufmännischen Betriebe einerseits, einem privaten Haushalt oder einer öffentlichen Dienststelle andererseits bei genügend weitgehender Abstraktion Übereinstimmungen feststellen, die erlauben, sie alle unter den Sammelbegriff „Betrieb" zu fassen.

So wie z. B. der private Verkehrsbetrieb Sachgüter und Dienstleistungen kauft und verbraucht, um damit wiederum Dienstleistungen — in diesem Falle Transportdienste — zu produzieren und abzusetzen, so kann man in der Tätigkeit einer öffentlichen Dienststelle auch den Kauf und Verbrauch von Sachgütern und Diensten, erstere gekennzeichnet durch die sachlichen Ausgaben, letztere durch die persönlichen Ausgaben, zum Zwecke der Erstellung von Diensten, den Verwaltungsleistungen, erblicken. Und ähnlich könnte man auch den Privathaushalt deuten. Aber schon die Tatsache, daß die Produkte der Verwaltung — die öffentlichen Dienste — nicht verkauft werden, bedeutet einen wesentlichen Unterschied zwischen dem kaufmännischen Betriebe einerseits und der öffentlichen Dienststelle andererseits. Und neben diesem gibt es zahlreiche weitere Unterschiede.

Deshalb möchte ich den Gegenstand der Betriebswirtschaftslehre nicht so weit ausdehnen, daß unter ihn auch die Erforschung der wirtschaftlichen Seite der Tätigkeit öffentlicher Dienststellen fällt. Ich möchte daher folgende Gedanken als die eines „Außenseiters" verstanden wissen, als Blick in einen fremden Garten, mit all dem Risiko behaftet, das ein solcher Blick über den Zaun mit sich bringt.

Trotzdem ist es eine reizvolle und, wie ich hoffe, auch für die öffentlichen Dienststellen nicht nutzlose Aufgabe, die Übereinstimmungen und die Unterschiede zu betrachten, die zwischen der wirtschaftlichen Seite der Tätigkeit einer öffentlichen Dienststelle und der wirtschaftlichen Seite eines kaufmännischen Betriebes bestehen, um danach zu untersuchen, ob und inwieweit die Ergebnisse der Betriebswirtschaftslehre der wirtschaftlichen Gestaltung der Tätigkeit öffentlicher Dienststellen nutzbar gemacht werden können. Denn eines gilt ja ohne Zweifel: Auch die Tätigkeit öffentlicher Dienststellen unterliegt der schlechthin durch die Vernunft gebotene Maxime, ihren Tätigkeitsvollzug so rationell — und das bedeutet unter wirtschaftlichem Aspekt: so wirtschaftlich — wie möglich zu gestalten.

Wir wollen im folgenden die Wirtschaft einer öffentlichen Dienststelle mit der Wirtschaft des kaufmännischen Betriebes vergleichen.

Wir betrachten damit jeweils nur eine Seite der Dienststelle wie des Betriebes: die wirtschaftliche. Insoweit wenden wir den methodischen Kunstgriff jeder Fachwissenschaft an, die sich aus der komplexen Wirklichkeit irgendwelcher Erscheinungen der Kultur, Gesellschaft oder Natur durch isolierende Abstraktion ihr besonderes Erkenntnisobjekt ausliest.

Man muß sich das Wesen dieser Denkoperation klar vor Augen führen, wenn man die Gefahr vermeiden will, fachwissenschaftliche Ergebnisse falsch zu deuten. Diese Gefahr liegt beim Gegenstand unserer Untersuchung besonders nahe. Denn es bedarf wohl keines Hinweises, daß die spezifisch wirtschaftliche Seite im Rahmen des komplexen Gebildes kaufmännischer Betrieb von ungleich größerer Bedeutung ist als die wirtschaftliche Seite im Rahmen des komplexen Gebildes öffentliche Dienststelle. Wenn wir also im folgenden den Tätigkeitsvollzug der öffentlichen Verwaltung unter wirtschaftlichem Aspekt untersuchen, so bleiben wir uns der Tatsache bewußt, zwar eine wichtige, aber doch nicht die wesentliche Seite des Phänomens zu betrachten.

Die Erfahrungen der letzten Jahrzehnte haben uns allen deutlich gezeigt, daß das Wesen eines kaufmännischen Betriebes stark beeinflußt ist von der Wirtschaftsordnung, in der sich seine Tätigkeit vollzieht. In Wirtschaftsordnungen, die sich dem Typus der zentralgeleiteten Verwaltungswirtschaft — auch Plan- oder Befehlswirtschaft genannt — nähert, wird ein großer Teil der Aufgaben, die bei freier Marktwirtschaft vom kaufmännischen Betriebe vollzogen werden, von staatlichen Dienststellen übernommen.

Der kaufmännische Betrieb nähert sich damit in seinem Wesen erheblich der öffentlichen Dienststelle, wie umgekehrt diese sich dem kaufmännischen Betriebe angleicht. Für unseren Zweck ist der Vergleich von kaufmännischen Betrieben und staatlichen Dienststellen, wie sie sich in der zentralen Verwaltungswirtschaft zeigen, daher nicht geeignet, die wesentlichen Unterschiede und Übereinstimmungen plastisch hervortreten zu lassen. Wir stellen uns daher sowohl den kaufmännischen Betrieb wie die öffentliche Dienststelle, die es zu vergleichen gilt, in einer Wirtschaftsordnung existierend vor, die dem Typ der freien Marktwirtschaft angenähert ist. Die kaufmännischen Betriebe dieser Art bezeichnen wir als Unternehmungen.

Wenden wir uns nun dem Vergleich des wirtschaftlichen Wesens der Unternehmung einerseits und der staatlichen Dienststelle andererseits zu.

Die Unternehmung kauft auf dem Markt Sachgüter und Dienste — die Produktionsmittel —, formt sie je nach ihrer individuellen Tätigkeit zu Produkten — Leistungen — um, wobei die Produktionsmittel verbraucht werden, und verkauft die Produkte, die Sachgüter oder

Dienstleistungen sind, am Markte. Durch den Einkauf der Produktionsmittel entstehen Ausgaben, durch den Verbrauch entsteht Aufwand, durch den Verkauf der Produkte entstehen Einnahmen, die zugleich Erträge sind. Daß außerdem von der Unternehmung noch Steuern erhoben werden, wodurch weitere Ausgaben zugleich Aufwendungen entstehen, sei ergänzend bemerkt. Die Tatsache, daß die eingekauften Produktionsmittel nicht im Zeitpunkt des Einkaufs verbraucht werden, sondern erst nach mehr oder weniger langen Intervallen, führt zu einem Bestand an Sachgütern, daß die baren Einnahmen oft nach den Verkäufen erfolgen, zu einem Bestand an Forderungen. Insgesamt entsteht damit das in der Unternehmung gebundene Kapital, das entweder vom Unternehmungseigner als Eigenkapital oder von Gläubigern als Fremdkapital aufgebracht wird.

Von wesentlicher Bedeutung ist, daß zwischen den Ausgaben für die Produktionsmittel einerseits und den Einnahmen aus den Produkten andererseits ein enger, unlösbarer Zusammenhang besteht. Die Produkte werden ja mit Hilfe der Produktionsmittel hergestellt. Deshalb besteht zwischen Einnahmen aus dem Verkauf von Produkten und Ausgaben für und Verbrauch an Produktionsmitteln ein funktionaler Zusammenhang. Ohne Einkauf und Verbrauch von Produktionsmitteln keine Produkte und kein Verkauf, ohne Ausgaben keine Einnahmen. Als Ergebnis dieses Zusammenhangs zwischen Verbrauch und Produkt, Aufwand und Ertrag ergibt sich der Erfolg der Unternehmung, der positiv ein Gewinn oder negativ ein Verlust sein kann. Da ein ständiger Überschuß der Ausgaben über die Einnahmen zu einer Aufzehrung des in der Unternehmung vorhandenen Kapitals führt, ist die Wirkung einer nicht zureichenden Abstimmung von — kurzfristig: — Aufwand und Ertrag, — langfristig: — von Ausgaben und Einnahmen der Eintritt der Zahlungsunfähigkeit und damit das Ende der Unternehmung, soweit nicht — systemwidrig — durch staatliche Subvention ein solches Ende vermieden wird. *Der funktionale Zusammenhang zwischen Verbrauch und Leistung, zwischen Aufwand und Ertrag, zwischen Ausgaben und Einnahmen erzwingt in der Unternehmung die rationelle Gestaltung der Beziehung zwischen diesen Größen.* Denn die Unternehmung kauft die Produktionsmittel und verkauft die Produkte im Wettbewerb mit anderen Unternehmungen, kann deren Preise also nicht oder nur in gewissen Grenzen beeinflussen. Dies und die Tatsache, daß ein Gewinn den Unternehmern zugute kommt, ein Verlust ihnen zur Last fällt, bewirkt einen fortgesetzten Druck auf die optimale Gestaltung zwischen Verbrauch und Produktion (Leistung), der die Wirtschaftlichkeit des Betriebsprozesses sichert.

Der Erfolg — Gewinn oder Verlust — der Unternehmung, ist dabei eine Funktion

1. von Quantität und Qualität der verbrauchten Sachgüter und Dienste,
2. von Quantität und Qualität der daraus erzeugten und abgesetzten Produkte und ihrer Preise,
3. der dieses Zusammenspiel lenkenden unmittelbar unternehmerischen Betriebsleitung.

Führen wir uns nun die Tätigkeit einer öffentlichen Dienststelle vom wirtschaftlichen Gesichtspunkt aus vor Augen. Auch die öffentliche Dienststelle beschafft und verbraucht unter einer einheitlichen Leitung Sachgüter und Dienstleistungen, wodurch Ausgaben entstehen. Auch sie „produziert" unter Verbrauch dieser beschafften Sachgüter und Dienste Dienstleistungen, die sie der Allgemeinheit gegenüber leistet. Auch hier hängt die Quantität und Qualität der der Öffentlichkeit geleisteten Dienste von der Quantität und Qualität der eingesetzten Verbrauchsgüter im Sinne von Sachgütern und Dienstleistungen sowie von der Qualität der Leitung der Dienststelle ab. So besteht also auch hier ein funktioneller Zusammenhang zwischen Verbrauch einerseits und Leistung andererseits. Worin sich der Tätigkeitsvollzug einer öffentlichen Dienststelle unter wirtschaftlichen Gesichtspunkten dagegen von der kaufmännischen Unternehmung wesentlich unterscheidet, ist folgendes: es besteht hier kein Zusammenhang zwischen der Leistung, dem Produkt der Dienststelle, d. h. den Diensten, die sie der Allgemeinheit leistet, und den Einnahmen. Während die Einnahmen der Unternehmung aus den Verkäufen von Produkten stammen, haben die Einnahmen der öffentlichen Dienststellen keine unmittelbare Beziehung zu den von der Dienststelle erbrachten Leistungen.

Zwar erheben einzelne öffentliche Dienststellen für ihre Dienste Gebühren. Dies geschieht aber nur bei einigen, und wo es geschieht, in der Regel nur bei einem Teil der zur Verfügung gestellten Leistungen. Auch wo Leistungen gegen Gebühren entrichtet werden, ist eine Ausrichtung des Tätigkeitsvollzuges der öffentlichen Dienststelle nach dem Grundsatz, den größten Überschuß zwischen Gebühren und Ausgaben zu erzielen, in der Regel nicht möglich. Die Dienststelle kann sich nicht den Diensten zuwenden, die den größten Gewinn erbringen. Damit entfällt die für die Unternehmung entscheidende Beziehung zwischen Produkt und Verbrauch, die sich als Überschuß — langfristig: als Saldo von Einnahmen und Ausgaben, kurzfristig: von Ertrag und Aufwand (Erfolg) — widerspiegelt. Die Berechnung eines in Geld ausgedrückten Erfolges ist bei der öffentlichen Dienststelle nicht möglich. Damit fehlt der öffentlichen Dienststelle derjenige Maßstab, der für das Handeln der Unternehmung wesentlich ist.

Zwar hat auch die Behörde neben den erwähnten Gebühren Einnahmen. Diese werden aber nicht als Entgelt für die durch sie erbrachten Leistungen erzielt, sondern durch ganz andere — von Leistungsumfang und Leistungsqualität unabhängige — Umstände bestimmt. Die Einnahmen ergeben sich aus der Besteuerung oder aus der Abgabennahme oder bei unselbständigen Dienststellen durch die Zuweisung übergeordneter Behörden. Daß gewisse indirekte Zusammenhänge zwischen diesen Einnahmen aus Steuern und Ausgaben und den Dienstleistungen der Behörden bestehen können, ist damit selbstverständlich nicht bestritten, man denke etwa an die Wirkungen, die eine gute Gemeindepolitik auf das Aufkommen an Gemeindesteuern haben kann. Und dies gilt auch für die staatlichen Dienststellen.

Die öffentliche Dienststelle ist also beim Vollzug ihrer Tätigkeit nicht von der harten Zuchtrute bedroht, die für die Unternehmung der Zwang zur Abstimmung von Verbrauch und Leistung (Produkt) bedeutet. Für die Behörde besteht auch kein besonderes Interesse an der Erzielung von Gewinn und der Vermeidung von Verlusten.

Zwar ist auch die öffentliche Dienststelle oder mindestens die Gesamtheit aller öffentlichen Dienststellen von der Gefahr bedroht, in Zahlungsunfähigkeit zu geraten. Eine Abstimmung von Einnahmen und Ausgaben ist auch hier — zumindest in der langen Periode — notwendig. Auf jeden Fall aber ist die Zahlungsfähigkeit unabhängig von der Gestaltung des Verhältnisses von Verbrauch und Leistung. Und daher drängt die Gefahr, in Zahlungsunfähigkeit zu geraten, nur zur Angleichung der Einnahmen an die Ausgaben — wobei offenbleiben kann, welche Größe an die andere angepaßt wird —, erzwingt aber nicht ein optimales Verhältnis von Verbrauch und Leistung.

Die Wirtschaftlichkeit des Tätigkeitsvollzugs einer Behörde ist also nicht ohne weiteres dadurch gesichert, daß die tatsächlichen Ausgaben sich im Rahmen der im Haushalt vorgesehenen Einnahmen bewegen. Denn über das Ausmaß, in dem die den Ausgaben entsprechenden verbrauchten Sachgüter und Dienste zu Leistungen geführt haben, sagt der Einnahme- und Ausgabevergleich unmittelbar, nichts aus. Die Soll-Einnahmen mit den Ist-Ausgaben oder die Ist-Einnahmen mit den Ist-Ausgaben einer öffentlichen Dienststelle im Rahmen der Haushaltsrechnung zu vergleichen, ist zwar aus finanziellen Gründen angebracht; auf die Wirtschaftlichkeit läßt sich daraus aber nicht schließen.

Auch der Vergleich zwischen Soll-Ausgaben und Ist-Ausgaben führt deshalb nicht zu schlüssigen Aussagen über die Wirtschaftlichkeit des Tätigkeitsvollzuges, weil Einsparungen gegenüber Soll-Ausgaben dadurch erzielt sein können, daß mit den niedrigeren Ist-Ausgaben niedrigere Leistungen erzielt worden sind. Das Entsprechende gilt im umgekehrten Fall, in dem Ist-Ausgaben Soll-Ausgaben überschreiten.

Wir können daher für unsere folgenden Überlegungen das Problem formulieren: Wie läßt sich, und zwar, in welchen Grenzen und mit welchen Methoden, die Wirtschaftlichkeit des Tätigkeitsvollzuges der Dienststellen feststellen und beeinflussen?

Der optimale Tätigkeitsvollzug einer öffentlichen Dienststelle — wie jedes Betriebes — ist offenbar dann erreicht, wenn ihre Tätigkeit dem wirtschaftlichen Prinzip genügt. Dieses Prinzip läßt sich in zwei Formulierungen fassen:

1. Dem Prinzip ist genügt, wenn ein nach Quantität und Qualität gegebenes Aufgabevolumen je Zeiteinheit mit minimalem Verbrauch an Mitteln oder Verbrauchsgütern erreicht wird. Problem ist in diesem Falle, die minimale Kosten- oder Ausgabengestaltung zu suchen.

2. Dem Prinzip ist ebenfalls genügt, wenn mit einem nach Qualität und Quantität gegebenen Verbrauchsvolumen (Ausgabenvolumen) das nach Quantität und Qualität maximale Leistungs- oder Aufgabenvolumen erreicht wird. Problem ist in diesem zweiten Falle, die maximale quantitative und qualitative Leistung zu erreichen, den höchsten Leistungswert; dazu gehört die Erfüllung der wichtigsten und dringlichsten Aufgaben vor den weniger wichtigen und weniger dringlichen.

Eine dritte Formulierung des wirtschaftlichen Prinzips — die absolut größte Differenz je Zeiteinheit zwischen Verbrauch und Leistung in Geldeinheiten, d. h. der absolut größte Erfolg — gilt nur für die kaufmännische Unternehmung, nicht dagegen für die öffentliche Dienststelle, weil hier die Leistungen nicht in Geldeinheiten bewertet werden können.

Die Einhaltung des wirtschaftlichen Prinzips in der Verwaltung bedeutet ebensowenig wie bei der kaufmännischen Unternehmung die absolut größte Sparsamkeit im Sinne einer Ausgabendrosselung um jeden Preis, sondern vielmehr relative Sparsamkeit im Sinne der Wirtschaftlichkeit, d. h. Sparsamkeit im Hinblick auf die optimale Gestaltung des Verhältnisses von Leistung zu Verbrauch. Einsparungen am Verbrauch, die zu einem stärkeren Rückgang der Leistung führen, als Kostenersparnisse eintreten, steigern nicht die Wirtschaftlichkeit. Dies läßt sich in der Unternehmung exakt berechnen, in der öffentlichen Dienststelle dagegen nicht, weil zwar die Ausgabeneinsparung, nicht aber der Leistungsrückgang in Geldeinheiten ausgedrückt werden kann. Es bleibt also nichts anderes übrig als ein unquantifizierter Vergleich zwischen Verbrauch einerseits und zwischen Leistung andererseits, der notwendigerweise der Subjektivität unterliegt. Lassen Sie mich für Tatbestände, in denen zwar absolute, aber nicht relative, d. h. dem wirtschaftlichen Prinzip entsprechende Sparsamkeit vorliegt, einige Beispiele nennen:

1. Die unzureichende Ausstattung qualitativ hochleistungsfähiger Arbeitskräfte (Verwaltungsbeamte, Richter, Professoren) mit unzureichenden persönlichen und sachlichen Hilfskräften und Hilfsmitteln

(z. B. mit Schreibkräften, mit sonstigen Bürokräften, mit Telephonen, mit Diktiergeräten, mit Arbeitsräumen, mit Büchern, mit Zeitschriften u. dgl.) bedeutet zwar eine absolute Einsparung von Ausgaben, aber keine Steigerung der Wirtschaftlichkeit, da es offensichtlich nicht dem wirtschaftlichen Prinzip entspricht, wenn hochqualifizierte Fachkräfte mit Arbeiten beschäftigt sind, die von weniger qualifizierten genau so gut oder besser erledigt werden können. Dieser Aspekt ist nicht einmal abhängig von der Frage der Bezahlung dieser Arbeitskräfte.

2. Die Überlastung von Spitzenkräften mit Arbeiten, die von anderen Arbeitskräften übernommen werden können, also die Heranziehung der führenden Männer der öffentlichen Dienststellen zu ausführender Arbeit statt ihrer Beschränkung auf disponierende, leitende oder gestaltende Arbeit ist ebenfalls zwar unter Umständen absolut sparsam und führt zur Verringerung von Ausgaben, kann aber nicht als wirtschaftlich bezeichnet werden.

3. Die unzureichende Bezahlung von Mitarbeitern ist zwar absolut mit Ausgabenminderungen und damit Einsparungen verbunden, ist aber unwirtschaftlich, sobald sie zu einer negativen Auslese der Bewerber um diese Stellen führt.

4. Die überhastete Bearbeitung von Aufgaben (z. B. von Gesetzesentwürfen), die dann in der Auswirkung in der Öffentlichkeit mehr Nachteile bringt als Nutzen stiftet, mag zwar Ausgaben sparen, ist aber im Hinblick auf die unzureichende Dienstleistung, also das Produkt, unwirtschaftlich.

5. Die unzureichende Beurteilung der Aufgaben nach ihrer Wichtigkeit und Dringlichkeit führt zur Unwirtschaftlichkeit dadurch, daß die Leistung der öffentlichen Dienststelle ihr mögliches Optimum nicht erreicht, selbst wenn sich die Aufwendungen dadurch nicht erhöhen.

Man könnte die Zahl der Beispiele weiter vermehren. Der Unterschied zwischen Wirtschaftlichkeit und absoluter Sparsamkeit führt zu der Frage: Ist Wirtschaftlichkeit anzustreben oder absolute Sparsamkeit? Die Frage enthält ein echtes Problem, und zwar ebenso wie in der Unternehmung auch und vielleicht noch stärker in der Verwaltung. In der Unternehmung stößt der Versuch, größte Wirtschaftlichkeit zu verwirklichen, erwünschte Rationalisierungsmaßnahmen durchzuführen, oftmals auf Schranken, die durch die Notwendigkeit gezogen werden, den Betrieb zahlungsfähig zu erhalten. In der öffentlichen Dienststelle muß Rücksicht auf den feststehenden Haushaltsplan genommen werden. Hier liegen für das einzelne Jahr — also für die kurze Frist — echte Begrenzungen für die Durchführung von Maßnahmen vor, die an sich geeignet wären, die Wirtschaftlichkeit zu steigern. Aber auch in der langen Frist entfallen solche Beschränkungen nicht völlig. Denn die Haushaltspläne können nicht immer so aufgestellt werden, daß das Maximum der Wirtschaftlichkeit verwirklicht wird. Grenzen können dem durch übergeordnete Belange der Wirtschafts-, Sozial- und allgemeinen Politik gezogen sein.

So kann z. B. eine Rationalisierung der Verwaltung durch Steigerung der Kapitalintensität wegen der Auswirkungen auf dem Kapitalmarkt oder der Auswirkungen auf dem Arbeitsmarkt wirtschaftspolitisch unerwünscht sein.

In der kurzen Frist ist die Bindung der Ausgaben jeder einzelnen Dienststelle an den Haushaltsplan ein Grundsatz, der nicht aufgegeben werden sollte, selbst wenn dadurch Rationalisierungsmaßnahmen erschwert oder gewisse Unwirtschaftlichkeiten nicht vermieden werden können. Die Bindung an das Soll in der kurzen Frist führt allerdings manchmal dazu, daß Einsparungen während des Jahres im letzten Monat durch entsprechend höhere und nicht immer wirtschaftliche Ausgaben ausgeglichen werden, weil Ersparnisse mit Ablauf des Haushaltsjahres verfallen. Ob es hier nicht zweckmäßig wäre, solche Beträge den einsparenden Dienststellen im neuen Haushaltsjahr zu belassen, sei nur als Frage aufgeworfen. Wir sind uns bewußt, daß dem haushaltsrechtliche Schwierigkeiten entgegenstehen.

Die Überlegungen über das Verhältnis von Sparsamkeit und Wirtschaftlichkeit führen offenbar zur Feststellung eines Wesensunterschiedes zwischen der Unternehmung und der öffentlichen Dienststelle. Die Unternehmung darf und soll ihren Wirtschaftsplan autonom auf Grund der Marktlage so gestalten und verwirklichen, daß der maximale Gewinn erzielt wird. Das Gesetz maximaler Wirtschaftlichkeit gilt für sie — im Rahmen von Moral, Gesetz und Sitte — uneingeschränkt, soweit seine Verwirklichung die Zahlungsfähigkeit nicht beeinträchtigt. Die Öffentliche Verwaltung dagegen hat maximale Wirtschaftlichkeit nur insoweit zu verwirklichen, als dem nicht allgemeine wirtschaftspolitische oder haushaltsrechtliche Pflichten entgegenstehen. Dieser Unterschied ergibt sich daraus, daß die Dienststellen der Öffentlichen Verwaltung Glieder des Staates und damit der allgemeinen staatlichen Wirtschaftspolitik unterworfen sind. So werden z. B. öffentliche Aufträge als Maßnahmen zur Expansion oder zur Kontraktion des Wirtschaftsvolumens verwendet, wobei die Frage nach ihrer spezifischen Wirtschaftlichkeit in den Hintergrund tritt.

Lassen wir nun diese Grenzen für die Verwirklichung der Wirtschaftlichkeit der Verwaltung außer Betracht und untersuchen wir die Möglichkeiten, die für die Durchsetzung der Wirtschaftlichkeit in öffentlichen Dienststellen gegeben sind.

Wirtschaften ist planvolles Handeln, d. h. aktives, vorausschauendes Disponieren im Gegensatz zu passivem Sichtreibenlassen. Wirtschaftlichkeit ist also etwas, was bewußt angestrebt werden muß. Sie ist dauernde Anpassung an sich ändernde Verhältnisse, das Handeln nach der ratio im Gegensatz zur traditio. Erste Bedingung für die Verwirklichung ist es damit, die Notwendigkeit, wirtschaftlich zu verfahren, ins Bewußtsein möglichst aller Mitarbeiter der Dienststellen, vor allem aber von deren Leitern, zu rufen und darin zu erhalten. Dies erscheint uns wichtiger, als alle anderen — organisatorischen — Maßnahmen. Warum sollte sich nicht neben Pflichtgefühl, Ehrlichkeit, Gerechtigkeit auch das Gefühl für die Wirtschaftlichkeit zur Tugend des Beamten machen lassen? Zwar handelt es sich hier um ein Ziel, das nicht von heute auf morgen erreicht werden kann. Es ist eine Aufgabe der Erziehung und Ausbildung.

Neben diesem wichtigsten Ziel stehen andere, rascher erreichbare. Wir fragen zunächst, wie die Wirtschaftlichkeit in der kurzen Frist — also etwa innerhalb eines Haushaltsjahres — gesteigert werden kann, und dann, wie dies in der langen Frist möglich ist.

Im Haushaltsjahr ist der „Apparat", mit dem die Dienststelle in sachlicher und persönlicher Hinsicht arbeitet, im großen ganzen gegeben. Die optimale Wirtschaftlichkeit liegt dann in der Erzielung der höchsten Leistung, die mit diesem Apparat erreicht werden kann. Größte Wirtschaftlichkeit ist erzielt, wenn quantitativ und qualitativ höchste Erfüllung der möglichen Dienstleistung erreicht wird.

Soweit die von der Dienststelle zu erfüllenden Aufgaben — ihre Leistungen — nach Art und Umfang vom Dienststellenleiter beeinflußt werden können, liegt das vornehmste Mittel, die Wirtschaftlichkeit zu steigern, darin, dringende und wichtige Aufgaben vor den weniger dringenden und weniger wichtigen Aufgaben zu erfüllen. Die Einordnung der einzelnen Aufgaben nach dem Maße ihrer Wichtigkeit und Dringlichkeit ist Sache des Dienststellenleiters und seiner leitenden Mitarbeiter.

Die Einordnung hängt demnach vom subjektiven Urteil der leitenden Beamten ab. Ihr Gelingen ist von deren persönlichen Qualitäten, ihrem zutreffenden Urteil abhängig. Die Beurteilung erreicht dann die Würde eines objektiven Urteils, wenn sich die persönlichen Vorstellungen der leitenden Beamten mit den allgemeinen Vorstellungen von der Wichtigkeit und Bedeutung der Aufgaben decken. Eine Bewertung von Dringlichkeit und Wichtigkeit verwaltungsmäßiger Tätigkeit in Geldeinheiten erscheint uns dagegen bei den typischen Verwaltungsaufgaben, die ganz überwiegend Dienste höherer Art sind, kaum möglich.

Soweit die Aufgaben den einzelnen Dienststellen vorgegeben sind und vom Dienststellenleiter nicht beeinflußt werden können, hängt die Wirtschaftlichkeit lediglich von der Art der Aufgabenerfüllung ab. Dies gilt zusätzlich auch dort, wo der Dienststellenleiter Art und Umfang der zu leistenden Aufgaben selbst wählen kann. Daß bei gegebenem Apparat Möglichkeiten zur Steigerung der Wirtschaftlichkeit bestehen, liegt daran, daß ja auch ein gegebener Apparat in gewissen

Grenzen beweglich ist. Die Wirtschaftlichkeit der Aufgabenerfüllung wird vor allem davon abhängig, in welchem Ausmaße der Apparat spezialisiert ist oder universal eingesetzt werden kann. Wo das Optimum zwischen Spezialisierung und Universilität zu finden ist, hängt von der Art der Behörde und der von ihr zu leistenden Dienste ab. Je höher die Behörde in der Rangstufe der Dienststellen steht, um so größer wird die Spezialisierung oder Ressortbildung sein müssen, je niedriger der Rang der Behörde ist, um so mehr ist Universialität des Apparats am Platze. Überall aber wird es der Wirtschaftlichkeit abträglich sein, wenn aus der Spezialisierung die Erstarrung wird. Ein Beispiel dafür ist die gesetzlich vorgeschriebene Aufgabenverteilung beim Bundesverfassungsgericht, in dem von zwei Senaten einer mit Arbeiten überhäuft ist, während der andere ein weniger umfangreiches Arbeitspensum zu bewältigen hat. Das Optimum ist ferner zu suchen einmal zwischen der streng sachlichen Aufgabenverteilung auf institutionelle Ressorts und andererseits in der Aufgabenverteilung nach geeigneten Persönlichkeiten. Auch hier muß das Optimum jeweils vom Behördenleiter gesucht werden. Er muß damit rechnen, daß der wirtschaftlichen Arbeitsverteilung unsachliche Interessen der einzelnen Ressorts, die als Zuständigkeitskämpfe allen größeren Behörden bekannt sind, entgegenstehen. Das Optimum wird jeweils zwischen der starren und der beweglichen Kompetenzverteilung innerhalb der Behörde zu suchen sein. Von Gefahr für die Wirtschaftlichkeit ist ferner — und zwar gilt dies um so mehr, je schwieriger die zu bewältigenden Aufgaben sind — jede übertriebene Reglementierung des Arbeitsvollzuges.

Jede höhere Dienstleistung verliert an Qualität, wenn die Art ihrer Erledigung den Bearbeitern zu streng vorgeschrieben und der Individualität des Sachbearbeiters ein zu geringer Spielraum gelassen wird.

Für die Verwirklichung der Wirtschaftlichkeit ist weiterhin von Bedeutung die Art und Weise, in der die einzelnen Ressorts zusammenwirken. In Fragen der Ressort-Bildung, der Aufgabenverteilung und der Zusammenarbeit der Ressorts hat die betriebliche Organisationslehre ohne Zweifel sehr viel von der Behördenorganisation gelernt. Gerade hier sind zahlreiche Anregungen aus der Verwaltungspraxis der Betriebsgestaltung nutzbar gemacht worden. Erwähnt seien nur Organisationsprinzipien wie etwa das Stab-Liniensystem, das in die betriebliche Organisationslehre ohne Zweifel aus der Praxis staatlicher Dienststellen — seien es militärische oder zivile — übernommen worden ist.

Ein besonderes Problem wirtschaftlicher Zusammenarbeit wird mit Nennung des Wortes „Konferenz“ aufgeworfen. Jeder Beamte weiß, welche Wirkungen es auf die Arbeit der Sachbearbeiter hat, wenn sie durch zahllose und zu lang ausgedehnte Sitzungen an der unmittelbar ausführenden Arbeit gehindert werden. Besondere Unwirtschaftlichkeit tritt dort auf, wo die ausführende Arbeit dadurch gestört wird, daß Vorgesetzte ihre untergebenen Sachbearbeiter zu stundenlangen Sitzungen zusammenholen, um ihre eigenen Entscheidungen zu unterbauen. Die leitenden Beamten der Dienststellen sollten sich darauf beschränken, den Sachbearbeitern klare Richtlinien für die Ausführung ihrer Tätigkeit zu geben. Diese Richtlinien brauchen nicht in Schriftform gefaßt zu werden, sondern können mündlich in regelmäßigen Besprechungen erteilt werden. In der Schriftform liegt auch hier die Gefahr der Erstarrung. Zweckmäßiger ist die Sachbearbeiterbesprechung. Die Erfahrungen in amerikanischen Riesenunternehmungen haben gezeigt, daß eine Beschränkung der obersten Leitung auf den Erlaß von Richtlinien die Voraussetzung für ein erfolgreiches Arbeiten derartig großer Gebilde bedeutet. Die Ausführung sollte dann vollverantwortlichen Sachbearbeitern überlassen bleiben.

Besondere Fragen der Wirtschaftlichkeit wirft die „Verwaltung in der Verwaltung" auf. Es ist eigenartig, daß in den Geschäftsverteilungsplänen die Verwaltung der Behörde oftmals als erste Hauptabteilung vor den eigentlich ausführenden Abteilungen erscheint. Bei aller Anerkennung der Bedeutung der Aufgaben, die diese Abteilung in der Personalleitung, im Kassen- und Haushaltswesen, in der Verwaltung der Dienstgebäude, in der Beschaffung von sachlichen Verwaltungsmitteln u. dgl. mehr hat, sollte man sich bewußt sein, daß diese engere Verwaltung nur deshalb geschaffen ist, um der optimalen Aufgabenerfüllung der übrigen Abteilungen zu dienen. Hierher gehört auch die Sorge für eine wirtschaftliche Verwaltungs- oder Bürotechnik im engeren Sinne, auf die ich hier nicht mehr eingehen möchte, da sie in den Vorträgen meiner verehrten Kollegen bereits behandelt worden ist.

Bei der Verwirklichung der Wirtschaftlichkeit in der langen Frist treten andere Probleme auf. Es handelt sich hier um die Anpassung des „Apparats" an die von Jahr zu Jahr wechselnden Aufgaben. Hier ist wohl ohne Zweifel gegenüber der kaufmännischen Unternehmung, soweit diese noch nicht zum bürokratisierten Großbetrieb erstarrt ist, eine schwerere Beweglichkeit der Behörden unvermeidlich. Sie ist deshalb kaum zu beseitigen, weil leicht die Nachteile einer größeren Elastizität des Apparates größer werden können als die Vorteile. Die Verwaltungstätigkeit ist ausgesprochen arbeitsintensiv. Jede Ausweitung des Apparats hat daher zur Voraussetzung, daß genügend vorgebildete Mitarbeiter — insbesondere Beamte — zur Verfügung stehen. Die Ausbildung leistungsfähiger Beamter, die imstande sind, die gestellten Aufgaben optimal zu bewältigen, aber fordert Zeit. Auf ähnliche Schwierigkeiten stößt die Einschränkung des Apparats. Sie setzt die Entlassung oder Umdisponierung von Arbeitskräften voraus, was bei Berufsbeamten schwerer möglich ist als im kaufmännischen Betrieb.

Hierzu kommt noch das an sich verständliche Bemühen der Behördenleiter, von Verringerungen ihres Apparates deshalb abzusehen, weil sie selbst dadurch an Einfluß und Bedeutung zu verlieren fürchten. Beispiele dafür, wie sehr sich Behördenleiter gegen die Verringerung ihres Aufgabenumfanges und ihres Apparats wenden, sind jedem Behördenpraktiker geläufig. Hier ist es die Aufgabe der obersten Behörden und damit von der persönlichen Qualität ihrer Leiter abhängig, daß die notwendigen Anpassungen durchgesetzt werden. Die schwerere Beweglichkeit etwa durch die Beseitigung des Berufsbeamtentums beseitigen zu wollen, wäre — auch im Interesse einer wirtschaftlichen Verwaltung auf lange Sicht — ein verhängnisvoller Mißgriff. Eine gewisse Starrheit des Verwaltungsapparates und die damit verbundenen Kosten sind der Preis, den die Allgemeinheit dafür entrichten muß, daß sie von einem Stamm hochqualifizierter, uneigennütziger, objektiv denkender, sachkundiger Beamter verwaltet wird. Dieser Wesenszug, der unsere Verwaltung in ihren besten Zeiten ausgezeichnet hat und den wir wieder zu verwirklichen auf gutem Wege sind, wird kaum je zu teuer bezahlt werden können.

Ich komme zum Schluß: Die Wirtschaftlichkeit der Verwaltung — in dem Sinne wie ich sie hier verstanden habe — ist vor allem eine Personenfrage. Ihre Verwirklichung hängt ab vom Geist und charakterlichen Niveau der Behördenleiter und ihrer Mitarbeiter. Diesen das Rüstzeug dafür zu geben, ist eine Angelegenheit der wissenschaftlichen Ausbildung an der Hochschule und der praktischen in den Behörden. Die Voraussetzungen dafür zu schaffen, ist Aufgabe einer Wirtschaftslehre der Verwaltung, die als Glied der Wirtschaftswissenschaft und als Schwester der Betriebswirtschaftslehre zu entwickeln ist.

V. Soziologische Gesichtspunkte

Finanzielle Schwierigkeiten und ökonomische Entwicklung

Von Corrado Gini, Rom*

1. Chronisches Defizit in der öffentlichen Bilanz

Es geschieht überall dasselbe — sagte mir Herr Dr. von Dungern, als er mich beauftragte, diesen Vortrag zu halten. Die Beamten tun ihre Pflicht, aber dessenungeachtet verschwindet das Geld der Steuerzahler, und die Bilanz schließt mit einem Defizit.

Wie schafft man Abhilfe?

2. Tragweite des Wirtschaftens der Beamten und übles Hausen mit den öffentlichen Geldern

Der Tatsache, daß die Beamten ihre Pflicht tun, werden viele vielleicht nicht beistimmen. In vielen Ländern ist seit dem letzten Weltkriege sogar die Ansicht verbreitet, daß die Räder der Staatsverwaltung, wenn man so sagen darf, „geölt" werden müssen, um sich zu bewegen. Die Ursache liegt — meiner Ansicht nach — nicht so sehr in einer zunehmenden Neigung der öffentlichen Beamten zur Bestechlichkeit, als in der Tatsache, daß viele Bewilligungen, die den Inhaber in eine privilegierte Lage versetzen, willkürlich von der öffentlichen Verwaltung gewährt werden. Unter diesen Bedingungen lehrt die Erfahrung, daß es unmöglich zu vermeiden ist, daß die Betreffenden sich bereit erklären, eine Summe zu bezahlen, die dem zu gewinnenden Vorteil entspricht, sowie es auch schwerlich zu vermeiden ist, wenigstens in einigen Fällen, daß die Beamten der Versuchung unterliegen.

Eine solche unkorrekte Handlungsweise beeinflußt jedoch nicht die Frage, die wir uns gestellt haben, insofern als dieselbe dem Staatsvermögen keinen Schaden zufügt. Die Tatsache bleibt bestehen, daß, obwohl die Einnahmen des Staatsschatzes zum Vorteil der Nation verwendet werden, dieselben sich doch als ungenügend erweisen, die notwendigen Kosten zu bestreiten.

Daß vielfach vergeudet wird, ist nicht zu leugnen. In jedem Lande und zu allen Zeiten jedoch hat Verschwendung stattgefunden. Dies will jedoch nicht heißen, daß man nicht jedes Mittel anwenden muß, um dem üblen Hausen zu steuern oder es wenigstens auf ein Minimum zu beschränken, und dies nicht nur, weil man nie auf den Fortschritt ver-

* Der Vortrag wurde von Professor Gini in deutscher Sprache gehalten.

zichten soll, sondern auch, weil eine solche Vergeudung in besseren Zeiten vielleicht zu ertragen war, heute aber in der ökonomischen Notlage absolut unerträglich ist. Ich will jedoch dieses Problem den Finanzleuten überlassen. Meinerseits möchte ich, in diesem Vortrag, die Frage vom soziologischen Standpunkt aus erörtern, indem ich nicht so sehr die Abhilfe, als die Gründe der traurigen Lage in Bertacht ziehe und außer den gegenwärtigen Tendenzen auch den Ausblick auf die Zukunft prüfe, woraus nützliche und wahrscheinlich erfolgreiche Eingebungen hervorzugehen vermögen.

3. Beweggründe für die ins Maßlose gehenden öffentlichen Kosten

Warum steigern sich die öffentlichen Ausgaben ins Maßlose? Warum ist es andrerseits so außerordentlich schwierig, dieselben mit den Einnahmen zu decken?

Die Zunahme der Staatskosten ist wesentlich bedingt durch die Ausdehnung und das intensivere Eingreifen der Regierung und der lokalen Ämter in das Leben der Nation.

Seinerseits ist dieses in Verbindung mit vielfachen Erscheinungen geschehen.

A. Zunehmende Wirksamkeit der öffentlichen Verwaltung

Es ist unbestreitbar, daß die Wirksamkeit der öffentlichen Ämter bemerkenswert gewachsen ist, teils auf Grund der modernen technischen Erfindungen innerer Natur wie z. B. Schreibmaschinen, Vervielfältigungsapparate, Lichtbilderentwicklung, rationelle Anwendung von Zettelkarteien und Kurven usw., als auch wegen der Entwicklung der Verkehrsmittel, welche durch regelmäßigen Post- und Telegraphendienst und letzthin auch durch Rundfunk und Luftpost eine kontinuierliche Verbindung zwischen Zentralstellen und Peripherie aufrechterhalten.

Man erzählt, daß noch vor 100 Jahren Alberto Lamarmora auf seiner Reise durch Sardinien mit einem wohlhabenden Manne zusammentraf, der in der Meinung befangen war, noch unter spanischer Herrschaft zu stehen, während dieselbe doch schon seit über 100 Jahren beendet war. Heutzutage dagegen sind sogar die abgelegensten Ämter und Bewohner des Landes in wenigen Stunden über im Zentrum desselben stattgefundene Ereignisse benachrichtigt. Wie groß der Fortschritt auf diesem Gebiet ist, ist hieraus deutlich zu ersehen.

Viel hat zu der Wirksamkeit der Verwaltung die Erhöhung der Arbeitsleistung und der Gewissenhaftigkeit der Beamten beigetragen; dieselben haben einerseits durch eine umfangreichere Bildung ein besseres Verständnis für die Bedeutung des guten Funktionierens der öffentlichen Verwaltung für all und jeden erworben, andrerseits aber ist die Arbeitslast für sie weniger bedrückend infolge der Evolution auf dem Gebiet der Arbeitspsychologie und der vernünftigen Bestimmung der Arbeitsdauer, der Ruhetage, Ferien usw.

B. Größere Solidarität zwischen den verschiedenen Staatsorganen und den einzelnen Individuen

Mehr als bestimmende Ursachen für das Eingreifen des Staates sind es diese Bedingungen, welche immerhin die Entwicklung ermöglicht haben. Die bestimmenden Ursachen sind eher zu suchen in der erhöhten Vorteilhaftigkeit dieses Eingreifens auf Grund mehrerer Erscheinungen, die wir hier kurz erörtern wollen.

Es ist zweifellos auch von diesem Standpunkt aus äußerst wichtig, daß die Solidarität zwischen den verschiedenen Staatsämtern und den den Staat zusammensetzenden Einzelpersonen gewachsen ist. Als die Volkswirtschaft vorwiegend lokal und zum großen Teil häuslicher Natur war, wurden die Schäden, die ein Geschäft oder eine Ortschaft betrafen, von den anderen wenig oder gar nicht empfunden; im Gegenteil, sie konnten ihnen wegen der größeren Bewertung ihrer Produkte zum Vorteil gereichen. In seinem Gedicht über die Schlacht von Maclodio beschreibt Manzoni einen Bauern, der, auf der Schwelle seiner „ruhigen Hütte" sitzend, gleichgültig das Gewitter betrachtet, das in der Ferne die Felder verwüstet, die „er nicht gepflügt hat". Heutzutage, wo Stadt und Land in ihren Funktionen voneinander so abhängig sind, wo ein Beruf in den andern greift, wo enge Wechselbeziehungen zwischen Zentrum und Peripherie bestehen und der finanziellen Forderungen wegen zwischen den einzelnen Teilen einer Gemeinde, einer Provinz, oder einer Landesregion ist es fast undenkbar, daß sich ein örtlicher Schaden nicht — mehr oder weniger — in der gesamten Volkswirtschaft auswirkt. Aus diesem Grunde müssen der Staat und die anderen öffentlichen Ämter nicht nur um den allgemeinen Gang der Volkswirtschaft, sondern auch um die speziellen wirtschaftlichen Betriebe unausgesetzt Sorge tragen. Hierzu kommt andrerseits, daß wegen des verstärkten Sinnes für Solidarität und der erhöhten Empfindlichkeit betreffs der gleichmäßigen Verteilung von Vorteilen und Lasten jeder auch noch so kleine Mangel an Gleichgewicht von öffentlichen Ämtern und Staatsbürgern bemerkt wird.

C. Bildung von riesigen finanziellen Assoziationen, die sich entweder untereinander bekämpfen oder sich einigen, um den Markt zu beherrschen.

Ein wichtiger Grund für das Eingreifen des Staates ist heute auch gegeben durch den Ausfall einerseits der die Voraussetzung der klassischen ökonomischen Theorie bildenden Bedingungen, andrerseits der Politik des „laissez-faire", die hierin ihre Rechtfertigung suchte. Beide waren begründet auf der Hypothese, daß der ökonomische Gesamtorganismus aus einer Menge von Betrieben besteht, deren Dimensionen es gestatten, daß das Schicksal des einzelnen für das Gesamtgleichgewicht nicht in Betracht kommt und daß dieses Gleichgewicht durch freie Konkurrenz von selbst entsteht und nach Störungen von selbst wieder zurückkehrt.

Die unter mangelnder oder mangelhafter Staatskontrolle stehende freie wirtschaftliche Entwicklung hat dagegen zur Bildung von wenigen riesigen finanziellen Komplexen geführt. Oftmals bekämpfen dieselben einander aus wirtschaftlichen oder nicht wirtschaftlichen Gründen — mit rechtmäßigen oder rechtswidrigen Mitteln — auf dem Markt, während sie sich in anderen Fällen verbinden, um denselben vereint zu beherrschen, wobei sie unwillkürlich — oft sogar willkürlich — das wirtschaftliche Gleichgewicht stören, wofür die Masse der kleinen Produzenten oder Käufer dann die Kosten trägt. Auch die Neigung zu einer wachsenden Konzentration des Reichtums macht sich fühlbar, besonders von gewissen Arten desselben, am meisten aber in bezug auf die Leitung der Unternehmungen, eine vom politischen Standpunkt nicht weniger als vom wirtschaftlichen Standpunkt aus gefährliche Tendenz. Bisweilen waren es sogar die Theoretiker selbst, die das „laissez-faire" befürworteten, nun aber das staatliche Eingreifen forderten oder bewirkten, um diese Tendenzen durch Progressivsteuern, durch Maßnahmen zu Gunsten der kleinen Firmen sowie der Mindesteinkommen und durch die Gesetze gegen die „Trusts" auch durch die Regelung der Zirkulation und des Kredits im Bereich der Möglichkeit auszugleichen oder zu begrenzen. Hierdurch kam jedoch die „laissez-faire"-Methode nach und nach außer Gebrauch.

D. Übernehmung des sozialen Dienstes seitens der öffentlichen Staatsämter

Der stärkste Beweggrund für das Anwachsen der öffentlichen Ausgaben war gegeben durch die Übernahme der sozialen Fürsorge, besonders der Alters-, Invaliden- und Krankenversicherung sowie der Unterstützung der Arbeitslosen durch den Staat. Um diese Maßnahmen richtig zu bewerten, muß man sie im Rahmen der psychologischen Entwicklung des Verbrauchs betrachten.

Im Gegensatz zum Erstreben eines Maximums des Genusses, welches für die heidnische Gesellschaft charakteristisch war und der vom Christentum verbreiteten Lehre vom Verzicht auf alle irdischen Güter, hatte die aus dem Sklaventum hervorgegangene Gesellschaft des Mittelalters ihr Gleichgewicht gefunden in der Befolgung eines Planes, den man als Mäßigung des Verbrauchs bezeichnen könnte. Auf Grund desselben war die Gesellschaft als eine Hierarchie anzusehen, die, wenn auch nicht in geschlossene Kasten so doch in differenzierte Klassen einzuteilen ist, nicht nur vom Standpunkt ihrer Tätigkeit, sondern auch vom Gesichtspunkt ihrer Ziele und ihres Strebens aus.

Obgleich das siegreiche Bürgertum die Scheidewand durchbrochen hatte, die sie vom Klerus und dem Adel trennte, und öffentlich die Gleichheit aller Bürger proklamiert hatte, hatte es in Wirklichkeit die Differenzierung der sozialen Klassen bewahrt. Bis zu den ersten Jahren dieses Jahrhunderts war es ganz natürlich gedacht für die Aufrechterhaltung des sozialen Aufbaues, daß in jeder Klasse die Bestrebungen des einzelnen innerhalb gewisser Grenzen lagen in Übereinstimmung mit dem Grade seiner Bildung und Erziehung, seiner technischen Vorbereitung und sozialen Nützlichkeit.

Durch den politischen Wettkampf der entgegengesetzten bürgerlichen Parteien wurden die Volksklassen auf das Niveau der übrigen Klassen erhoben. — Die in den beiden Weltkriegen stattgefundene Mobilisation und die den Frontsoldaten während der Kriege gemachten Versprechungen erweckten in den arbeitenden Klassen die Überzeugung, daß sie die gleichen Rechte haben, das Leben zu genießen.

Seitdem befanden sich die öffentlichen Ämter unter dem steten Druck der arbeitenden Klassen, um dieselben sozialen Privilegien und denselben Komfort zu erlangen, die bisher nur den oberen Volksschichten vergönnt waren, und jede Konzession, die ihnen gemacht wurde, zog wieder andere nach sich und verursachte unausgesetzt dem Staatsvermögen neue Unkosten.

4. Was bisher erreicht wurde in der fortschreitenden Sozialisierung des öffentlichen Lebens und die entsprechende Zunahme der öffentlichen Kosten

Um das stets zunehmende Einwirken der öffentlichen Ämter in das wirtschaftliche Leben der Bevölkerung zu ermessen, sollte man sich den seit dem Beginn der sozialen Organisation zurückgelegten Weg vor Augen halten und sich zur Beurteilung desselben das Leben der Pioniere vergegenwärtigen.

Derselbe kann auf organisierten Schutz weder für sich noch für seine Familie noch für sein Eigentum rechnen. Er besitzt keine Wasserleitung, keine Straßenverbindungen, keine Beleuchtung, keine Kloaken. Es existiert kein Kirchendienst, es bestehen keine Schulen, keine Gerichte, keine Gesundheitsbehörden, kein Post-, Eisenbahn-, Telegraphen- oder Telephondienst oder andere noch weiter fortgeschrittene Verkehrsmittel.

In Wirklichkeit sieht man, sobald man darüber nachdenkt, daß, selbst in einer Gesellschaft, wo wir das Einwirken des Staates als minimal bezeichnen, ein großer Teil des Lebens der Bevölkerung sich innerhalb eines sozialisierten Rahmens abspielt und daß die gegenwärtige Tendenz zur Erhöhung und Ausdehnung des Einwirkens des Staates innerhalb des Wirtschaftslebens eine Richtlinie bedeutet, der, von ihrem frühesten Ursprung an, die menschliche Gesellschaft gefolgt ist.

Dem zu der Sozialisierung der Dienste hinreichenden Strom fehlt es oft nicht an partiellen Gegenströmungen auf Grund der inzwischen dazugekommenen Erfindungen, die das Gebiet der individuellen Initiative erweitern. So geschah es mit den Erfindungen des Automobils und des Rundfunks — was dazu beiträgt, ihren Erfolg zu erklären — aber es handelt sich um Episoden, die die Charakterzüge der fortschreitenden Sozialisierung der ökonomischen Evolution der menschlichen Gesellschaft verwischen.

Dieser Tendenz steht diejenige der Ausbreitung der öffentlichen Ausgaben gegenüber, welche sich schon in der primitivsten menschlichen Gesellschaft geltend machte und später im Patrimonial- dann im Lehnstaat und heute im bürgerlichen, wie im kommunistischen Regime fortbesteht, seitens des Staates sowie der autarkischen Ämter, der kleinen sowie der großen Nationen, der föderalen und der unitarischen Einrichtungen, in den absoluten sowie den verfassungsmäßigen Regierungen.

5. Einhalt und Grenzen der fortschreitenden Sozialisierung

Kann dieser fortschreitenden Sozialisierung Einhalt und Grenze geboten werden?

Ein gewisser Einhalt ist sicher durch die Nachteile bedingt, die häufig eine Ausdehnung der Sozialisierung bieten und welche eine gewisse Zeit erfordern, um beseitigt oder wenigstens in erträglichem Maße eingeschränkt zu werden. Die Verschwendung in der öffentlichen Verwaltung z. B., die uns heute mehr als je beeindruckt, kommt, so scheint es mir, nicht so häufig in ihrem traditionellen Wirkungskreis vor, der unter einem erprobten Kontrollsystem ausgeübt wird (im Gegenteil, man hat häufig den Eindruck, daß auf diesem Gebiet die Ausgaben in zu engen Grenzen verbleiben, für die unabwendliche Notwendigkeit der Dienste) als wie in den neuen Aufgaben, mit denen diese Ämter betraut wurden.

Eine noch größere Einschränkung liegt in der Anhänglichkeit an die freie Initiative, an die wir gewöhnt sind.

Es ist sicher, daß jedem Fortschritt im Sinne der Sozialisierung eine entsprechende Einschränkung des der Freiheit und der individuellen Initiative vorbehaltenen Raumes begegnet. Die Übernahme einer Einrichtung seitens der öffentlichen Ämter erfordert wirklich von den Bürgern Modalität und Beschränkung der Nutznießung.

Wir können zwar die Verkehrsstraßen benutzen, jedoch gemäß den Verkehrsregeln, die immer enger und strenger werden. Nur zu gewissen Stunden, Tarifen und Vorschriften, die außerhalb der individuellen Initiative bestimmt werden, können wir uns der Wasserleitungen, der Eisenbahn, des Post-, Telephon- und Telegraphendienstes, des Kirchendienstes, der Schulen, Gerichte, Gesundheitseinrichtungen bedienen.

Wir sind Bauplänen, Regeln, Zählungen, Untersuchungen und natürlich Steuern und Abgaben unterworfen, und zwar immer an Hand von Kollektivbeschlüssen.

Wir sind an derartige Freiheitseinschränkungen schon gewöhnt, so daß wir die Schwere derselben nicht fühlen, ausgenommen vorübergehenderweise, wenn sich diese Einrichtungen verschärfen. Der primitive Mensch aber, der, herausgerissen aus seinem Leben, in der zivilisierten Gesellschaft erzogen wurde und sich derselben assimiliert zu haben schien, wirft mit seinen Kleidern, wenn er in sein ursprüngliches Milieu zurückkehrt, jede erworbene Sitte ab, um zum primitiven aber unkontrollierten Leben seiner Vorfahren zurückzukehren.

Es ist deshalb zu erwarten, daß der Wunsch, sich einen entsprechenden Teil der eigenen Tätigkeit für die individuelle Initiative vorzubehalten, eine für die fortschreitende Sozialisierung des ökonomischen Lebens zunehmende Einschränkung derselben darstellt und daß auf diese Weise dem Prozeß eine Grenze gesetzt wird. Andererseits handelt es sich um eine Einschränkung, deren Maß von Land zu Land sehr verschieden sein kann, je nach dem mehr oder weniger unabhängigen oder solidarischen Geiste der Bevölkerung und die sich auch mit der Zeit verrücken kann auf Grund einer Veränderung dieser Geistesrichtung sowie des oben erwähnten Fortschritts in der Verwaltungstechnik. Wie ich schon an anderer Stelle bemerkte, müßte eine rationelle Grenze für die Pflichten der öffentlichen Ämter den Arbeitern gegenüber bestehen, um ihnen das Unentbehrliche für das Leben zu sichern; es bleibt dann der Initiative eines jeden belassen, sich in Unterhandlungsfreiheit mit privaten Unternehmern einen Gegenwert für ihre weitere Tätigkeit, dem Vorteil des erhaltenen Resultats entsprechend, zu verschaffen.

Das hundertjährige Dilemma der ökonomischen Theorie: Gehälter je nach Bedürfnis oder Nützlichkeit wird mit folgender Formel gelöst: Gehälter nach Bedürfnis für alles, was unbedingt zum Leben erforderlich ist; Gehälter nach Nützlichkeit für alles, was das Unentbehrliche überschreitet.[1]

Wer gut beobachtet, findet, daß tatsächlich zu solcher Lösung in der Praxis die Anpassungen konvergieren, die unter Druck der Notwendigkeit in den gegensätzlichen Regimen stattfinden.

---

[1] Siehe unser „Nachkriegsproblem", Migliaresi, Rom 1944 St. 36—40.

Im Westen zielt die Arbeitslosenunterstützung, die Politik der Arbeitsauferlegung, das Programm der Totalbeschäftigung gerade dahin, dem Arbeiter das unentbehrliche Minimum für sein Leben zu sichern, während die Nachrichten aus Rußland zeigen, daß die Kollektivarbeit genügt, um dem Individuum das zu verschaffen, was es unbedingt zum Leben braucht, will es hingegen seine Vergütung ergänzen, ist es erforderlich, daß es andere Dienste bei Privaten unter freier Unterhandlung leistet.

Die Prüfung der Gründe des fortschreitenden Eingreifens des Staates und der anwachsenden Ausgaben führen so zu der Entscheidung, daß es sich um ein Phänomen handelt, dessen Wurzeln in der Entwicklung der Technik und der Psychologie der Bevölkerung liegen und welches einerseits nicht bestimmt ist, von selbst aufzuhören, und andererseits praktisch nicht vermieden werden kann.

6. Unzulänglichkeit der Einnahmen, die die Kosten nicht zu decken vermögen

Warum kann man die anwachsenden Ausgaben nicht durch entsprechend anwachsende Einnahmen bestreiten?

Man kann den öffentlichen Ämtern keine Schüchternheit bezüglich der Auferlegung der Tribute noch Nachlässigkeit im Einziehen derselben vorwerfen. Im Gegenteil, in einigen Ländern wenigstens hat man das Gefühl, als ob man doch zu weit in dieser Richtung gegangen wäre. Um die Einnahmequellen zu vervielfältigen, — klagt man — werden die Steuern dupliziert; um die Steuerbeträge zu erhöhen, verschärft man übertrieben die Quoten und deren Progressivität manchmal derart, daß das Gegenteil erreicht wird. Jedenfalls erzeugt man so Sequestrationen zum Schaden der leichter festzustellenden Einnahmequellen und schreitet häufig, wo es unmöglich ist, das Steuerprinzip rational anzuwenden, zur Mutmaßung oder zu mechanischen Methoden, welche Produktion und Ersparnis hindern, jeden Rest des Vertrauens in den Fiskus auflösen und so jedes Mittel der Resistenz seitens des Steuerzahlers rechtfertigen.

7. Das gegenwärtige, früher den Bedürfnissen entsprechende, nunmehr jedoch unzulängliche finanzielle System

Wir müssen uns jetzt fragen — glaube ich — ob das in den Weststaaten vorherrschende Finanzsystem es gestattet, die wachsenden Forderungen des Staatsvermögens der gegenwärtigen ökonomischen Organisation anzupassen. Es beruht hauptsächlich auf den von den öffentlichen Ämtern eingezogenen Abgaben von den Einkünften der Produzenten — vorzugsweise nach der Theorie durch direkte Steuern.

Dieses System entsprach den Bedingungen der Zeiten, in denen es entstand, in welchen man die Anforderungen der öffentlichen Ämter mit mäßigen Steuerquoten befriedigen konnte oder höchstenfalls dieselben in außergewöhnlichen Umständen vorübergehend erhöhte. Aber wenn die Quoten dauernd erhöht werden, so ergeben sich bei Einziehung der Steuern seitens der Steuerzahler Schwierigkeiten und Widerstände, die demzufolge Widersprüche, Hinausziehen und Vorenthaltung hervorrufen, die die Einnahmen unzulänglich gestalten und außerdem — hauptsächlich in der vorzugsweise theoretischen Form der direkten Steuern — die Produktion entmutigen.

Man könnte sagen, daß es sich hier um ernste Übelstände handelt, die jedoch zum guten Teil vorübergehend sind und mit der pathologischen Phase der Preiszunahme zusammenhängen. Aber, wenn man erkennt, daß das System gerade im Augenblick, wo seine Leistung am unentbehrlichsten ist, versagt, heißt dies nicht dasselbe, wie es als unbrauchbar zu beurteilen? Fügen wir hinzu, daß die pathologischen Bedingungen sich nunmehr derart verlängern, daß es schwierig ist, sie als eine transitorische Phase zu bezeichnen.

Wer gut beobachtet, stellt andrerseits fest, daß die Unzulänglichkeit des aktuellen Finanzsystems in der Praxis — verschiedentlich gerechtfertigte oder absolut nicht ungerechtfertigte — Anpassungen hervorruft, welche auf die zukünftige Evolution hinweisen.

8. Prüfung der öffentlichen Einnahmequellen in bezug auf Widerstand und Vorenthaltung der Gebühren seitens der Besteuerten

Die normalen Einnahmen der öffentlichen Ämter gehen entweder aus der direkten Produktion hervor oder bestehen aus den von der Privatproduktion geforderten Tributen.

Die direkte Produktion kann von dem industriellen Betrieb im Monopol, Teilnahme- oder Konkurrenzregime stammen. Die unter dem Konkurrenz- oder Teilnahmeregime als Privatindustrien ausgeübten Betriebe, welche das fiskalische Staatsgut bilden, spielen nunmehr eine unbedeutende Rolle.

Die unter dem Monopolregime ausgeübten Betriebe können als Einnahmequellen betrachtet werden, soweit sie aktiv sind.

In neuerer Zeit wird in diesem Fall das Monopol im allgemeinen als ein besonderes Beitragssystem aufgefaßt: als Beiträge, wenn im Durchschnitt die Preise den Kosten gleichkommen, als indirekte Steuern, wenn sie zu Gunsten des Fiskus einen Spielraum gestatten.

Die Abgaben, auf denen also im wesentlichen das heutige Finanzsystem beruht, können in Beiträgen oder Steuern bestehen. Die ersteren stellen die Bezahlung für spezielle Dienstleistungen der öffentlichen Ämter dar, sind teilbar und individualisiert, und werden jeweilig beglichen, um ihre Kosten zu decken. Die Steuern bestehen in der Vergütung von allgemeinen und unteilbaren Diensten, die von den öffentlichen Stellen geleistet werden.

Die Steuern können direkt oder indirekt sein, je nach dem Einkommen oder nach einer voraussichtlichen Veranlagung leichterer Art, wie es den Kosten, sei es der Herstellung, sei es des Verbrauchs entspricht. Die einen wie die anderen können durch Einziehung oder durch Abzug vom Ertrag einkassiert werden, den der Steuerzahler in Wirklichkeit oder voraussichtlich erhalten hat.

Theoretisch mag es scheinen, daß wichtig nur die Einkommensquote ist, die der Steuerzahler dem Staat zu zahlen hat, während es unwichtig ist, ob er sie in Form von Beiträgen oder Steuern, von direkten oder indirekten Steuern, durch Zahlung oder Abzug erledigt. Aber in der Praxis sehen die Dinge ganz anders aus.

Einem Beitrag unterwirft man sich meistens freiwillig, weil er einer Dienstleistung entspricht, auf die man, wenigstens theoretisch, verzichten könnte. Die Beiträge erregen also ein Minimum an Widerstand. Die direkten und indirekten Steuern haben alle beide eine Verringerung von Produktion und Verbrauch zur Folge, letztere aber, an den Ausgaben gemessen, bringen im allgemeinen vor allem Verringerung des Verbrauchs, produktiv oder unproduktiv, und rein sekundär der Produktion, mit sich, während erstere am Einkommen gemessen, die Tendenz haben, die Produktion direkt zu vermindern und nur als Konsequenz den Verbrauch. Die ersteren haben auch größeren Widerstand im Gefolge als die letzteren, weil, um eine indirekte Steuer zu vermeiden, man möglicherweise auf eine zu machende Ausgabe verzichten kann, während man, um eine direkte Steuer zu vermeiden, nicht auf einen Betrag verzichten kann, den man schon bekommen hat.

Es ist auch nicht gleichgültig für den Steuerzahler, ob die Zahlung einer direkten Steuer durch Abzug oder durch Einziehung getätigt wird. Viel kleiner ist tatsächlich das Opfer, eine gewisse Summe nicht zu erhalten, als sie wieder herauszugeben, nachdem man sie als berechtigtes Ergebnis der eigenen Arbeit oder des eigenen Kapitals erhalten hat, so wie für eine Mutter der Schmerz, kein Kind zu haben, viel kleiner ist als der, es wieder zu verlieren, nachdem sie es gehabt hat.

Andere Vorzüge der Steuern durch Abzug ist die Vermeidung von Auseinandersetzungen und eine wesentlich größere Schwierigkeit der Steuerhinterziehung.

Diese Vorteile sind am größten, wenn es sich um öffentliche Beamte handelt, weil bei ihnen jede Hinterziehung direkt unmöglich ist, während das geringere Opfer des Steuerzahlers einem größeren Opfer der andern nicht entspricht.

Wenn es sich dagegen um Privatangestellte handelt und der Abzug vom Unternehmer bei Rückwechsel von den Löhnen der Angestellten ausgeführt wird, so wird eine Hinterziehung möglich, obwohl sie praktisch wenig wahrscheinlich ist, da ihr ein Einverständns zwischen den Teilen zugrunde liegen müßte, das nicht leicht zu bewerkstelligen ist. Andererseits kann, wenn das Opfer des Angestellten geringer wird, dasjenige des Unternehmers wachsen, weil er den nicht ganz unberechtigten Eindruck gewinnen kann, daß, wenn der Abzug nicht wäre, er in der Praxis dem Angestellten ein festes Gehalt bezahlen könnte, das kleiner wäre als dasjenige, das er ihm zahlt, vermehrt um den Abzug, den er dem Fiskus zahlt, so daß er den Eindruck hat, daß der Abzug zum Teil auf ihm lastet.

Wenn das Abzugssystem mit Rückwechsel sich auf eine indirekte Steuer bezieht, wo man die Bezahlung vom Verkäufer verlangt, der sie dem Käufer auferlegt, so wird die Hinterziehung noch leichter, weil das Erreichen des Einverständnisses zwischen gelegentlichen Steuerpflichtigen, besonders bei kleinen Beträgen, leichter sein kann. Jedenfalls aber gelingt das weniger leicht, als wenn die Steuer vom Käufer bezahlt wird. Andrerseits ist in diesen Fällen das Opfer von seiten des Käufers gleich, ob die Steuer von ihm direkt oder durch Abzug von seiten des Verkäufers erhoben wird.

Der relativ geringste Widerstand, den der Steuerzahler im allgemeinen Abgaben und indirekten Steuern im Vergleich zu den direkten Steuern entgegensetzt, und die geringere Möglichkeit der Steuerhinterziehung bei den direkten Steuern, wenn sie durch Abzug statt durch Zahlung gezahlt werden, verleiht diesen größere Wirksamkeit vom fiskalischen Gesichtspunkt aus, die dazu beiträgt, ihre Verbreitung in den finanziellen Schwierigkeiten des Krieges und Nachkrieges zu erklären.

Der Unternehmer, in seiner Bewegungsfreiheit in bezug auf den Fiskus auf ein immer kleineres Gebiet beschränkt, wird schließlich verbittert durch die Verpflichtung, die ihm in manchen Ländern aufgehalst wird, die Kosten der sozialen Spesen zu zahlen, die den abhängigen Arbeitern zugute kommen. Der Mangel an Mut, die Kosten für besagte soziale Ausgaben denjenigen Klassen aufzubürden, die Nutzen davon haben, hat zur Folge, daß diese sich nicht völlig über die Nützlichkeit dieser Ausgaben klar sind und daß in Wirklichkeit die natürliche soziale Entwicklung vorweggenommen worden ist, wenn der Staat diese Last unter dem Druck der nach Popularität haschenden politischen Parteien übernommen hat.

9. Spannung wischen Steuerzahlern und Fiskus und deren Folgeerscheinungen

Das Resultat ist ein Kampf aufs Messer zwischen Fiskus und Steuerzahler. Wenn dieser vollauf seine Pflicht tun wollte, müßte er manchmal, das sagen sogar die Vertreter des Fiskus, mehr zahlen, als er verdient, woher verständlich wird, daß in ihm jeder Skrupel, den Fiskus zu betrügen, wegfällt, während der Fiskus, um unendliche Diskussionen zu vermeiden, gezwungen ist, grobschlächtige und drakonische Einschätzkriterien anzuwenden, die nicht in der Lage sind, sich den ökonomischen Verhältnissen des einzelnen und den veränderlichen Konjunkturbedingungen anzupassen. Abänderungen, Verschärfungen, später Mäßigungen und Verbesserungen dessen, was er vorher verfügt hat, folgen. Und diese Verfügungen werden manchmal gegen jede elementare Gerechtigkeit mit rückwirkendem Effekt getroffen, wodurch schließlich in das ganze ökonomische Leben eine für die Produktion schädliche und auf die Seelenruhe des Bürgers drückende Unsicherheit erzeugt wird.

Die Steuersorgen sind nunmehr für viele Steuerzahler derartig groß geworden, daß sie sich ernstlich fragen, ob es nicht besser wäre, auf Unternehmung und Privateigentum zu verzichten und dem Staat die Verantwortung für die Produktion zu überlassen, die heute auf dem Unternehmer ruht. Man darf nicht vergessen, daß der Übergang im späten römischen Imperium und in Byzanz von der Privatwirtschaft zum sozialistischen Staat, wenn zwar nicht bestimmt, so doch mindestens beschleunigt wurde durch den Verzicht auf Privateigentum von seiten der vom Fiskus gequälten Steuerzahler, die lieber abhängig als selbst Produzenten sein wollten.

Es ist kaum nötig hervorzuheben, daß, wenn ein Unternehmen nationalisiert wird, das Hinterziehungsproblem der Zahlungen an den Fiskus wegfällt, da die gesamte Einnahme ohne Abzug in den Staatssäckel geht, es ist also natürlich, daß der Staat die Nationalisierung von diesem Gesichtspunkt aus mit Wohlwollen sieht.

Natürlich kann man die Opportunität der Nationalisierung nicht nur von der fiskalischen Frage abhängig machen, sondern auch von der Art der Industrien: Industrien mit standardisierten Erzeugnissen mit großem Absatzgebiet, bei denen der künstlerische Gesichtspunkt und der technische Fortschritt wenig Bedeutung haben, sind besonders geeignet, von öffentlichen Stellen geführt zu werden, wobei man allerdings die Gefahr nicht verschweigen darf, daß die Unzulänglichkeit des fiskalischen Systems zur Nationalisierung auf den Gebieten der wirtschaftlichen Betätigung drängt, die weniger dazu geeignet sind, wie es eben während der Verfallszeit der Imperien von Rom und Byzanz geschah.

10. Möglichkeit einer Reform der Erbschaftssteuer: freie Verfügung des Eigentümers über seine eigenen Ersparnisse und Überlassung des ererbten Kapitals an den Fiskus

Ein Gebiet, auf dem man, ohne die Lust zur Produktion und zum Sparen zu beeinträchtigen, den sozialen Kriterien größere Wichtigkeit zubilligen könnte, ist die Erbschaftsabgabe, oder, wenn man so sagen will, Erbschaftssteuer. Sehen wir, wie man diese handhaben könnte.

Zu hohe Erbschaftssteuern entmutigen zweifellos den Sparer, weil die Aussicht, seinen Besitz zu hinterlassen, an wen es ihm paßt, meistens sehr angenehm ist, so daß sie einen Ansporn zum Sparen und Vermehren des Vermögens darstellt.

Aber wir müssen uns fragen, ob dieses Verfügungsrecht sich nötigerweise auch auf ererbten Reichtum bezieht, oder ob es vielleicht zu diesem Zweck nicht genügen würde, es nur dem Besitz zuzuerkennen, der Frucht des eigenen Sparens ist.

Die Idee, einen Unterschied zu machen zwischen völlig verfügbarem individuellem Besitz und Familienbesitz der, wenn auch nicht in seiner qualitativen Zusammensetzung, doch in seinem Gesamtwert bewahrt werden muß und so der vollen Verfügbarkeit des Individuums entzogen wird, ist sicherlich nicht neu. Sie lag wahrscheinlich dem Unterschied zugrunde, den die ursprüngliche römische Gesellschaft zwischen *res mancipi* und *res nec mancipi* machte; über die ersteren konnte man frei verfügen, die letzteren durften nicht angerührt werden, nur ihr Ertrag war verfügbar, oder sie konnten gegen genau gleichwertige Güter eingetauscht werden.

Zu jenen Zeiten, in denen das Patriarchalsystem galt und Ehe und Nachkommenschaft als soziale Pflicht aufgefaßt wurden, die je nach dem Willen des Familienoberhauptes ausgeübt wurde, kam es innerhalb der Linie der Familie zu einer Kontinuität, die es dem Sparer außerordentlich angenehm machen konnte, daß seine Erbschaft durch Generationen hindurch in der Familie blieb. Heute stehen die Dinge anders. Der direkte Erbe ist oft nicht der Sohn, und wenn er es ist, so heiratet er seiner Neigung gemäß und bleibt oft ohne Nachkommen. Unter diesen Umständen wird es für den „*decuius*" schwierig, über den direkten Erben, dem er vertraut, vorauszusehen, was aus dem von ihm aufgehäuften Vermögen wird. Falls der direkte Erbe, nachdem er es sein Leben lang ausgenutzt hat, gezwungen wäre, dasselbe bei seinem Tode dem Staat zu übergeben, kann nicht angenommen werden, daß der Ansporn zum Sparen seitens des „*decuius*" beeinträchtigt würde. Im Gegenteil würde er noch stärker sein, weil er als Erbschaft ein Vermögen hinterlassen würde, welches er nur mit seinem Ersparen geschaffen hat. Auf diese Weise müßte der Fiskus bei Abschluß jeder

Generation der nächsten den Teil des neu gebildeten Reichtums frei übergeben, welcher Frucht der Ersparnisse der endenden Generation ist, und selbst den Teil des Vermögens übernehmen, der die Frucht der Ersparnisse der vorhergehenden Generation darstellt und den die endende Generation als Erbschaft erhalten hatte.[2] Der vererbte Reichtum würde nicht nur zur Nutznießung übernommen, wie es bei den Majoraten im antiken Regime geschah, was den Handel und damit die Produktion behindern würde; derselbe könnte auch zu einem gleichen Gegenwert veräußert werden, wie es wahrscheinlich ursprünglich für die „res mancipi" im alten Rom geschah.

Wenn der Erwerbswert des Geldes konstant bliebe, so würde die Trennung des neu gebildeten Vermögens (über das je nach Wunsch des „de cuius" verfügt werden kann) von dem ererbten und dem Fiskus zu überlassenden Vermögen keine Schwierigkeiten machen. Die Schwankungen der Kaufkraft des Geldes komplizieren natürlich die Operation, machen dieselbe aber nicht unmöglich, da auf diesem Gebiet ein Annäherungswert ausreichen kann.

Andererseits würde, wenn der größte Teil der Industrien nationalisiert würde, ein großer Teil der Ersparnisse vermutlich in Staatspapieren angelegt werden, was die Trennung der beiden Teile des vom „de cuius" hinterlassenen Vermögens erleichtern würde.

11. Der durch finanzielle Schwierigkeiten entstehende Antrieb zur Sozialisierung

Wenn wir aus dieser Übersicht über die Finanzschwierigkeiten der heutigen Staaten einen Schluß ziehen wollen, so ist es der, daß es auch auf diesem Gebiet Faktoren gibt, die eine progressive Sozialisierung der Wirtschaftsunternehmen erleichtern. Das kann denjenigen nicht überraschen, der daran gewöhnt ist, in der modernen Wirtschaftsgesellschaft einen Organismus zu sehen. Es ist tatsächlich charakteristisch für den Organismus, daß eine Harmonie in seinem Aufbau und seinen Funktionen besteht, ebenso wie in der Entwicklung des einen und der anderen, so daß die Modifikationen, die in einigen seiner Teile oder Funktionen auftreten, mehr oder weniger eng an diejenigen gebunden sind, die sich in anderen vollziehen.

---

[2] Man konsultiere diesbezüglich die oben zitierten „Probleme der Nachkriegszeit" (Seite 22—23); um die vorausgegangenen Vorschläge von F. Huet (1853) und E. Rignano (1901), sowie weitere Einzelheiten kennen zu lernen, lese man die Artikel „Über ein Kriterium der Berechtigung von Steuern" im „Tempo economico" (Rom, 20. Januar 1921) und „Problèmes financiers d'après guerre" in „Scientia" (Juni-August 1921).

12. Vereinbarkeit aller politischen Parteien mit der fortschreitenden Sozialisierung

Als Letztes möchte ich noch einen Punkt gut klar machen.

Die Anerkennung, daß in der heutigen Zeit eine Evolution in der Richtung einer Sozialisierung der Produktion im Gange ist, ist nicht gleichwertig mit der Behauptung, daß diese Evolution sich in einem besonders günstigen Rhythmus vollziehe. Mancher könnte glauben, daß dies so ist, während andere meinen könnten, daß sie zu langsam vor sich gehe und daß man sie beschleunigen müsse, und andere wieder könnten glauben, sie spiele sich zu schnell ab und müsse gemäßigt werden. Was die sozialen Dienstleistungen anbetrifft, so habe ich schon Gelegenheit gehabt auf die Fingerzeige hinzuweisen, die zum Glauben führen könnten, daß ihre Übernahme durch den Staat wenigstens in gewissen Ländern voreilig war und mehr durch politische Kämpfe hervorgerufen als vom Gewissen der interessierten Klassen gefordert wurde.

Wie groß auch immer die Entwicklungsschnelligkeit eines sozialen Komplexes sein mag, es bleibt stets Raum für die Gemäßigten und Radikalen, für die Konservativen und Fortschrittler, für die Liberalen und Sozialisten, und eben aus dem Gleichgewicht zwischen diesen gegensätzlichen Tendenzen kann das rechte Maß des Fortschritts hervorgehen.

Kolibri 360 GmbH
Ferdinand-Jühlke-Straße 7
99095 Erfurt, Deutschland
produktsicherheit@kolibri360.de

Druck:
CPI Druckdienstleistungen GmbH
im Auftrag der
Kolibri 360 GmbH
Ferdinand-Jühlke-Str. 7
99095 Erfurt